다시,
카타르

다시, 카타르

월드컵 16강의 주역들

국영호·박린
지음

북콤마

책을 펴내며

2022년 카타르 월드컵은 우리에게 어떤 기억으로 남았을까. 북반구에서 처음 열린 겨울 월드컵? 중동 아랍권에서 열린 사상 첫 월드컵? '위드 코로나'와 함께 치른 첫 월드컵? 한국 축구가 2010년 남아공 월드컵 이후 16강에 진출한 경사?

저마다 떠오르는 키워드나 이미지가 다르겠지만, 그동안 월드컵을 두루 경험한 두 필자에게 가슴 깊숙한 곳에서 올라오는 감정은 이전과는 뭔가 다른 것이었다.

'아마도 진짜 축구가 찾아온 월드컵으로 기억되지 않을까.'

무슨 뜻이냐고 반문할 수도, 곱씹어보고 공감할 수도 있겠다. 달리 말하면 공정한 과정을 통해, 우리만의 방식으로, 결코 포기하지 않는 집념으로 두려움 없이 전진했다는 것이다. 그동안 월드컵에서 한 번도 볼 수 없었던 '우리가 주도하는 축구'를 펼쳤던 것 같다. 그래서 우리도 할 수 있음을 확인하며 더욱 놀랐던 게 아닌가. 비기고 있을 때나 지고 있을 때나 언제나 그런 믿음이 있었고, 그때마다 카타르 경기장이나 한국 광장에서 함성은 커져갔다.

또 '끝날 때까지 끝난 게 아니다'라는 정신과 "저희는 포기하지 않았고, 여러분은 우리를 포기하지 않았다"는 말. 우리는 이런 모습을 보며 전과 달리 진정으로 결과보다 내용을 즐길 수 있었다. 태극 전사가 흘린 땀과 눈물의 가치를 이해하고 박수를 칠 수 있었다. 이것이 '졌지만 잘 싸웠다'라며 아낌없이 응원할 수 있었던 배경이다. 이기는 것만이 월드컵 축구가 아니라는 사실을 깨달았다.

이처럼 우리만의 방식대로 우리 축구를 의심하지 않고 밀고 나간다는 데서 핵심은 '중요한 것은 꺾이지 않는 마음'이었다. '중꺾마'라는 줄임말은 어떤 경우에도 포기하지 않는 불굴의 의지와 정신을 나타내는 대중 언어로 자리 잡았다. 2002년에 '꿈은 이루어진다'가 있었다면 20년이 흐른 지금 시대를 관통하는 단어는 '중꺾마'였다. 특히 취업과 공부, 다이어트 등 쉽지 않은 도전을 이어가는 이들 사이에서 유행어처럼 번져나갔다.

특히 힘든 사회적 환경 속에서 자란 MZ 세대에겐 익숙하고 공감이 갔는지 더욱 열광하지 않았나 싶다. 한국 축구의 카타르 여정이 공정과 상식이라는 측면과 부합하는 과정의 연속이어서다.

여기에는 MZ 세대가 동감할 이야기가 담겨 자신과 동일시하며 더욱 열광했는지 모른다. 사회에서는 청년이라 할 수 있는 20대, 30대의 태극 전사 선수들은 각자 다양한 이야기와 청운의 꿈을 갖고 이 한 무대에 인생을 걸고 뛰었다. 누군가는 불가능할 것 같은 부상을 이겨내고, 또 누군가는 과거의 좌절을 이겨내고, 또 다른 누군가는 자신과의 싸움과 타인의 편견을 이겨내는 과정을 보여줬다. "우리가 대표팀을 응원한 게 아니라 대표팀이 우리를 응원한 것"이라는 말이 나오는 이유다.

또한 40대로 구성된 한국과 포르투갈 코치진, 50대인 포르투갈 국적의 파울루 벤투 감독은 짓누르는 무게감과 불편한 주위의 목소리를 이겨내고 선수들만 바라보며 흔들림 없이 장기 임무를 수행했다. 어떤 이는 비인간적이라고 했지만 누구보다도 인간적이었고, 또 어떤 이는 비현실적인 방법이라고 했지만 현실화시켰다. 직장에서 현실에 치이는 세대에게는 교훈을 줬는지도 모른다.

이처럼 한국 축구는 달라졌고, 욕하며 보던 팬들은 성숙해졌다. 카타르 월드컵이 바꾸어놓은 풍경이다. 과거 축구와 이별하며 새 시대를 열어젖힌 만큼 한국 축구가 '진짜 축구'로 나아가기를 소망한다. 2002년의 그것과는 다르기를 말이다. 그래서 벤투 감독과 태극 전사가 길게는 4년 4개월, 짧게는 카타르에서 4주 동안 걸어온 길과 꿈을 펼친 과정을 행복하게 추억하면서도 치열하게 곱씹을 필요가 있어 보인다. 공교롭게도 1년여 뒤인 2024년 1월 카타르에서는 아시안컵이 열린다. 다시 카타르를 되돌아보며 다시 카타르를 꿈꾸는 일은 과거에 갇히는 게 아니라 미래를 본다는 점에서 의미가 깊다.

차례

책을 펴내며 _005

들어가는 글: 벤투 _013

1부 공격

손흥민1 1퍼센트 가능성을 살렸다 _051

손흥민2 마스크 투혼을 펼친 주장 _066
　　　　　 개막식 달군 BTS 정국, 뜨거웠던 'KOREA' _077

조규성 　공무원 될 뻔한 슈퍼스타 _081
　　　　　 64경기 모든 경기를 관람했다고? _095

황희찬 　황소고집이 만든 기적의 역전골 _099
　　　　　 사막 한가운데 있는 '에어컨 축구장' _113

정우영
송민규 　'23세에 첫 월드컵' 다음은 우리 차례 _117
　　　　　 마라도나가 카타르서 '신의 손' 골을 넣었다면? _122

오현규 　등번호 없던 볼보이 '27번째 선수' _126
　　　　　 생맥주 한 잔에 2만 6천 원, '금주 국가' 카타르서 맥주는 '금(金)주' _140

2부 미드필더

이강인 트루먼 쇼의 실사판, '황금 왼발'로 성장한 '슛돌이' _147
이란 국가 제창 거부, 정치 월드컵? _162

황인범 붕대를 벗어 던졌다, '벤투의 양아들' _166
유럽파만 19명, 독일과 스페인 꺾은 일본 축구의 비결 _180

이재성 월드컵 위해 수술도 미뤘다, 헌신의 아이콘 _184
메시 "내가 평생 원했던 트로피가 여기 있다" _192

백승호 시속 89킬로미터 강슛, 브라질 뚫은 '바르샤 유학생' _197
펠레가 인정하고 떠났다, '차기 축구 황제' 음바페 _208

나상호 세상의 의심을 뒤집었다 _212
'록키 같았다', 식민지 모로코의 반란 _218

정우영 유니폼이 가장 더러운 '살림꾼' _222
'티키타카'의 종말, '실리 축구'의 역습 _227

3부 수비

김영권 '킹영권' 절망의 순간 또 나타났다 _233
월드컵 판이 바뀌었다, 2000년대생이 대세 _245

김민재 '괴물 수비수' 몸이 부서져도 뛴다 _249
안정환 "메시는 '메신', 월드컵은 '카타르'시스" _266

김진수 8년의 기다림, 집념의 크로스 _270
2701호에서 무슨 일이… 트레이너 논란이 남긴 것 _281

김문환 네이마르에게 알까기, 모두가 놀랐다 _285
2026년 월드컵 48개국으로, 중국 위한 초대장? _293

김승규 5김의 최후의 보루 _297

맺는 글: 클린스만 _311

일러두기

외국 선수와 카타르 월드컵 경기장의 이름에 대한 표기는 2022년 11월 국립국어원이 카타르 월드컵 개막에 맞춰 발표한 '월드컵 최종 출전 명단(31개국 840여 명)'의 표기 용례에 따랐다.

들어가는 글: 벤투

누가 뭐래도 '마이 웨이'를 걸었다

"고마워요, 벤투."

네이비블루 후드티와 회색 트레이닝 바지의 편안한 복장을 한 파울루 벤투 감독이 인천국제공항에 들어서자 기다리던 국내 팬 수백 명이 일제히 환호성을 질렀다. 그가 곁을 지나갈 때 팬들은 "오브리가도" "땡큐 소 머치"라는 말로 카타르 월드컵에서 한국 축구 대표팀을 12년 만에 16강 진출로 이끈 고마움을 전했다.

바지 주머니에 두 손을 꽂고 걷던 그도 그제야 손을 꺼내 흔들며 화답했다. 생각지도 못한 환대에 무뚝뚝한 표정이 점차 펴지고 입꼬리가 올라갔다. 여기저기서 들리는 "감사하다"는 인사에 엄지를 치켜들며 일일이 응답했다.

2022년 12월 13일 밤 그는 한국 축구와의 4년 4개월간 동행을 마치고 고국인 포르투갈로 돌아가기 위해 출국 수속을 밟고 있었다. 기다리는 짧은 순간에도 팬들에게 사인하고 '셀카' 요청에 포즈를 취하며 한국에서의 마지막 추억을 남겼다. 며칠 뒤 그는 포르투갈 매체 헤코르드와의 인터뷰(2022.12.23.)에서 이때를 이렇게 돌아봤다. "작별 인사를 하러 공항에 나온 한국 팬들을 보고 떠나기가 너무 힘들었다. 마중 나온 그들의 모습은 영원히 기억에 남을 것 같고 감사한 순간이었다."

출국장으로 들어가기 직전 시멘트처럼 단단해 보이던 그도 무너지는 모습을 보였다. 52개월간 가족처럼 지내온 김영민, 최태욱 코치가 울먹이는 순간 그도 눈시울을 붉혔다. 최태욱은 유튜브 '리춘수'와의 인터뷰(2023.1.21.)에서 이렇게 회상했다.

"벤투는 한국 사람인 우리를 한 식구처럼 대했다. 위기가 왔을 때도 우리 편을 들고 감쌌다. 정말 정이 많은 분이라 (그 순간 그와 함께한) 4년 4개월이 주마등처럼 스쳐가면서 눈물이 났다. 난 정작 우리 가족 앞에서는 한 번도 눈물을 흘린 적이 없다."

그는 한국 코치들과 차례로 포옹을 마치고 망설임 없이 출국장으로 들어갔다. 팬들이 "벤투"를 연호하고 코치들이 아쉬운 눈길로 바라봤지만 그는 손으로 얼굴을 매만지며 뒤돌아보지 않고 성큼성큼 걸어가 시야에서 사라졌다. 한국에서의 여정이 그렇게 마감되고 있었다.

2018~2022년

불과 한 달 전 카타르로 향할 때만 해도 그가 이런 찬사를 받으며 한국을 떠나게 되리라곤 누구도 예상하지 못했을 것이다. 4년 넘게 거주한 경기도 고양 아파트의 주민들은 '벤투 감독님, 감독님의 이웃이어서 자랑스럽습니다'라고 적힌 플래카드를 걸었다. 일부 팬들은 '벤버지(벤투+아버지)'라고 불렀다.

시계를 2018년 8월 20일로 돌려보자. 검은색 상하의 정장에 흰색 와이셔츠를 차려 입은 벤투가 짐이 가득한 카트를 밀며 입국했다. 키는 175센티미터로 크지 않지만 부리부리한 눈매와 각지고 날렵한 몸매는 마치 종합격투기 UFC 선수를 연상시켰다. 바늘로 찔러도 피 한 방울 나올 것 같지 않은 인상이었다.

카리스마 넘치는 그의 곁에는 포르투갈인 4명이 그림자처럼 따랐다. 말끔한 모습의 감독과 달리 코치들은 모두 수염을 기르고 있었다. 세르지우 코스타 수석 코치, 펠리페 코엘류 수비 코치, 비토르 실베스트레 골키퍼 코치, 페드로 페레이라 피지컬 코치. 전문가 그룹이라 부르는 이른바 '벤투 사단'이었다.

그때는 사실 벤투에 대한 의심이 상당했다. 유로(유럽축구선수권대회) 2012에서 고국 포르투갈을 이끌고 4강에 올랐다고는 하지만 이후 내리막길을 걸었기 때문이다. 포르투갈을 이끌고 나간 2014년 브라질 월드컵에서는 조별리그에서 탈락했고, 프로팀인 크루제이루(브라질)와 올림피아코스(그리스), 충칭(중국)에서는 부진한 성적과 불화 탓에 중도 경질됐다.

단단했기에 부러진 게 아닌가 생각된다. 2014년 브라질 월드컵 때 그런 일이 있었다. 포르투갈 선수단이 식사하는 자리에서 루이스 나니(맨체스터 유나이티드)의 휴대폰이 울리자 벤투가 다가가 손을 내밀었다. 그리고 건네받은 휴대폰을 그대로 쓰레기통에 던져버렸다. 2011년에는 히카르두 카르발류(레알 마드리드)와 조제 보싱와(첼시)의 정신 상태를 지적하며 스타플레이어인 그들을 대표팀에서 제외했다. 규율과 기준에 맞지 않거나 이를 위반하면 누구도 예외 없이 내친다는 것을 보여줬다.

시원찮은 성적에 고집불통 같은 이미지를 가져 회의적인 여론이 있던 그에게 대한축구협회가 덜컥 4년 장기 계약을 내밀었으니 우려되지 않는 게 오히려 이상했다. 하지만 입국 당시를 곰곰이 되돌아보면 카타르 월드컵 16강의 문을 여는 열쇠를 갖고 들어온 게 아닌가 싶다. 지금 와서 보면, 자신의 지난날을 돌아보고 개선하겠다는 의지가 읽힌다.

그는 이마에 주름을 잡고 진지하게 "한국에 와서 영광으로 생각하고 개인적으로도 한 단계 발전하려는 부분도 있다"며 "4년 뒤에 있을 월드컵에서 좋은 성적을 낼 각오가 돼 있다"고 했다. 한마디로 재기하겠다, 즉 결과를 내보겠다는 뜻이었다. 이어 '한국에서 어떤 축구 스타일을 구사할 것인가'라는 질문에 "첫째, 선수들을 잘 파악해야 한다. 그래야 우리만의 스타일과 색깔을 만들 수 있다. 우리의 목표를 달성하도록 노력하겠다"고 답했다. 먼저 선수들을 이해하고 그다음 거기에 맞춰 자신의 축구를 완성하겠다는 계획이었다.

4년 넘게 선수들과 함께 자신의 축구를 밀고 나간 그는 카타르에서도 '마이 웨이'를 펼쳤다. 다행히 그 길은 성공으로 귀결됐다. 재임 기간 동안 한국 축구의 FIFA(국제축구협회) 랭킹을 57위에서 25위로 32계단 올려놓았다. 25위는 2012년 10월 이후 한국 축구가 도달한 최고 순위다. 이 기간 최종 성적은 35승 13무 9패. 또 한국 축구 감독으로서는 가장 오랜 시간 사령탑을 지켰다. 과거 실패한 때와 달리 유연하고 부드러워졌기에 꺾이지 않았던 것 같다.

빌드업 축구

2022년 11월 24일 카타르 알라이얀의 에듀케이션 시티 스타디움에서 열린 우루과이와의 월드컵 H조 조별리그 1차전. 우루과이는 백전노장 루이스 수아레스를 필두로 다르윈 누녜스, 로드리고 벤탕쿠르, 페데리코 발베르데, 디에고 고딘 등 전 세계가 주목하는 선수들이 그라운드에 섰다. FIFA 랭킹 14위인 우루과이는 우승 후보로도 꼽혔다. 자신감이 넘치는 우루과이 선수들이 '어서 빨리 경기하자'는 듯 그라운드에 먼저 자리를 잡았다.

같은 시각 한국 선수 11명은 어깨에 어깨를 걸고 모여 주장 손흥민과 고참 김영권이 한마디씩 하며 서로 힘을 북돋았다. '개인 대 개인'으로 붙으면 밀리겠지만 '팀 대 팀'으로 부딪치면 할 수 있다며 전의를 불태웠다.

황의조의 선축으로 시작된 경기에서 한국은 이 순간부터 모두의 눈을 의심하게 만드는 플레이를 펼치기 시작했다. 호랑이처럼 달려들어 우루과이를 가두고 주도권을 쥐며 강하게 상대를 압박했다. 그라운드 전 지역에서 빈틈없이 쇄도하는 압박에 밀려 우루과이는 아무것도 하지 못하고 한국에 끌려다녔다.

이렇게 한국의 전반 점유율은 역대 월드컵 최고인 50.3퍼센트로 종전 최고인 2002년 한일 월드컵 폴란드전(45.4퍼센트) 당시를 뛰어넘었다. 효율적인 압박과 수비가 이뤄지며 단 1개의 유효슈팅도 허용하지 않았다. 패스 시도 횟수도 239개로 우루과이(224개)에 우위였고 활동량 역시 52킬로미터로 우루과이(51킬로미터)에 앞섰다. 완벽한 전반전이었다.

말쑥한 검은색 정장을 입고 나온 디에고 알론소 우루과이 감독은 시간이 갈수록 초조해하는 모습이었다. 테크니컬 에어리어에서 바지 주머니에 손을 꽂은 채 경기를 지휘하는 훈련복 차림의 벤투와는 대조적이었다. 세계적인 팀을 상대하지만 예상대로 흘러가고 있다는 듯 표정조차 무심해 보였다.

1500일 넘게 준비해온 빌드업 축구가 한 치의 오차 없이 구현되고 있었다. 능동적으로 경기를 주도해 차근차근 결과를 만들어가는 축구, 달리 말하면 '프로 액티브 풋볼'이다. 볼을 이리저리 돌리며 빈틈을 찾아 적극 공략하는 축구로, 지난날 한국 축구가 추구해온, 상대가 하려는 것을 못 하게 방해하는 수동적인 축구와는 분명히 차이가 났다. 지난날 스스로 다윗이 되려 했다면 이번에는 골리앗의 자세로 대회에 나선 것이라 볼 수 있다. 우리가 어쩌면 스스로를 과소평가하고 있었는지도 모른다는 생각이 들 정도였다.

이런 선전의 배경에는 손흥민과 황희찬, 김민재, 이강인, 이재성, 정우영 등 유럽의 빅리그에서 주전으로 뛰는 선수가 많아지면서 경기력 측면에서 질적인 향상이 이뤄진 요인이 있다. 주전급 선수들의 기량 총합이 16강 수준의 전력에 도달한 셈이다. 여기에 벤투의 세밀한 훈련과 전술 전략이 더해져 시너지 효과를 빚어냈다.

대표팀의 맏형 김태환은 "(벤투는) 무척 디테일하고 체계적인 분이다. 파트별로 운동하거나 몸을 푸는 방법, 경기를 준비하는 방법 등을 선수들에게 이해하기 쉽게 설명한다. 또 자신의 방법을 상대에게 수긍시키기 위해 많은 노력을 한다"고 설명했다.

사실 우루과이전에서 뚜껑을 열기 전까지는 벤투가 월드컵이라는 큰 무대에서 '맞서는 축구'가 아니라 '내려서는 축구'를 펼치리라는 예상이 우세했다. 세계적인 강팀에 맞서다가는 큰코다치고 망신당하리라는 우려였다. 국내 감독들이 '변화를 시도한 건 긍정적이지만 상대가 북한이든 브라질이든 그의 전술은 붕어빵을 찍듯 비슷하다'고 비판한 데는 나름 이유가 있었다. 맞서는 축구도 축구이지만 항상 똑같은 축구를 하니 상대에게 읽히리라는 걱정이 앞섰다.

하지만 우루과이전에서 10분이 지나고 20분이 지났을 때 기우는 이제 기대로 바뀌었다. 한국 선수들이 경기를 주도하고 통제하는 가운데 자신들의 축구에 확신을 갖는 모습이 보였다. 물음표가 느낌표로 변하는 시간이었다.

또 벤투는 '쓰는 선수만 쓴다'는 비판에도 시달렸다. 한 국내 감독은 "(벤투가) 거의 매주 K리그 경기장에 오는데 기존 국가대표 선수들만 확인하는 듯하다. 새 얼굴을 발굴하는 데 인색하다. 소속팀과의 소통도 아쉽다"고 토로했다. 뚜렷한 철학인가, 일관된 고집인가. 어떻게 이해해야 할지 논쟁적인 지점이지만 그는 똑같은 축구와 똑같은 선수로 4년을 갈고닦은 끝에 자신만의 축구를 구현해냈다.

물론 똑같은 선수를 선발하고 기용하면서 '주전의 고정화' 기조가 형성됐고 이는 부상 선수가 발생할 때 백업 선수 부재라는 문제로 이어지기도 했다. 이런 점에서 한국이 월드컵에서 16강에 올랐다고 그의 모든 행동과 결정을 선견지명이 있는 것처럼 미화하는 건 너무 단순하고 어리석다(스포츠경향 2023.1.5.)는 지적도 나왔다.

그래도 대표팀 내부에서는 치열한 자체 리뷰 과정을 거치며 반성하고 개선해나갔음을 잊어서는 안 된다. 특히 월드컵이 열리기 5개월 전인 2022년 6월 브라질과의 국내 평가전, 1-5로 대패한 경기는 일종의 백신 접종이나 다를 바 없었다. 큰 점수 차로 패해 신체에 비유하자면 일종의 '고열과 근육통' 등 부작용에 시달렸지만 대표팀은 결국 이를 이겨내고 강팀에 대한 면역력을 갖췄다.

다큐멘터리 '국대: 로드 투 카타르'(쿠팡플레이)를 보면 벤투는 큰 무대를 앞두고 패배를 맛본 선수들에게 이렇게 독려한다.

"패배하지 않는 팀은 좋은 팀이 아니다. 세계에서 패배하지 않는 팀은 없다. 최종 목표를 앞두고 지지 않는 것이 좋은 팀이 가진 차이점이다. 우리는 지금 한 번 넘어졌지만 여기서 중요한 것은 어떤 역량으로 다시 일어나느냐다."

우루과이도 어느 정도 한국의 전술 전략을 예상했을 텐데 전반전에 끌려다녔다는 점은 벤투 축구가 얼마나 강력했는지를 보여주는 단적인 예라고 할 수 있다. 그의 고집이 먹혀들면서 한국 축구에는 일대 변화가 일어났다. 우루과이전에서 0-0으로 비겼을 때 마치 이긴 것 같다는, 이기지 못해 아쉽다는 목소리가 선수와 팬들 사이에서 나왔던 것도 그런 이유 때문이다.

우루과이의 슈팅이 한국의 골대에 두 번이나 맞았지만 한국 역시 몇 차례 결정적인 득점 기회를 놓친 것도 상기할 필요가 있다. 벤투는 우루과이전 직후 기자회견에서 이렇게 말했다.

"공격적으로 움직이고 용감한 모습을 보인 게 잘한 부분이다. 모든 선수가 상대를 두려워하지 않고 상황을 잘 판단하며 경기를 풀어갔다. 후반전에는 피로가 쌓이면서 경기력이 나오지 않기도 했다. 우리가 훈련한 대로 경기를 풀어간다면 전혀 문제가 없으리라고 생각했다. 자신감이 있었다. 선수들이 앞으로도 이런 모습을 계속 보여주리라고 생각한다. 이런 축구 스타일에 리스크가 있다며 많은 사람이 의문을 표했지만, 상황에 따라 판단하고 조정해나갈 것이다. 선수들이 역량을 보여줬다고 생각한다."

그는 4년 넘게 자신의 축구에 지독히 매달렸다. 부임하고 첫 대회인 2019년 1월 아랍에미리트 아시안컵에서부터 빌드업 축구를 시작했다. 골키퍼와 수비수부터 차근차근 공격을 전개하며 높은 점유율을 통해 상대를 조여가는 형태였다.

당시 김영권은 "그때까지 수비수는 공을 뺏기면 상대에게 일대일 찬스를 내주게 되므로 무조건 멀리 걷어내기에 급급했다. 그런데 최후방부터 단계적으로 공격을 전개하면 볼 점유율을 높일 수 있다. 또 골키퍼가 골킥을 할 때 중앙 수비수 둘은 양쪽 코너킥 라인까지 벌려 패스를 받을 준비를 한다"고 말했다. 벤투는 이런 축구를 독려했고 방향에서 벗어나는 선수에게는 명확히 지적해 따라오게 만들었다. 당시 대표팀에서 활약한 이용은 "자잘한 패스 미스는 큰 질책을 받지 않으니까 실수에 대한 두려움이 없다. 물론 감독님이 나가려고 하는 방향과 색깔이 다를 때는 지적받는다"고 털어놨다.

사실 2019년 아시안컵 때만 해도 2018년 러시아 월드컵 아시아 예선을 이끈 독일 출신의 울리 슈틸리케 감독을 연상시키는 축구를 한다고 해서 적잖은 비판을 받았다. 이른바 '슈틸리케 데자뷔'였다. 당시 아시안컵 8강에서 카타르에 패해 탈락하고 부임 후 11경기 무패(7승 4무) 행진을 마감하면서 최대 위기를 맞았다. 그럼에도 그는 꿋꿋이 자신의 축구 스타일을 유지했다.

2019년 11월 세계 최강인 브라질과 맞붙은 평가전에서도 마찬가지였다. 0-3으로 크게 패하고도 소신을 굽히지 않았다. 그를 곁에서 내내 보좌한 최태욱 코치는 중앙선데이와의 인터뷰(2023.1.7.)에서 "세계 최강과 중립 지역(아랍에미리트)에서 만났으니 당연히 '선수비 후역습'으로 가리라고 생각했다. 그런데 우리 스타일을 그대로 유지하면서 맞장을 뜨더라. 그 모습을 보며 벤투 축구에 대해 확신을 갖게 됐다"고 했다.

사람, 즉 선수가 먼저다

벤투 리더십의 근간은 사람, 즉 선수다. 첫째도 선수, 둘째도 선수다. 규율과 기준을 깨는 선수는 인정사정없이 차갑게 대하지만 틀 안에서 본분을 지키는 선수는 끝까지 보호한다. 그리고 선수를 믿는 가운데 기꺼이 자신을 희생할 수 있다는 자세를 견지한다.

우루과이와의 조별리그 1차전을 마치고 나흘 뒤에 열린 가나와의 2차전에서 종료 휘슬이 울렸을 때다. 16강 진출의 분수령이었던 그 경기에서 후반 23분 결승골을 허용해 2-3으로 패했다. 바로 직전, 후반 추가시간 10분 52초에 수비수 권경원이 때린 중거리 슛이 가나 선수의 몸에 맞고 나가면서 한국은 마지막 코너킥 기회를 얻는 듯했다. 하지만 잉글랜드 출신 앤서니 테일러 주심은 더는 경기를 진행하지 않고 그대로 종료 휘슬을 불었다. 한국 선수 4명이 주심에게 달려들어 강력 항의했다. 왜 코너킥을 주지 않고 경기를 끝내느냐는 내용이었다.

그때 벤치에서 그 모습을 지켜보던 벤투가 주심을 둘러싸고 항의하는 선수들 쪽으로 달려갔다. 김영권이 목에 핏대를 세우며 거칠게 따지는 가운데 주심이 자신의 오른쪽 주머니에 있는 레드카드를 만지작거리는 장면이 TV 화면에 포착됐다. 김영권이 퇴장당해 다음 경기인 포르투갈과의 3차전에 결장하면 최악의 상황을 맞게 된다. 때마침 나선 벤투가 주심을 돌려세워놓고 흥분한 상태로 삿대질을 해가며 격렬히 항의했다. 그러자 주심은 김영권이 아니라 벤투를 향해 레드카드를 높이 꺼내들어 퇴장을 명했다.

57경기에 걸쳐 한국 축구 대표팀을 지휘하는 동안 누구도 퇴장당한 적이 없는데 '1호 퇴장'을 감독인 자신이 받은 것이다. 그래도 항의를 멈추지 않았다. 감독이 나서 싸우니 선수들은 화가 나도 멈추고 흩어질 수밖에 없었다. 그가 의도했든 안 했든 김영권의 퇴장 사태를 막은 셈이 됐다. 심판에게 거칠게 항의하면 십중팔구 경고나 퇴장이 나오기 마련이기 때문이다. 김영권은 중앙일보와의 인터뷰(2022.12.14.)에서 "나는 앞서 옐로카드를 한 장 받은 상황이었다. 감독님이 그 찰나에 내가 경고받은 걸 기억하고 있었다면 대단하지 않나. 만일 내가 퇴장을 당했다면 포르투갈전 동점골도 없었을 것"이라고 말했다.

퇴장을 면한 김영권은 포르투갈과의 3차전에 선발 출전해 0-1이던 전반 27분 천금 같은 동점골을 넣어 역전의 발판을 놓았다. 벤투의 의도는 확인되지 않았지만 김영권은 어찌됐든 그의 희생에 보답한 셈이 됐다. 측면 수비수 김진수는 SBS 라디오 '두시탈출 컬투쇼'(2022.12.15.)에서 "나중에 (영상을) 보니 (벤투가 항의한) 이유가 있더라"며 "그렇게 (항의)하신 걸 처음 봐서 놀랐다"고 말했다. 최태욱 코치는 '리춘수'(2023.1.21.)에서 "(벤투가) 마지막에 (주심에게) 따지고 돌아서며 포르투갈어로 욕을 했다. 심판이 그걸 알아들은 거다. 그래서 퇴장 조치를 한 거고. 그다음에 선수들이 (주심과) 싸우니까 혹시나 퇴장당할까 봐 걱정돼 그때부터 말리기 시작했다"고 말했다. 다만 최코치의 말은 TV 중계 화면과 다르게 전후 맥락이 바뀐 듯 보인다. 코스타 수석 코치는 경기 후 기자회견에서 "불공정하다는 판단을 반영한 행동이라고 생각한다. 벤투 감독은 감정이 풍부한 사람이다. 이런 반응이 나오는 건 당연하다"고 했다.

이례적으로 거친 항의를 하고 난 벤투는 언제 흥분했냐는 듯 평온을 되찾았다. 그리고 가나 코치진과 한 명씩 정중히 악수를 나눴다. 낙담한 한국 선수들을 일일이 찾아다니며 용기를 북돋고 실망했을 팬들에게 다가가 인사하라고 독려하기도 했다. 나상호는 유튜브 '이스타TV'와의 인터뷰(2022.12.12.)에서 "(벤투 감독의 그런 모습에 다음) 3차전에서 (선수들이) 단합이 된 것 같다"고 말했다.

벤투는 기자회견에서 당시 상황에 대해 "선수들에게 미안하다는 말을 먼저 하고 싶다. 내가 좋지 않게 반응한 것 같다. 이런 모습을 보여드리고 싶지 않았지만 나도 사람이기에 어쩔 수 없었다. 주심에 대한 존중이 부족했다. 그가 후반전에 명확치 않은 판정을 내렸다. 아무튼 선수들에게 미안하다. 모범적이지 못했다"고 사과했다.

그의 '선수우선주의'는 카타르에서뿐 아니라 앞서 월드컵 예선에서도 나타났다. 최종 예선 막판이던 2022년 1월 시리아와의 8차전 무렵에 이런 일도 있었다. 다큐멘터리 '국대: 로드 투 카타르'를 보면 그는 경기를 앞두고 선수단 미팅에서 갑자기 이런 말을 꺼내 모두를 어리둥절하게 한다.

"나의 책무는 여러분의 감독이 되는 것이다. 그러나 감독이면서 사람이기도 하다. 그래서 나는 여러분을 선수로 보기 전에 한 사람으로 먼저 바라봐야 한다고 생각한다."

당시 대표팀에서 훈련하던 K리그 울산 현대 소속의 이동준과 이동경이 독일 분데스리가 팀들과의 계약을 위해 잠시 팀을 떠나야겠다고 요청하자 그는 고민 끝에 허락한다. 이에 대해 선수단에 공개적으로 양해를 구하는 대목이다.

"솔직히 말하면 머리가 아니라 가슴으로 내린 결정이다. 해외 진출이 그들에게 어떤 의미인지 알기 때문이다. 어쩌면 이번이 유럽 진출 또는 해외 진출이 가능한 마지막 기회일 수도 있다. 군 문제와 관련해 생기는 제약도 잘 알고 있다. 그래서 이번에 출국을 허락했다. 이 결정이 나 자신의 원칙에 어긋나는 것은 맞다. 그러나 내게 가장 소중한 것은 바로 여러분이다."

대표팀에 소집된 선수가 계약하러 팀을 비우는 것은 보기 드문 일이다. 게다가 대표팀이 당시 월드컵 진출을 확정하지 못한 시점인 데다 홍철은 코로나19 확진으로 이탈하고 정우영은 경고 누적 때문에 출전이 불가능해 어수선한 상황이었다. 고민을 거듭했을 그는 축구 인생에서 중대한 시점을 맞은 두 선수를 위해 스스로 세운 원칙을 깨는 결정을 내렸다. 평소 '팀보다 위대한 선수는 없다'고 강조했지만 당시에는 팀보다 선수를 위한 결정을 내린 것이었다. 그는 결정의 배경을 선수들에게 공개해 큰 공감을 얻었다.

2019년 아랍에미리트 아시안컵 때도 비슷한 일이 있었다. 당시

16강전을 앞두고 고참인 이청용이 '하나뿐인 여동생이 결혼한다'며 결혼식에 참석하기 위해 서울에 다녀오고 싶다고 간곡히 부탁했다. 그는 이를 수락했다. 결혼식에 참석하고 바로 복귀하는 짧은 일정이지만 중요한 경기를 앞두고 자리를 비우는 것은 대표팀 감독으로선 쉽지 않은 결정이었다. 한국 축구 문화에서는 흔치 않은 사안이어서 대한축구협회 내부에서도 찬반 의견이 크게 엇갈렸다. 김진수는 2017년 5월 31일 결혼식 당일 점심까지 파주트레이닝센터에서 대표팀 훈련을 소화하고 6시간 뒤 외출해 결혼식을 올렸었다.

'내 선수'를 의심하지 않는다

선수들 중 몇몇은 월드컵 본선까지 오는 동안 적잖이 비판적 여론에 시달렸다. 허벅지 뒤쪽 근육에 부상을 입은 황희찬을 대신해 투입된 나상호가 대표적이다. 그럼에도 벤투는 의심하지 않았다. 나상호가 세밀함이 부족해 종종 결정적인 득점 기회를 날릴 때도 장점을 높이 샀다. 감독의 믿음에 나상호는 우려는 기우였다는 걸 증명했다. 우루과이전에서 오른쪽 공격수로 출전한 나상호는 작은 체구에도 적극적인 몸싸움과 돌파로 상대를 밀어붙였다. 차츰 자신감을 갖더니 날카로운 공격을 펼치며 우루과이 수비진을 괴롭혔다.

중앙 수비수들 앞에 위치해 상대 공격의 1차 저지선 역할을 맡은 수비형 미드필더 정우영에게도 벤투는 굳은 믿음을 보냈다. 정우영은 시종 온몸을 던져 우루과이의 공격을 막아냈다. 중앙 미드필더로 공수의 연결 고리를 담당한 황인범도 기복 있는 경기력으로 도마에 올랐지만 벤투는 묵묵히 대표팀에 선발해 출전시켰다. 황인범은 여기에 보답하려고 죽을힘을 다해 뛰었다고 tvN '유퀴즈 온더블록'(2022.12.21.)에서 털어놓았다.

주장 손흥민에게는 특히 깊은 존중을 보였다. 월드컵 본선을 코앞에 두고 안와 골절 부상을 당한 손흥민이 분명 최상의 경기력을 발휘하지 못할 것이 분명했지만 벤투는 본인 의사에 따라 출전을 허용했다. 손흥민이 그동안 소속 팀과 대표팀에서 쌓아온 업적과 위치에 대해 존중의 뜻을 보낸 것이다. 더욱이 월드컵 4경기에서 풀타임으로 뛰게 했다. 최태욱 코치는 중앙선데이와의 인터뷰에서 이렇게 설명했다.

"아무리 주축 선수라도 결정적인 찬스를 계속 놓친다면 교체하고 싶을 거다. 그런데 감독님은 '네(손흥민)가 정말 힘들어서 빼달라고 할 때까지 나는 널 믿겠다'고 약속하셨다."

그는 이렇게 한국 축구와 함께하는 내내 선수들에게 의심 대신 믿음을 보냈다. 마음의 문을 열거나 빚을 진 선수들은 그 믿음에 다양한 방식으로 화답했다. 일종의 '비밀 공유'를 통해 감독과 선수단이 끈끈한 마음을 확인한 일도 있다. 카타르 월드컵이 열리기 두 달 전인 2022년 9월, 그는 선수들에게 "월드컵을 마치면 한국 축구와 재계약하지 않고 떠날 것"이라고 미리 알렸다. 선수들은 이 사실을 월드컵을 마칠 때까지 외부에 함구했다. 그러면서 선수들

사이에서 '월드컵을 마치고 작별하는 감독을 위해 뛰자'는 분위기가 형성됐다.

카타르 월드컵 직전 대표팀을 소집했을 때도 그는 선수들을 아끼며 결속을 다졌다. 당시 김진수처럼 K리그 시즌을 마치고 지친 상태로 합류한 선수들이 있었는데, 그는 대한축구협회와 프로팀을 향해 "한국 축구는 중요한 게 오로지 돈과 스폰서"라며 선수 혹사 문제를 지적했다. 김진수는 SBS '주영진의 뉴스브리핑'(2022.12.9.)에 출연해 "한 가지 확신이 든 건, (벤투가 나를) 아껴주신다는 걸 느꼈다. 나를 걱정해주신다는 생각이 들었다. 소속 팀 감독님에게도 죄송했고 대표팀 감독님에게도 죄송했다. 감독님이 분명히 도움이 되는 말씀을 해주셨다고 생각한다"고 말했다. 벤투 체제하에서 가장 많은 소집과 출전을 기록한 김영권은 중앙일보와의 인터뷰에서 "감독님은 4년간 힘들 때 모든 총대를 메고 꽁지 내리지 않고 선수들 대신 앞장섰다. 항상 선수 편이었고 최고의 선수가 될 수 있음을 늘 상기시켜주셨다"고 말했다. 권경원은 '국대: 로드 투 카타르'에서 "'많은 사람이 의심하더라도 난(벤투) 예전도 그랬고 앞으로도 너희를 믿는다' '인생뿐 아니라 축구에서도 믿음을 갖는 게 중요하다'고 말씀하셨다"고 털어놓았다.

'선수 간격 1미터로 줄여' 디테일의 힘

포르투갈과의 3차전은 한국이 벼랑 끝까지 몰린 채 시작한 경기였다. 이미 2연승을 해 16강 진출을 확정한 H조 최강 포르투갈을 반드시 꺾고 같은 조의 다른 경기인 우루과이와 가나의 대결을 지켜봐야 했다.

설상가상 벤투는 가나와의 2차전에서 퇴장당하면서 벤치가 아니라 관중석에서 경기를 '관전'해야 하는 상황에 몰렸다. 규정상 경기 도중 선수단에 어떤 지시도 내릴 수 없었다. 긴박한 경기를 이끌며 적재적소에 지시를 내려야 하는 감독이 없는 상황에 대해 언론들은 다소 비관적인 논조의 기사를 쏟아냈다. 기자들은 포르투갈전이 그의 마지막 경기가 될 수도 있는 만큼 경기 전 기자회견에서 마지막 질문으로 그동안 한국 축구를 이끈 소회를 묻기도 했다.

하지만 '벤투 사단'의 생각은 달랐다. 그동안 하나부터 열까지 팀의 운영 일체를 공유하고 있었기에 코치진은 감독이 없더라도 공백을 최소화하며 경기를 치를 수 있다고 자신했다.

"내가 자리를 지키지 못하는 것에 선수들은 그렇게 영향을 받지 않을 것이다. 오랜 기간 선수들과 합을 맞춰왔고 나를 대신할 코치들이 있다. 다 알아서 제 역할을 하면서 전략과 전술을 잘 펼쳐주리라 믿는다. 그동안 내가 했던 결정들은 내 독단이 아니라 팀이 내린 것이었다. 스태프들과 함께 결정을 내려왔기에 충분히 그들을 신뢰한다."

그렇게 관중석에서 벤투는 뿔테 안경을 쓰고 경기를 지켜봤다. 벤치에서는 코스타 수석 코치가 지휘봉을 잡고 테크니컬 에어리어에 서서 한국 선수들을 지휘했다. 때로는 코엘류 코치가 곁에서 수

시로 의견을 교환하며 선수들에게 경기 운영을 지시하거나 위치를 잡아줬다. 한국 코치들도 코스타 코치와 대화하며 최선의 해결책을 찾아갔다. 여럿이 힘을 합쳤다.

포르투갈은 벤투와 코스타 등의 모국이기에 다른 나라보다 정보 수집이 한결 수월했다. 포르투갈 선수들의 특징도 세세히 파악하고 있어 면밀한 대응이 가능했다. 벤투는 헤코르드와의 인터뷰(2022.12.23.)에서 이렇게 말했다.

"포르투갈에 몇 가지 문제점이 있었는데 다닐루 페레이라와 누누 멘드스, 오타비우가 출전할 수 없다는 것이었다. 최종적으로는 주앙 칸셀루가 왼쪽 수비수, 디오구 달로트가 오른쪽 수비수로 뛰게 될 가능성을 알았다. 우리는 이 부분을 분명히 이용하려고 노력했다. 그리고 포르투갈은 오른발 중앙 수비수 2명을 선발 명단에 뒀는데, 그래서 우리는 그들의 왼쪽으로 공을 향하게 유도했다. 골키퍼(디오구 코스타) 또한 오른발을 사용하기에 왼쪽으로 몰아세우며 공을 따내도록 유도했다. 왼발을 사용하도록 유도했고, 칸셀루가 왼쪽에서 제대로 플레이하지 못하게 막았다."

한국은 계획대로 포르투갈의 왼쪽을 집중 공략했다. 백미는 1-1로 비기고 있던 후반 20분에 나왔다. 소속 팀에서 당한 햄스트링 부상으로 1차전과 2차전에 출전하지 못한 황희찬이 전격 투입됐다. 이대로 무승부로 끝나면 16강 진출에 실패하는 만큼 코스타 코치는 황희찬의 몸 상태를 확인한 뒤 교체 투입을 결정했다. 벤투는 당초 '아파도 뛰겠다'는 황희찬을 말리며 '16강전을 준비하라'

고 당부한 상황이었다.

후반 20분 카타르에서 처음 실전 그라운드를 밟은 황희찬은 별명 그대로 '황소'처럼 그라운드를 휘젓더니 경기 종료 직전 70미터가량 질주한 끝에 손흥민의 패스를 받아내 역전골을 터트렸다. 마지막에 포르투갈의 왼쪽을 파고들라는 코치진의 지휘를 따른 것이다. 벤투 사단의 전략적 승리이자 15년째 벤투의 '두뇌' 역할을 하는 코스타 수석 코치의 용병술이 성공한 순간이었다.

이재성은 자신의 네이버 블로그(2022.12.12.)에 "결정적인 경기에서 감독 없이 경기를 치른다고 하면 누구나 걱정부터 한다. 우리는 전혀 걱정하지 않았다. 함께해온 코치진이 있었기 때문이다. 벤투 감독님은 코치진과 하나부터 열까지 모든 걸 다 공유하셨다"고 적었다.

코스타 코치는 승리를 거두고 가진 기자회견에서 "나는 감독 옆에 있는 걸 좋아한다. 벤투는 훌륭한 감독이다. 난 옆에서 돕는 걸 좋아한다. 제대로 우리 앞에서 리드해주는 게 필요하다고 생각한다. 세세히 다 짚어주며 우리를 잘 이끈다. 아주 만족스러웠다"고 소감을 밝혔다.

감독이 부재한 자리를 코치가 메울 수 있는 건 그동안 그들이 만들어온 시스템이 작동했기 때문이다. 일테면 콘테는 선수 선발 배경 및 경기 리뷰를 하는 기자회견에 코치진을 대동한다. 한국인 코치진도 당연히 함께한다. 감독인 자신이 무슨 생각을 갖고 있고 무슨 말을 하는지 코칭스태프 전체가 공유하게 한다.

경기를 복기하는 과정에서도 서로 의견을 가감 없이 밝힌다. 치열하게 의견을 교환한다는 표현이 더 어울린다. 경기 중에도 벤치에서는 감독과 코치진 사이에 수없이 많은 대화가 오간다. 벤투 사단은 이렇게 대화와 토론을 통해 대표팀의 장단점을 도출하고 그에 토대해 전략을 수립하는 과정을 4년 넘게 반복했다. 이런 토론 문화가 생경했던 기존 대표팀 관계자들은 초기에 적응하기 쉽지 않았다고 한다.

"처음에는 상당히 당황했다. 코치끼리 싸우는 줄 알았다. 그런데 아니더라. 문제점을 파악하는 과정이었다. 때로는 감독이 놓치는 것을 코치가 잡아주는 경우도 있다. 코치진도 언론의 질문에 대해 느끼는 부분이 많다더라. 또 한국의 특성에 대해 이해할 좋은 기회가 된다더라."(조이뉴스 2018.11.22.)

벤투는 무뚝뚝해 보여 언뜻 보면 하급자로부터 보고만 받을 것 같지만 전혀 그렇지 않았다. 실제로는 열린 자세로 쉼 없는 대화를 통해 정답을 찾아가는 사람이었다.

"(벤투는) 토론식 문화에 익숙한 특성을 그대로 한국에서도 보여주고 있다. (…) 포르투갈 리스본의 포르투갈축구협회에서 만났던 움베르투 코엘류 전 한국 축구 대표팀 감독은 '벤투 감독은 현역 시절에 동료들과 경기 하나를 놓고 토론을 잘했다. 지시에 익숙한 한국 문화도 많이 달라졌기 때문에 벤투 감독과 코치진은 물론 선수들과의 소통이 더 잦을 것이다'고 전했다."(조이뉴스 2018.11.22.)

토론식 미팅은 훈련에도 그대로 적용됐다. 코치 7명 각자에게 공격과 수비 등 전문 분야를 맡겼다. 아군과 적군 양쪽을 상세히 분석하는 전력분석관도 '당신이 이 분야의 최고 전문가인 만큼 충분한 권한을 주겠다'며 존중했다. 권한과 책임을 부여하고 여기에 자유롭게 의견을 주고받는 토론식 문화가 합쳐지면서 대표팀에 생기가 돌고 전력도 점차 향상됐다. 그렇게 쌓인 팀의 잠재력이 가장 중요한 순간 월드컵 본선에서 터져 나왔다.

세밀함도 궁극적으로는 큰 차이를 만들었다. 최태욱 코치는 중앙선데이와의 인터뷰에서 이렇게 설명했다.

"대표팀은 체력 훈련 때 규격과 간격을 매우 중요시한다. GPS가 부착된 '전자 퍼포먼스 트래킹 시스템(EPTS)'을 착용한 선수들이 훈련을 마치면 (그들의) 활동량과 맥박 수 등을 체크한다. 전날 좀 강한 훈련을 했다고 하면 당일 패스 연습 때 선수 간 거리를 1미터라도 줄이라고 하고 훈련 장비 무게에도 신경을 썼다. (벤투가) 일하는 방식은 내가 만난 지도자 중에서 가장 체계적이었다. 코칭 스태프의 역할 분담이 명확하고 시너지 효과도 컸다."

조규성(오른쪽)과 권경원이 2022년 12월 3일 에듀케이션 시티 스타디움에서 열린 포르투갈전 승리 후 '중요한 것은 꺾이지 않는 마음이다'라고 적힌 태극기를 펼쳐 보이고 있다.
사진 FAphotos

카타르 월드컵 16강행 결승골의 주인공인 황희찬. 2022년 12월 3일 에듀케이션 시티 스타디움에서 포르투갈을 꺾은 뒤 태극기를 펼치며 포효하고 있다.
사진 FAphotos

2022년 12월 3일 에듀케이션 시티 스타디움에서 16강 진출이 확정되는 순간. 오현규와 백승호, 송범근, 정우영, 나상호, 권경원, 손흥민, 황희찬, 이강인(왼쪽부터)이 얼싸안고 기뻐하고 있다.
사진 FAphotos

김영권(오른쪽)이 2022년 12월 3일 에듀케이션 시티 스타디움에서 열린 포르투갈전에서 골을 터트린 뒤 황인범과 기쁨을 나누고 있다. 김영권의 오른 팔뚝에는 아내와 첫째 딸의 영문명이 타투로 새겨져 있다.

사진 FAphotos

조규성(가운데)이 2022년 11월 28일 에듀케이션 시티 스타디움에서 열린 가나와의 경기에서 골을 터트린 뒤 세리머니를 펼치고 있다. 그는 이날 헤딩으로만 2골을 터트렸다.
사진 FAphotos

2022년 11월 24일 에듀케이션 시티 스타디움에서 우루과이전을 앞둔 손흥민과 김승규, 김진수, 김민재(오른쪽부터). 안면 보호 마스크를 쓴 손흥민이 김민재와 손을 맞잡고 있다.

사진 **FAphotos**

2022년 카타르 월드컵 개막을 이틀 앞둔 11월 18일 카타르 도하 알에글라 훈련장. 대표팀 선수들이 훈련하는 가운데 파울루 벤투(가운데) 감독이 펠리페 코엘류 수비 코치(왼쪽), 세르지우 코스타 수석 코치와 의견을 나누고 있다.

사진 FAphotos

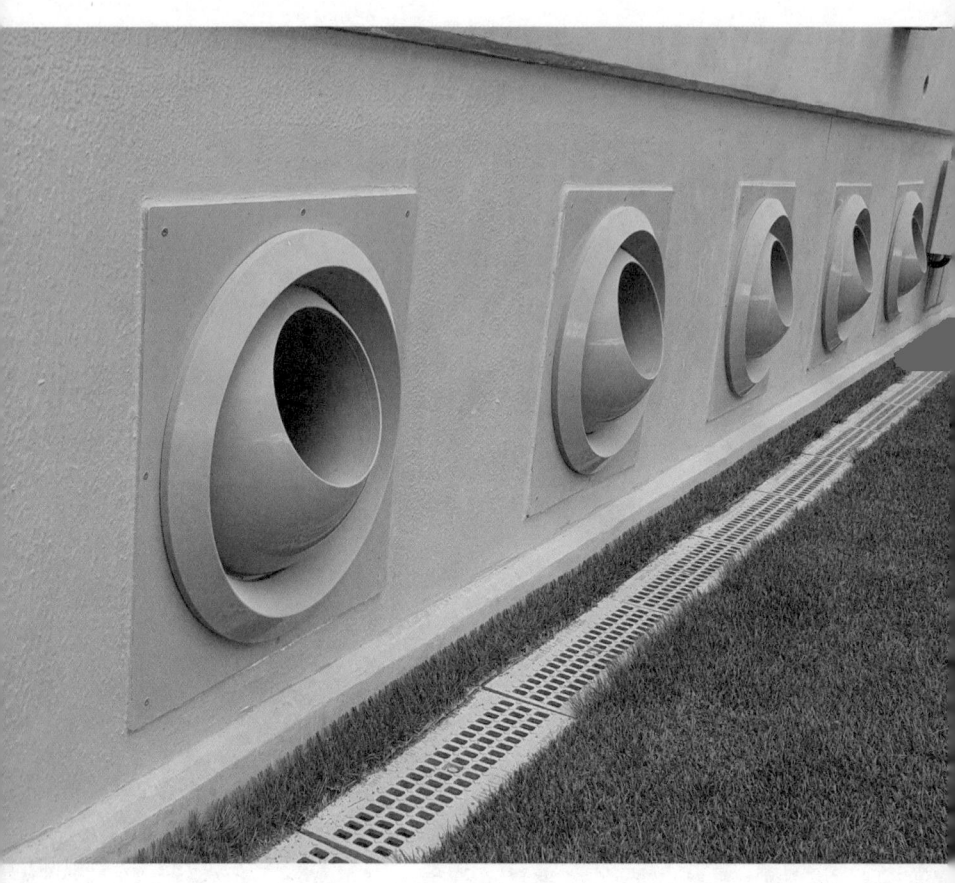

카타르 월드컵 결승전이 열린 루사일 스타디움은 경기장 사이드와 각 좌석 아래쪽의 에어컨 구멍에서 차가운 공기가 분사된다. 한국이 조별리그 3경기를 모두 치른 에듀케이션 시티 스타디움도 에어컨 시스템을 갖췄다.
사진 박린

974 스타디움은 재활용이 가능한 974개 선적 컨테이너를 활용해 지어졌다. 월드컵 글로벌 스폰서십 지위를 획득한 현대와 기아는 카타르 월드컵에 운영 차량 등을 제공했다.
사진 현대차

카타르 월드컵 조직위원회는 도하 시내의 건물에 각국 슈퍼스타의 대형 사진을 내걸어
월드컵 분위기를 띄웠다. 중심가에 있는 교통부 청사 건물에는 손흥민의 대형 사진이 걸렸다.
사진 박린

1부

공격

**QATAR 2022
손흥민 1**

1퍼센트 가능성을 살렸다

　1-1로 팽팽히 맞선 포르투갈과의 3차전은 전·후반 45분이 다 흘러 전광판 시계는 '90:00+1'로 향하고 있었다. 포르투갈의 코너킥을 한국 수비 김문환이 머리로 걷어내면서 공이 빠져나왔다. 손흥민은 한국 진영에서 포르투갈 진영까지 경기장의 3분의 2에 달하는 70~80미터를 폭풍처럼 질주했다. 드리블을 치고 들어가더니 순식간에 상대편 페널티 지역 가까이 이르렀다. 순간 최고 스피드는 시속 34.3킬로미터. 제한속도가 30킬로미터 이하인 스쿨 존(어린이 보호구역)을 달린다면 벌금을 내야 할 정도로 빨랐다.

　하나, 둘, 셋, 넷, 다섯, 여섯, 일곱. 공을 몰고 가는 손흥민 앞뒤로 포르투갈 선수 7명이 둘러쌌다. 찰나의 순간 뒤에서 황소처럼 달려오는 황희찬이 힐끔 보였다. 처음엔 패스를 어디로 줘야 할지 찾지 못했는데 간신히 패스 길이 하나 보였다. 일시 정지 버튼이라도 누른 듯 그는 딱 멈춰 섰다. 그러고는 단 하나밖에 없는 길인 수비수 가랑이 사이로 송곳 같은 침투 패스를 찔러 넣었다. 어시스트를 받은 황희찬은 오른발로 꺾어 차 골망을 흔들었다.

바둑 기사 이세돌 9단이 2019년 구글 딥마인드가 개발한 인공지능 알파고와의 '세기의 대국'에서 백 78수로 상대를 무너뜨렸을 때처럼 손흥민의 패스도 '신의 한 수'가 됐다. 온몸에 전율이 일게 하는 패스였다.

사실 경기를 앞두고 손흥민은 황희찬에게 "널 믿는다. 오늘 꼭 기회를 만들어줄게"라고 약속했다. 그랬기에 황희찬은 뒤따라가면서 페널티 지역에서 선배가 자기를 찾으리라는 확신을 갖고 뛰었다.

결승골을 터트린 황희찬은 웃통을 벗고 포효했다. 손흥민은 뒤따라 달려가 황희찬의 뒤통수를 때리며 기특해했다. 잠시 후 그는 다리가 풀려 그라운드에 주저앉았다. 분명 경기 막판에 나온 쉽지 않은 질주였다.

이 장면을 벤치에서 지켜본 포르투갈 공격수 크리스티아누 호날두는 패배를 직감한 듯 손으로 코를 매만졌다. 경기장 꼭대기에 마련된 BBC 스튜디오에서 손흥민의 도움을 지켜본 마우리시오 포체티노 감독은 두 주먹을 불끈 쥐며 환호성을 질렀다. 토트넘에서 지도하던 '옛 제자'가 어시스트에 성공하는 모습을 자신의 일처럼 기뻐했다.

종료 휘슬이 울리자 손흥민은 쓰고 있던 안면 보호 마스크를 벗어 던졌다. 그러고는 그라운드에 얼굴을 파묻고 오열했다.

벤치에 있던 예비 공격수 오현규가 휴대폰을 들고 뛰어와 보여주며 "홍민이형, 우루과이와 가나의 시합이 아직 안 끝났어요"라고 알려줬다. 같은 시간에 킥오프를 한 우루과이와 가나의 경기가 아직 종료되지 않은 상황. 한국 선수들은 서로의 어깨에 손을 두른 채 휴대폰의 작은 화면을 보며 초조하게 결과를 기다렸다. '세상에서 가장 긴 6분'이었다. 2-0으로 앞서 있는 우루과이가 만약 한 골이라도 더 넣는다면 한국의 16강행은 무산될 위기였다.

공격수 조규성이 "몇 분 남았어?"라고 묻자 오현규가 "4분, 4분"이라고 다급히 외쳤다. 다른 선수들도 휴대폰의 새로 고침을 누르며 "몇 분 지났냐?"라고 재차 물었다. 불과 2초가 지났을 뿐이었다. 그 정도로 선수들은 다급하고 간절했다. 오현규는 "1분, 1분"이라며 시간이 얼마 남지 않았음을 알렸다.

손흥민은 둥그렇게 모여 선 동료들을 향해 이렇게 말했다.

"우린 16강에 갈 자격이 있어. 앞으로 6분 동안 무슨 일이 일어나도, 설령 우루과이가 한 골을 더 넣는다고 해도, 난 모든 것을 쏟아낸 우리 팀이 정말 자랑스럽다."

우루과이와 가나의 시합이 그대로 2-0으로 종료되면서 한국은 극적으로 16강에 진출했다. 한국과 우루과이는 나란히 1승 1무 1패, 승점(4점)과 골득실(0)까지 같았다. 그러나 다득점에서 한국(4골)이 우루과이(2골)에 앞섰다. 손흥민의 '기적의 어시스트'가 조국을 탈락의 위기에서 구해냈다.

1부 공격

모든 경우의 수를 뚫고 16강행을 확정 지은 그는 "So fxxx proud(너무나 자랑스럽다)"라고 말했다. '바른 생활 사나이'인 그가 험한 단어를 쓸 정도로 극적인 순간이었다. "내 인생에서 가장 긴 6분이었다"고도 했다.

경기 후 수많은 찬사가 쏟아졌는데 그중 ESPN(2022.12.3.)이 그의 '천재적인 멈춤'을 정확히 묘사했다.

"이 역습을 이어갈 방법은 하나뿐이며 그것은 기다림을 필요로 함을 이해하는 축구 지능, 뭐든지 해야 한다는 압박감이 밀려올 때 아무것도 하지 않는 평온함, 수비수들에게 둘러싸여도 공을 꿰뚫을 수 있다는 자신에 대한 믿음, 그리고 동료들에 대한 전적인 믿음. 그것이 '좋은 선수'와 '위대한 선수'를 가르는 작은 순간이고, 조국을 탈락의 위기에서 구해낸 월드컵 역사상 가장 극적인 날을 만드는 순간이다."

잠자는 시간 빼고는 냉찜질

손흥민이 카타르에 입성한 건 2022년 11월 16일 자정을 넘긴 시간이었다. 영국 런던에서 출발해 6시간 비행 끝에 결전지에 도착했다. 늦은 시간인데도 입국 몇 시간 전부터 한국 취재진과 한국 팬들은 물론 외국 팬들까지 그를 기다렸다. 많은 인파가 모이자 대한축구협회 관계자는 혼잡을 막기 위해 게이트를 옮기기도 했다.

마침내 손흥민이 도하 하마드 국제공항 입국장에 모습을 드러냈다. 검정색 버버리 코트에 검정 뿔테 안경을 쓴 그는 아직 왼쪽 얼굴에 붓기가 남아 있었다.

"상황도 지켜보고 회복되는 것도 지켜봐야 해서 뭐라고 말씀을 못 드리겠지만, 항상 말했듯 있는 위치에서 할 수 있는 최선을 다해 실망시키지 않도록 노력하겠다. 이제 도착했으니 몸을 잘 만들어 선수들과 잊지 못할 월드컵을 만들고 돌아가고 싶다."

대회 조직위원회 관계자는 "손흥민이 없는 월드컵은 상상하기 어렵다. 꼭 출전하기를 바란다"고 말했다.

손흥민은 앞서 14일 전 토트넘 소속으로 유럽 챔피언스리그 경기에서 뛰던 중 상대 선수와 부딪쳐 안와 골절상을 입은 뒤 수술대에 올랐다. 그로부터 일주일 뒤 자신의 소셜 미디어 인스타그램에 '(코로나19로) 국민들이 썼던 마스크에 비하면 내 마스크는 아무것도 아니다. 1퍼센트 가능성만 있어도 앞만 보고 달리겠다'는 글을 써 의지를 드러냈고, 이날 안면 보호 마스크를 들고 카타르에 도착한 것이다. 카타르 월드컵 최종 명단 26명에 오른 한국 선수들 중 가장 마지막 도착이었다.

최종 명단에는 포함됐지만 월드컵 실전을 뛸지 못 뛸지는 여전히 미지수였다. 벤투가 그를 가까이서 지켜본 뒤 최종 결정을 내리기로 했다. 세상에서 가장 격렬한 스포츠로 꼽히는 축구, 그것도 가장 큰 무대인 월드컵을 앞두고 수술까지 했으니 출전하는 게 오히려 이상할 정도였다.

그는 대한축구협회 스태프와 함께 차를 타고 대표팀 숙소인 도하 르메르디앙 시티센터 호텔로 이동했다. 카타르 월드컵 조직위원회는 도하 시내의 건물에 네이마르(브라질), 로베르트 레반도프스키(폴란드), 마누엘 노이어(독일) 등 각국 슈퍼스타의 대형 사진을 내걸어 월드컵 분위기를 띄웠다. 카타르 교통부 빌딩의 한쪽 면에는 손흥민이 역동적으로 드리블하는 모습이 담긴 초대형 사진이 걸렸다. 바로 길 건너편이 한국 대표팀 숙소여서 운명처럼 자신의 방 커튼을 열면 본인의 대형 사진이 보였다. 그는 분명 책임감을 느끼며 의지를 다졌을 거다.

아침이 밝았다. 그날 오전 도하의 알에글라 훈련장. 대표팀 단체 프로필 촬영을 마친 그는 안면 보호 마스크를 꺼내 들더니 덤덤한 표정으로 터벅터벅 걸어 나왔다. 그러고는 비장하게 안면 보호 마스크를 착용했다.

소속 팀인 토트넘에서 제작한 안면 보호 마스크의 색상은 검은색 무광이었다. 양쪽 광대뼈와 콧등 언저리를 감싸며 얼굴 위쪽을 절반 정도 가린 형태였다. 측면에는 흰색으로 그의 등번호 '7'이 새겨져 있었다. 현장 취재진 사이에서 "쾌걸 조로 같다", "다크 나이트 배트맨 같다"는 반응이 나오면서 주장인 그에게 '캡틴 조로'라는 새로운 별명이 붙었다.

그는 준비한 마스크의 수량을 공개하지 않았지만, 대한축구협회 관계자는 "손흥민이 마스크 3개를 가져왔다"고 귀띔했다. 이어 "첫날부터 훈련에 참여한 건 선수 본인의 의지다. 카타르 현지에서 마스크를 착용하고 그라운드에 오르는 느낌을 직접 확인하고 싶었던 것 같다"고 전했다.

페르시아만에 위치한 중동 국가 카타르의 11월은 겨울이지만 한낮 기온이 섭씨 30도를 넘을 만큼 무더웠다. 필자도 오전에는 반팔을 입고 취재했다. 손흥민은 마스크 속에 고인 땀을 연신 털어냈다. 마스크를 자주 고쳐 썼고 마스크 끈을 자주 매만지며 조정했다. 아무래도 붓기가 빠지면서 얼굴 형태가 조금씩 달라졌기 때문이다.

기자회견장에 들어선 그는 왼쪽 눈 위에 수술 자국이 뚜렷했다. 붓기도 선명했다. 그는 "안면 보호 마스크는 카본 소재로 제작되어 생각보다 가볍다. 편안하고 단단해서 놀랐다"고 설명했다.

그럼, 안면 보호 마스크는 어느 정도 효과가 있고 안전할까. KBS(2022.11.18.)가 유사하게 제작된 마스크로 직접 실험을 했다. 카본 재질의 특수 소재는 철보다 강도가 좋고 무게는 거의 나가지 않아서 공을 차거나 움직일 때 충격이 전해지지 않았다. 다만 헤딩할 때 위험 요소는 있었다. 몸싸움을 하다 얼굴이 밀리거나 수술 부위에 공이 직접 부딪치면 충격이 전해졌다. 그래도 헤딩이 주무기가 아닌 터라 그의 출전 전망은 밝은 편이었다. 헬멧을 쓰면 충격이 덜하기도 하지만 선수 본인한테 심리적 안정감을 줄 수 있었다.

"수술한 지 열흘밖에 되지 않아 아직 헤딩도 못 해봤다. 하지만 스프린트를 큰 문제 없이 진행했다"며 "팬들에게 즐거움과 희망을 드릴 수 있다면 위험은 얼마든지 감수할 수 있다. 1퍼센트 미만의 가능성이 있다면 그것만 보며 달려가겠다"는 말로 기자회견을 마무리했다. 우루과이와의 1차전까지 일주일 남은 시점이었다.

그가 2022년 11월 2일 유럽 챔피언스리그 조별리그 올랭피크 마르세유(프랑스)와의 원정 경기에서 상대 어깨에 얼굴을 쾅 부딪쳐 안와 골절상을 입었을 때 의학계에서는 최소 한 달은 쉬어야 하는 부상이라 월드컵 출전이 어려우리라고 내다봤다. 그는 하루라도 빨리 회복하기 위해 수술 날짜를 하루 앞당겨 이틀 뒤에 수술대에 올랐다. 왼쪽 눈 주변 4곳의 골절된 부위를 고정하는 수술을 받았다. 사물이 두 개로 보이는 이중시도 우려됐지만 다행히 수술은 성공적으로 끝났다.

부친 손웅정 씨는 tvN '유퀴즈온더블럭'(2022.12.2.)에 출연해 수술에 얽힌 뒷얘기를 전했다.

"흥민이가 쓰러진 뒤 얼굴이 함몰됐더라. 동시에 '아, 월드컵은?'이라는 생각이 들었다. 흥민이도 같은 생각을 했다더라. (…) 수술 날짜를 최대한 당겨달라고 했다. 잠자는 시간 빼고 (얼음) 냉찜질을 했다. 붓기가 조금 빨리 빠져 수술 날짜를 하루 앞당길 수 있었다. 최선을 다했다기보다 사력을 다했다고 표현하고 싶다."

알에글라 훈련장에서는 안면 보호 마스크뿐 아니라 그의 작은 축구화(아디다스 'X스피드포탈')도 눈에 띄었다. 183센티미터인 키에 비해 발 사이즈는 255~260밀리미터로 작다. 255~260밀리미터, 그 사이 3가지 사이즈를 맞춤형으로 제작해 발 상태에 따라 선택해 착용한다.

그보다 키가 작은 169센티미터의 리오넬 메시(아르헨티나)도 270밀리미터 축구화를 신고 191센티미터의 로멜루 루카쿠(벨기에)

는 300밀리미터가 넘는다.

그가 작다 싶을 만큼 꽉 끼는 축구화를 신는 데는 이유가 있다. 그라운드에서 미세한 감각까지 온전히 다 느끼기 위해서다. 이 때문인지 발톱은 일부가 빠져 시커멓게 멍들고 발뒤꿈치는 까져 있다. 이렇게 꽉 끼는 축구화를 신고 2011년 강원도 춘천에서 아버지 손웅정 씨의 지도 아래 오른발로 500회, 왼발로 500회 등 매일 1000회씩 슈팅 훈련을 했다.

그는 안면 보호 마스크를 쓰고 상처투성이인 작은 발로 세상을 놀라게 할 준비를 하고 있었다.

수술 20일 만에 풀타임, '원 팀' 만들었다

2022년 11월 20일 카타르 월드컵이 개막했다. 국가가 연주될 때 감정이 북받쳐 올라 눈물을 흘리는 각국 선수들이 많았다. 선수들은 소속 팀에서보다 더 미친 듯이 뛰었다. 손흥민이 왜 수술 날짜까지 앞당겼는지 좀 더 와 닿았다. 모든 축구 선수가 뛰기 위해 평생을 바치는 꿈. 월드컵은 그런 무대였다.

그는 대회를 앞두고 동료들과 정상적인 훈련을 소화했다. 훈련장에서 벤투는 고민이 가득한 표정이었다. '첫 경기부터 기용할지' '만약 1차전부터 썼는데 잘 안되면 어떻게 하지' 등 오만 가지 생각에 잠겨 있는 사람처럼 보였다. 의료진은 밤낮으로 끝까지 몸 상태를 체크했다.

우루과이전을 하루 앞두고 알라이얀의 메인 미디어센터 기자회견장. 마침내 벤투는 "손흥민은 1차전 출전이 가능하다"고 알렸다.
"손흥민은 안면 보호 마스크 착용이 그리 불편하지 않으리라고 생각한다. 지금은 익숙해졌고 팀에 잘 녹아들었다. 경기 당일까지 상황을 지켜보겠지만 희망하건대 손흥민이 최대한 편안히 경기에 임하고 최고의 전략을 구사하기를 바란다."

'적장'인 디에고 알론소 우루과이 감독은 '마스크를 쓴 손흥민의 부상 약점을 공략하나'라는 질문에 "한국과 손흥민에게 최고의 존경심을 갖고 있다. 우리 기량을 활용하지 한국의 약점을 이용하지는 않을 것"이라고 말했다.

경기 당일 에듀케이션 시티 스타디움에는 킥오프 몇 시간 전부터 그의 '조로 마스크'를 따라 쓴 붉은악마 팬들이 많이 보였다. 그의 전매특허인 '찰칵 세리머니' 포즈를 따라하며 출전을 기원했다.

킥오프 1시간여를 앞두고 발표된 선발 명단에 그가 포함됐다. 베스트 11의 왼쪽 날개로 나섰다. 상대 팀 우루과이의 선발 명단에는 페데리코 발베르데와 루이스 수아레스, 로드리고 벤탕쿠르, 다르윈 누녜스, 디에고 고딘 등이 포함됐다. 2010년 남아공 월드컵에서 4강에 올랐던 멤버 못지않게 이번 명단도 화려했다.

경기 전 워밍업 때 장내 아나운서가 "손, 흥, 민"을 소개하자 관중석에서 큰 환호성이 터져 나왔다. 안면 보호대를 쓴 그는 영화 '글래디에이터'의 검투사처럼 비장해 보였다. 그는 경기 시작을 앞두고 터널에서 중앙 수비수 김민재와 손을 맞잡은 뒤 뜨거운 포옹을 나눴다. 애국가를 누구보다 힘차게 부를 땐 결의가 느껴졌다.

그는 지그재그로 드리블 모션을 취한 뒤 점프하는 특유의 루틴 움직임을 하며 동료들에게 다가갔다. 그러고는 동료 선수들에게 한 가지 부탁을 했다.

"너희는 정말 잘하는 선수들이다. 자신의 능력을 믿고, 쫄지 말고, 하고 싶은 걸 다 하고 나왔으면 좋겠다."

2014년 브라질 월드컵 조별리그에서 탈락한 뒤 눈물을 펑펑 쏟던 노랑머리의 그는 8년이 흘러 어느덧 리더가 돼 있었다.

손흥민이 우루과이 선수 2명을 제치고 쏜 회심의 슛을 상대 선수가 머리로 걷어냈다. 0-0으로 맞선 후반 10분 우루과이의 마르틴 카세레스가 뒤에서 그의 발뒤꿈치를 밟았다. 축구화가 벗겨지고 테이프를 감은 양말이 찢어질 정도의 강한 충돌이었다. 더욱이 상대 발에 손까지 밟혀 고통스러워 보였다. 제아무리 손흥민이라고 해도 봐주지 않았다. 그라운드에 오래 누워 있는 법이 없는데 한동안 일어나지 못했다. 그래도 꿋꿋이 일어났다. 주심은 카세레스에게 옐로카드를 줬다.

말 그대로 악전고투였다. 상대와 부딪칠 때는 좀 버거워 보이기도 했다. 안면 보호대가 시야를 가린 탓일까. 부상 전과 비교해 스피드와 슈팅 정확도도 떨어졌다. 경기가 잠시 중단된 사이에 마스크를 고쳐 쓰고 그 안에 고인 땀을 털어냈다. 여기에 경기 내내 팔에 감은 주장 완장이 흘러내려 연신 끌어올려야 했다. 아예 '불량' 완장을 손에 쥔 채 뛰기도 했다.

그에게 수비 뒤쪽 공간을 얻어맞을까 봐 두려웠는지 우루과이는 특유의 전방 압박과 패스 축구를 하지 못했다. 그 대신 볼을 길게 차는 '롱볼 축구'를 했다. 그는 존재만으로도 상대를 위협했다. 이재성과 황인범 등 동료들은 그를 커버하며 한 발 더 뛰었다. 그런 리더를 보며 그라운드 위 선수들은 '원 팀'이 됐다.

결과는 0-0 무승부. 경기가 끝난 뒤 필자는 손흥민이 안와 골절 수술을 받은 날짜를 다시 찾아봤다. 11월 4일. 우루과이전이 11월 24일에 열렸으니 수술을 받은 지 불과 20일 만에 풀타임을 뛴 것이다. 아직 통증이 남아 있지만 참고 뛰었다는 애기가 들려 왔다.

경기 후 공동 취재 구역인 믹스트 존에서 만난 손흥민은 얼굴이 더 부어 있었다. 그런데도 그는 "괜찮습니다"를 반복했다. 그는 덤덤히 말했다.

"나뿐 아니라 다른 나라에도 마스크를 쓰고 경기를 하는 선수가 있다. 불편해도 나라를 위해 뛸 수 있다는 일 자체가 큰 영광이다. 축구를 하다가 맞으면 맞는 거다. 그런 두려움은 없었다."

크로아티아의 수비수 요슈코 그바르디올, 벨기에의 미드필더 토마 뫼니르도 안면 보호대를 찬 채 경기를 뛰었다.

그는 지상파 방송사와의 플래시 인터뷰에서 "축구 선수들은 안 아프고 경기를 한 적이 없다. 그렇기 때문에 나만 아프다고 경기를 안 할 수 없는 부분이다. 내가 다치고 나서 처음으로 했던 말이 '나, 월드컵 갈 수 있느냐'였다. 그만큼 이 대회를 정말 간절히 준비하고, 정말 특별히 준비했기 때문에 지금의 아픔은 나한테 크게 중요하지 않은 것 같다"고 말했다. 또 "나만 마스크를 쓰고 하는 게 아니다. 월드컵에 나올 수 있어서 너무나도 감사히 생각하고, 자랑스러운 나라의 유니폼을 입고 뛸 수 있어서 너무 영광스럽다"고 했다.

벤투는 기자회견에서 "손흥민이 부상 이전까지 좋은 모멘텀을 이어갔고 퍼포먼스도 좋았다. 부상을 털고 컨디션을 100퍼센트 회복하려면 시간이 필요하다. 그래도 우리 선수들이 자부심을 갖고 더 좋아지리라고 믿는다"며 신뢰를 보냈다.

우루과이전 나흘 뒤에는 가나와의 2차전이 열렸는데 상대 팀의 사령탑은 독일과 가나 이중 국적을 가진 오토 아도 감독이었다. 독일 분데스리가 함부르크의 유소년팀에서 손흥민을 가르친 지도자이기도 했다. 당시 독일어가 서툰 그에게 통역까지 구해 설명해준 '옛 스승'이지만 승부는 양보할 수 없었다.

1-2로 뒤진 후반 16분 손흥민이 패스를 내주자 김진수가 쫓아가 크로스를 올렸고 조규성이 헤딩으로 동점골을 터트렸다. 치고받는 명승부를 펼쳤지만 끝내 한국은 2-3으로 아쉽게 졌다. 미드필더 황인범이 종료 휘슬이 울린 뒤 큰대자로 뻗어 울 만큼 아쉬움이 가득한 패배였다.

가나전이 끝난 뒤 일부에서는 '부진한 손흥민을 선발 명단에서 빼야 한다' '토트넘에서와 달리 대표팀에 오면 부진하다'며 비난의 칼을 들이댔다. 그런 비판은 나라를 위해 목숨 걸고 뛴 그에게 너무 가혹하다고 느껴졌다. 몸을 사리지 않는 플레이를 펼쳤기 때문이다. 전반 18분 몸을 던져 시저스 킥을 시도했는데 안면 보호 마스크가 시야를 가리지 않았다면 타이밍을 맞출 수 있었다. 위험하지만 헤딩도 했다. 마스크가 밀려 시야를 가리는데도 어떻게든 머리를 갖다 댔다.

그는 가나전 후 아쉬운 마음을 감추지 못하고 눈물을 흘렸다. 몇몇 가나 선수와 코칭스태프가 다가가 위로했다. 그렇게 안타까움을 감추지 못하는 상태에서 황당한 일도 벌어졌다. 가나 스태프 한 명이 그에게 다가오더니 슬쩍 어깨동무를 하며 휴대폰으로 '셀카'를 찍으려 했다. 그는 고개를 휙 돌리며 불편함 심경을 드러냈고 오히려 다른 가나 스태프가 동료의 황당한 행동을 제지했다. 신경이 날카로워진 손흥민은 누군가 자신의 어깨를 건드리자 손을 뿌리쳤다. 벤투인 걸 알고 표정을 누그러뜨리고 함께 걸어 나가는 모습도 보였다.

그는 어깨가 축 처진 모습으로 믹스트 존에 힘없이 걸어 들어왔다. TV 해설을 마치고 그곳으로 내려온 구자철 KBS 해설위원을 보고는 말없이 그의 가슴에 얼굴을 묻고 한참이나 고개를 들지 못했다. 구자철 해설위원은 그의 머리와 등을 연신 쓰다듬으며 위로했다. 2014년 브라질 월드컵 당시 주장이었던 구자철과 현 대표팀 캡틴 손흥민. 둘은 주장 완장의 무게를 공유하고 있기에 별다른 말을 나누지 않았다. 그래도 서로를 향한 마음이 느껴졌다. 구자철은 "오늘은 내 마음이 찢어진 하루였다. 힘내. 자랑스러운 우리 선수들"이라고 했다.

손흥민은 "뼈가 붙는 데 최소 석 달이 걸리는데 지금은 실처럼

붙어 있는 상태다. 리스크를 감수해야 하지만 내가 해야 할 일"이
라고 말했다. 자신에게 쏠린 기대를 알기에 여러 시선과 목소리가
나와도 덤덤히 대응한 것이다.

**QATAR 2022
손흥민 2**

마스크 투혼을
펼친 주장

반드시 승리가 필요했던 포르투갈과의 조별리그 최종전은 눈앞이 깜깜했다. 포르투갈에는 '손흥민급 선수'가 11명이나 있었기 때문이다. 크리스티아누 호날두와 주앙 칸셀루, 디오구 달로트 등 멤버가 화려했다. 손흥민은 경기 전 터널에서 자신의 롤 모델인 호날두와 양손을 마주잡은 뒤 포옹을 나눴다. 여유 넘치는 호날두는 그를 보며 윙크를 날렸다.

양 팀이 1-1로 맞선 가운데 후반 추가시간 6분이 주어졌다. 너무도 간절했던 그는 경기 막판에 안면 보호 마스크를 벗어 손에 들고 뛰기도 했다. 앞서 언급한 대로 그는 경기를 앞두고 황희찬에게 기회를 만들어주겠다고 약속했다. 후반 추가시간 70~80미터를 질주해 만들어낸 기적의 어시스트는 그 약속의 실천이었다.

ESPN의 샘 보든 기자는 카타르 월드컵 중 최고 순간으로 '손흥민의 눈물'을 꼽으면서 "내게 가장 순수한 긴장감과 드라마틱한 감정을 준 순간은 H조 3차전 마지막 10분이었다. 포르투갈을 꺾은 한국, 우루과이와 가나의 시합이 끝나기를 바라는 믿을 수 없는 기다림, 마침내 끝났을 때 손흥민이 경기장에서 흘린 눈물, 이 모든 것은 월드컵을 사랑하는 사람들에게는 순수한 황홀감이었다"고 찬사를 보냈다.

손흥민은 "2018년(러시아 월드컵)에도 정말 최선을 다했지만 결과를 얻지 못했는데 이번에는 특별히 결과까지 얻게 돼 너무 기쁘다. 선수들이 정말 자랑스럽다"며 울먹였다. 필자는 2014년 브라질 월드컵과 2018년 러시아 월드컵 조별리그에서 한국이 탈락했을 때 믹스트 존에서 그를 만난 적이 있다. 당시 그는 마치 나라를 잃은 것처럼 서럽게 울었다. 이번 카타르 월드컵 포르투갈전 직후에도 눈물을 흘렸다. 하지만 이번에는 기쁨의 눈물이었다.

그는 환하게 웃으며 라커룸에 벤투와 어깨동무를 하고 들어왔다. 그러고는 가나전에서 퇴장 징계를 받은 탓에 포르투갈전을 벤치가 아니라 관중석에서 지켜본 벤투를 떠올렸다. 그는 "가장 감사한 건 감독님의 마지막이 될지도 모를 경기를 벤치에서 같이할 수 있다는 것이다. 너무 감사드린다"고 했다.

그로부터 사흘 뒤인 12월 6일 도하의 974스타디움에서 열린 16강전에서 브라질의 벽에 막혀 그의 질주는 멈췄다. 전반을 0-4로 뒤진 채 마쳤을 때 사실상 한국의 월드컵은 끝난 상황이었다. 그래도 그는 포기하지 않았다. 후반 2분 페널티 아크 왼쪽에서 오른발로 감아 찬 공은 브라질 골키퍼 알리송 베커의 어깨에 맞고 오른쪽 골포스트를 살짝 비껴갔다. 그의 개인 통산 세 번째 월드컵은 그렇게 막을 내렸다.

'목숨 걸고 뛰었다'

사실 한국은 포르투갈과의 3차전을 마친 뒤 이틀밖에 쉬지 못하고 경기에 나서야 했다. 반면 브라질은 일부 선수를 로테이션하며 휴식을 취했다. 손흥민은 경기 후 "경기 일정은 FIFA가 정하기에 불만을 제기할 수 없다. 솔직히 말하면 브라질은 우승 후보이고 모든 선수가 월드 클래스다. 우리는 최선을 다했지만 브라질이 승리를 거둘 만했다. 우리 선수들을 탓하지는 않을 거다. 모두 최선을 다했고 우린 극복해나갈 것"이라고 말했다.

한국과 브라질 선수들의 차이, '갭gap'이라는 단어를 조심스럽게 썼다. 그러면서도 그는 "우리나라 국민과 팬들에게 너무나 죄송하다. 최선을 다했지만 차이를 좁히지 못했다. 그래도 선수들이 헌신하는 모습에 감명을 받고 고마웠다. 선수들에게 다시 한 번 고맙다는 말을 하고 싶다"고 했다.

경기 후 토트넘 동료이기도 한 브라질 공격수 히샤를리송이 손흥민에게 다가와 포옹하며 위로를 건넸다. 히샤를리송은 SNS에 둘이 포옹한 사진을 올리며 "난 네가 여기 오기 위해 얼마나 열심히 싸웠는지 알고 있다. 그것이 네가 사람들에게 영웅인 이유"라고 적었다.

카타르 월드컵은 손흥민이 주인공인 한 편의 히어로 무비 같았다. 그는 한 국가의 희망을 짊어진 영웅이었다. 한국 대표팀 주치의인 왕준호 삼성서울병원 정형외과 교수는 대회 후 YTN(2022.12.8.)에 출연해 "보통 수술 후에는 2주~4주 마약성 진통제나 강한 약을 사용한다. 그런데 손흥민은 도핑과 약물 검사를 고려해 수술 당일 마취 중에 1회만 사용하고 그다음에는 진통제 중 가장 약한 타이레놀 계통의 약만 먹고 진통을 참고 지냈다"고 전했다. 수술한 지 3주도 안 돼 경기에 나서는 건 사실 말이 안 되는 일이다. 하지만 국민들을 생각하며 경기 출전 의지를 불태우는 그를 왕교수는 말리기 어려웠다고 한다.

최태욱 한국 대표팀 코치는 유튜브 '리춘수'(2023.1.21.)에 출연해 "홍민이가 가장 중요할 때 안면 골절을 당했다. 되게 마음이 아팠다. 눈 주변 부상은 트라우마가 있을 수밖에 없다. 머리 쪽으로 오는 공을 피하게 되고 몸싸움을 잘할 수가 없는데 훈련 중에도 피하지 않았다. 경기를 목숨을 걸고 한 친구"라고 말했다. 또 최코치는 중앙선데이와의 인터뷰(2023.1.6.)에서는 "얼굴을 다쳐본 선수는 트라우마 때문에 실전을 뛰는 게 얼마나 힘든지 안다. 나도 이마를 40바늘 꿰맨 적이 있는데 상처가 아문 뒤에도 상대의 축구화가 얼굴 근처에만 와도 공포가 훅 밀려왔다. 다친 지 얼마 안 된 홍민이는 헤딩까지 할 정도로 자신을 희생했고, 그걸 보면서 동료들이 더 죽기 살기로 뛰더라"고 전했다.

'고유감각'이라는 게 있다. 자기 자신에 대한 감각으로, 그 덕분에 눈을 감고도 자신의 팔과 다리의 위치를 알 수 있다. 축구 선수는 이 감각이 대단히 예민하다. 그런데 손흥민은 부상 탓에 고유감각에 영향이 간 데다 안면 보호 마스크까지 쓰고 뛰었다. 공을 찰 때도 한 번 더 자신의 상태를 의심할 수밖에 없었다. 이런 악조건을 안고 뛴 것이다.

포르투갈전이 끝난 뒤 조규성과 권경원이 든 태극기에는 'Impossible is nothing' 'Never give up'이라는 문구와 함께 '중요한 것은 꺾이지 않는 마음이다'라는 문장이 적혀 있었다. 원래 이 말은 2022년 e스포츠 롤드컵에서 약체로 꼽힌 DRX 소속의 데프트(김혁규)가 1라운드에서 패한 뒤 했던 말이다. 미약하게 시작한 DRX는 최강인 T1까지 꺾고 우승했다.

이번 월드컵 조별리그에서 1무 1패로 미약하게 시작한 한국이 같은 조 최강인 포르투갈을 꺾고 16강에 진출하면서 그 말은 한국 축구 대표팀의 상징이 됐다. 대표팀 모두 '꺾이지 않는 마음'을 보여줬지만 특히 주장 손흥민이야말로 이 말을 온몸으로 보여줬다. 그는 대한민국의 월드컵을 위해 모든 것을 다했고, 91분에 한국을 16강으로 보내는 어시스트를 만들어냈다. 경기 전 외신이 예상한 한국의 16강행 가능성은 9퍼센트에 불과했다. 그와 선수들, 코치진이 함께 뛰며 나머지 91퍼센트를 채웠다.

"톡 같이 할까" 친구 같은 주장

카타르 월드컵 대회 기간 내내 주장 완장을 찬 그의 표정에서는 무거운 부담과 압박감이 엿보였다. 그는 2018년 러시아 월드컵 독일전에서 주장 완장을 찼고, 벤투의 한국 감독 데뷔전이던 2018년 9월 7일 코스타리카와의 평가전부터 쭉 '캡틴 손'이었다.

그가 바라는 캡틴의 이상형은 '친구 같은 주장'이다. 아무래도 대표팀 내 어린 선수들은 슈퍼스타인 그에게 다가가기 어려운 게 사실이다. 실제로 그는 "애들이 날 어려워하는 게 싫어서 내가 먼저 다가가 말을 걸고 있다"고 고백한 적이 있다. 그래서 선수들에게 "커피 한잔 마시러 갈 사람?"이라고 먼저 제안하기도 했다. 토트넘에 돌아가서도 대표팀 선수들이 소속 팀에서 어떻게 뛰고 있는지 체크했다.

12년 만에 극적으로 카타르 월드컵 16강행을 이룬 다음 날, 그와 동료 선수들은 현지에 찾아온 가족과 함께 카타르 유명 레스토랑을 찾아 즐거운 휴식을 만끽했다. 레스토랑의 셰프는 '허공에 소금을 뿌리는 퍼포먼스'로 세계적으로 유명한 튀르키예의 누르세트 괵체, 이른바 '솔트 배$^{Salt\ Bae}$(소금 연인)'였다. 괵체가 한국 선수들 식탁 앞에서 자신의 전매특허인 스테이크에 소금을 뿌리는 퍼포먼스를 하자 손흥민도 수줍게 이를 따라했다. 이어 괵체가 칼로 콕 찍어준 스테이크 한 점을 입으로 맛있게 받아먹었다. 김민재와 백승호, 나상호 등 대표팀 선수들은 폭소를 터트렸다.

그는 카타르 월드컵 최종 명단 26명에 포함되지 않았지만 대회 기간 내내 훈련을 함께 했던 공격수 오현규까지 챙겼다. 오현규는 손흥민의 부상을 대비해 뽑은 예비 선수였다. 이런 오현규를 비롯한 후배들과 친해지기 위해 카타르에서는 게임 '롤(리그 오브 레전드)'도 함께 했다.

오현규는 SPOTV '스포츠 타임'(2022.12.24.)과의 인터뷰에서 "홍민이형이 대표팀에서 롤을 제일 잘한다. 5명이 게임을 하다가 지면 (잘못한) 범인 찾기에 들어간다. 보통 나나 정우영 선수가 많이 지목된다"며 웃었다. 대회 후 포상금을 못 받는 오현규를 위해 대표팀 선수들이 사비를 모아 챙겨 주기도 했다.

오현규는 월드컵 후 스코티시 프리미어십의 셀틱 FC로 이적해 빠르게 적응했는데 뒤에는 손흥민의 보이지 않는 숨은 도움도 있었다. 손흥민이 토트넘 시절 동료였던 셀틱의 골키퍼 조 하트에게 "현규를 잘 지켜봐달라"고 부탁했다. 하트는 오현규가 데뷔골을 넣자 홈팬들 앞에서 승리 세리머니 동작을 가르쳐줬다.

리오넬 메시(아르헨티나), 루카 모드리치(크로아티아), 해리 케인(잉글랜드) 등이 카타르 월드컵에서 주장을 맡았다. 과거에는 주로 고참 선수가 대표팀 주장을 맡았지만 요즘은 동료들이 존경하고 믿고 따라갈 수 있는 선수가 주장 완장을 차는 추세다. 스페인 라리가 마요르카에서 뛰는 이강인은 다큐멘터리 '국대: 로드 투 카타르'에 출연해 "(스페인에서도) '너희 나라에 누구 있느냐'는 얘기를 많이 한다. 그러면 난 '우리, 작년(2021/22시즌)에 EPL 득점왕 한 분 있어'라고 말한다. 그 친구들도 인정한다. 인정할 건 인정해야 한다"고 했다. 대한민국은 2021/22시즌 잉글랜드 프리미어리그 득점왕인 손흥민을 보유한 나라다. 프리미어리그 득점왕을 보유한 나라는 단 12개국뿐이다.

손흥민은 하프타임 때 선수들을 둥그렇게 모아 놓고 열정적으로 '라커룸 스피치'를 한다. 그의 짧고 굵은 몇 마디는 나라를 위해 뛰게 만드는 힘이 있다. 자주 하는 말은 "대표팀에서 뛰는 건 진짜 특혜라고 생각한다"는 것이다. 2018년부터 2021년까지 소속 팀과 대표팀을 오가며 이동한 거리는 무려 22만 3637킬로미터, 비행시간은 300시간에 달해 '혹사 논란'이 일기도 했는데 말이다.

그는 브라질과의 16강전에서 1-4로 패배한 뒤 믹스트 존에서도 주장의 카리스마를 제대로 보여줬다. 카타르 매체 '비인스포츠'의 기자가 그에게 "상당히 힘든 경기였다. 전반은 후반보다 경기력이 좋지 않았던 것 같은데, 포르투갈전과 비교해보면 한국 대표팀 선수들에게 무슨 일이 있었던 것 같다"고 단도직입적으로 물었다. 다소 무례해 보이는 질문이었다. 그는 질문을 듣자마자 얼굴을 찌푸리며 영어로 "아니다. 우리는 모든 걸 바쳤다. 그런 식으로 우리를 비난하지 말라"고 일침을 가했다. 한국 선수들의 부진을 지적하는 질문에 단호하게 답한 것이다. 이어서 이렇게 말했다.

"알다시피 브라질은 우승 후보다. 우리가 공간을 내주면 그들은 득점을 한다. 난 우리 선수들이 너무 자랑스럽다. 우리 선수들이 모든 것을 쏟아부었기 때문에 선수 중 단 한 명도 탓하고 싶지 않다. (…) (후반전에 출전한 젊은 선수들이) 자랑스럽다. 처음 월드컵에 출전했는데도 나라를 위해 훌륭한 일을 했다. 난 젊은 선수들이 멈추지 않기를, 월드컵에서 뛰는 것이 얼마나 중요한지 깨닫기를 바란다. 난 우리 선수들이 국가대표팀과 나라를 위해 놀라운 일을 해냈다는 것이 매우 자랑스럽고 기쁘다."

8년 전인 2014년 브라질 월드컵에서 탈락해 귀국할 때 대표팀 선수들은 공항에서 엿 세례를 받았다. 그의 발 앞에도 엿이 굴러 떨어졌다. 당시 그는 "엿을 먹어야 하나요"라며 쓴웃음을 지었다. 이번에는 달랐다. 필자는 2022년 12월 7일 그와 같은 비행기를 타고 귀국했다. 인천국제공항은 팬들로 가득해 마치 콘서트장을 방불케 했다. '손흥민, 왜 내 마음을 쏘니' '미안해하지 마'라고 적힌 피켓을 들고 환대하는 인파들로 넘쳐났다. 금의환향한 그는 이렇게 귀국 소감을 밝혔다.

"3~4주 전으로 돌아가 내가 4경기를 풀타임으로 뛸 수 있을지 다시 한 번 물어본다면, 아마 '안 되지 않을까'라는 대답이 가장 먼저 나올 것 같다. 포르투갈전을 앞두고 과연 우리한테 몇 퍼센트의 가능성이 있었을까. 선수들은 '꺾이지 않는 마음'으로 투혼을 발휘했다. 가장 좋은 예시 같다. 월드컵을 앞두고 '1퍼센트 가능성만 있다면 앞만 보고 달려가겠다'고 말한 것처럼, 선수들은 그 가능성을 보고 진짜 달려갔던 것 같다. 너무나도 멋있는 이 문장이 축구뿐 아니라 대한민국이 살아가는 데도 쓰여 더 앞으로 나아갈 수 있었으면 좋겠다."

그는 자신의 소셜 미디어에 '1퍼센트의 가능성이 정말 크다고 느겼다'고 썼는데 여기에 브라질의 슈퍼스타 네이마르가 'LEGEND' 라는 댓글을 달았다. 스타는 스타를 이해하는 법이다.

2014년부터 월드컵을 세 차례 현장 취재하는 동안 필자가 한국의 16강 진출을 본 건 이번이 처음이었다. '손흥민이 만약 정상 컨디션이었다면 한국이 얼마나 더 멀리 갈 수 있었을까' 하는 생각도 든다.

마스크 투혼을 펼친 주장 손흥민의 중압감은 어느 정도였을까. 2010년 남아공 월드컵에서 주장을 지냈던 박지성 JS파운데이션 이사장을 만나 물어봤다. 박이사장은 "팀에서 차지하는 비중, 거기에 주장이라는 직책까지 맡았다. 몸 상태가 100퍼센트인 상황에서도 부담감을 가질 수밖에 없는데 부상까지 안고 경기를 했다. 그 압박은 솔직히 나로서도 예상할 수 없을 만큼 힘들었을 것"이라고 말했다. 그리고 이런 말을 덧붙였다.

"손흥민 선수의 엄청난 활약을 기대했던 팬들 중에는 '거기에 부응했나' 하며 고개를 갸우뚱거릴 분도 있을 텐데, 나는 (손흥민이) 그 역할을 충분히 하고도 남았다고 생각한다. 경기장에 있는 것 자체가 상대에게 압박을 주고 대표팀 동료들에게 자신감을 주는 등 보이지 않은 것들을 느꼈다. 결정적일 때 팀을 구해냈고 그걸 발판으로 16강에 진출했다. 다시 한 번 손흥민이 얼마나 대단한 선수인지 느낄 수 있는 월드컵이었다."

다음 월드컵은 2026년 미국과 캐나다, 멕시코 북중미 3개국이 공동 개최한다. 1992년생인 그는 그때 34세가 된다. 그는 브라질과의 16강전이 끝난 뒤 네 번째 월드컵 출전 여부를 묻는 질문에 "국가대표에서 나를 필요로 할 때까지는 최선을 다해 이 한 몸을 바칠 생각이 분명히 있다"고 대답했다. "내 능력이 돼야 한다. 4년 동안 많은 시간이 있는 만큼 잘 생각해보겠다"고 전제를 달았지만 "대표팀이 필요로 하면 간다"는 게 그의 원칙이다.

평소 그의 의지와 몸 관리 등을 고려하면 개인 통산 네 번째 월드컵에서 다시 한 번 뛸 가능성이 크다. 카타르 월드컵에서는 메시(35세)와 올리비에 지루(36세), 모드리치(37세) 같은 30대 중후반 선수들이 건재함을 과시했다. 4년 뒤 특유의 스프린트는 지금보다 못하더라도 국가대표를 향한 헌신과 열정은 변함없을 게 분명하다.

개막식 달군 BTS 정국,
뜨거웠던 'KOREA'

중동에서 열리는 첫 월드컵의 화려한 막은 한국인이 열었다. 2022년 11월 20일 카타르 알코르의 알바이트 스타디움에서 열린 카타르 월드컵 개막식에서 가수 방탄소년단(BTS) 정국이 무대에 올라 대회 주제가(OST) '드리머스Dreamers'를 불렀다.

관중석에서는 축구 스타 데이비드 베컴(잉글랜드)과 호나우두(브라질)를 비롯한 6만여 명이 지켜봤다. 정국은 '칼군무'와 함께 감미로운 목소리로 "Look who we are, we are the dreamers. We'll make it happen 'cause we believe it(우리를 봐. 우리는 꿈꾸는 사람들. 우리는 믿기 때문에 그것을 이뤄낼 거야)"라는 가사를 열창했다.

개막식에는 유명 배우 모건 프리먼, 희귀병을 이겨낸 카타르 인플루언서 가님 알무프타흐, 타밈 빈 하마드 알타니 카타르 국왕 등이 등장했다. 하지만 하이라이트는 단연 정국의 무대였다. 개막식을 축구로 치면 '맨 오브 더 매치(경기 최우수 선수)'는 정국이었다.

그동안 역대 월드컵 주제가는 리키 마틴, 샤키라, 제니퍼 로페즈 등 월드 스타들이 불렀다. '드리머스'는 K팝 솔로 가수가 단독으로 처음 부른 월드컵 OST다. 이 노래는 발매 직후 전 세계 102개국에서 아이튠즈 '톱 송' 차트 정상에 올랐다. FIFA가 유튜브를 통해 공개한 정국의 개막식 공연 영상은 7시간 만에 조회 수 260만 건을 넘었다(2023년 1월 기준 조회 수 1억뷰를 돌파했다).

2014/15시즌 프리미어리그 득점왕 출신인 세르히오 아궤로(아르헨티나)는 소셜 미디어에 TV로 정국의 공연을 시청하는 영상을 올렸다. 그러면서 스페인어로 'Baila bien este eh'라는 글을 남겼다. '와, 얘, 춤 잘 추네'라는 뜻이다. 카타르 매체 '페니슐라'는 "정국이 개막식에서 멋진 무대를 선보였다"고 보도했다. BTS 멤버인 RM은 '멋있어', 슈가는 '스타디움 짬바(스타디움 콘서트 경험이 많은 관록)'라며 감탄했다.

많은 한국 네티즌이 '남의 나라 월드컵 개막식에서 한국 가수가 메인 무대에 서다니'라며 자랑스러워했다. 정국은 "개막식 무대보다 (이틀 전 한국 축구 대표팀 훈련장을 찾아) 선수 분들을 만나기 전에 긴장이 더 컸다. 포스가 장난 아니었다"고 소감을 밝혔다.

개막전이 열린 경기장 주변에서 FIFA와 월드컵 로고가 프린팅된 현대·기아자동차 승용차와 버스를 쉽게 볼 수 있었다. 카타르 월드컵 선수단과 미디어가 타는 버스, VIP와 대회 관계자용 승용차 모두 현대와 기아에서 제공한 차량이다. 리오넬 메시와 해리 케인 등 몸값이 '억' 소리 나는 슈퍼스타들이 타는 버스도 한국산이다.

코카콜라, 아디다스, 비자카드 등과 더불어 단 7곳뿐인 월드컵 글로벌 스폰서십 지위를 획득한 현대와 기아는 카타르 월드컵에 운영 차량을 제공했다. 현대는 승용차(RV 포함) 446대와 버스 170대 등 총 616대를, 기아는 승용차 297대와 버스 70대 등 총 367대를 각각 지원했다. 현대차 관계자는 "카타르 월드컵이 표방하는 '탄소 중립 월드컵'에 한 발 다가가기 위해 38.3퍼센트에 해당하는 236대를 친환경 차량으로 구성했다"고 전했다. '물보다 기름이 더 싸다'는 산유국에 기름 대신 전기로 달리는 자동차를 알렸다.

카타르 도하 중심가에 있는 교통부 청사 건물에는 한국 대표팀 주장 손흥민의 대형 사진이 걸렸다. 다른 나라의 훈련장을 가면 해외 취재진이 "안면 보호 마스크를 쓴 '쾌걸 조로' 손흥민의 회복 상태는 어떤가?"라고 물었다.

카타르 마트와 편의점은 물론 메인 미디어센터 매점에 가면 신라면과 너구리, 삼양라면 등 한국 라면이 진열돼 있었다. 특히 불닭볶음면은 로제, 크림까르보 등 다양한 맛별로 있었다. 무역 통계 업체 '글로벌 트레이드 아틀라스'에 따르면 2021년 카타르 시장에서 한국 라면의 점유율은 34퍼센트로 1위였다. '오징어 게임' 등 K-드라마가 유행하고 유튜브에 한국인들의 라면 '먹방'이 올라오면서 카타르 젊은 층 사이에서 불닭볶음면이 큰 인기를 끌고 있다.

불닭볶음면의 매운 맛처럼 카타르에서 한국의 'K'가 뜨거웠다. 국제 스포츠 대회를 취재할 때 가장 경계해야 하는 건 '국뽕(맹목적으로 자국을 찬양하는 행태)'이다. 그러나 카타르 월드컵을 현장에서 취재하는 한국 취재진은 한국의 높아진 위상을 실감했다. '국뽕'에 취하고, '국뽕'이 차올랐다.

| QATAR 2022 | 공무원 될 뻔한 |
| 조규성 | 슈퍼스타 |

한국이 전반에만 2골을 내줘 0-2로 끌려가던 가나전 후반 13분. 이강인이 왼쪽 측면에서 타릭 램프티의 볼을 가로챈 뒤 곧바로 페널티박스를 향해 왼발로 택배처럼 정확한 크로스를 올렸다. 가나의 수비수 모하메드 살리수 뒤에 있던 조규성이 몸을 던졌다. 그가 정확히 머리를 갖다 댄 공은 원 바운드 돼 골망을 뒤흔들었다. 1-2로 추격하는 만회골이었다. 그의 시그니처 세리머니는 검지와 중지를 교차해 하트를 만드는 것인데 '월드컵 데뷔골'을 터트려 너무 기쁜 나머지 혓바닥을 내미는 데 그쳤다.

2분 뒤인 후반 15분. 김진수가 왼쪽 엔드라인으로 나가기 직전 공을 끝까지 쫓아가 살려낸 뒤 집념의 왼발 크로스를 올렸다. 살리수는 공에 시선이 쏠려 있었고 기디언 멘사는 조규성이 뒤에서 접근하는 줄도 몰랐다. 그리고 조규성이 또다시 해냈다. 완벽한 타이밍에 높이 날아올라 헤딩골을 터트렸다.

보는 사람마저 에너지가 솟구치게 만드는 퍼포먼스였다. 그는 포효하며 동료들이 있는 왼쪽 코너킥 라인 부근으로 달려갔다. 그리고 큰대자로 누우며 슬라이딩했다. 동료들은 넘어진 그에게 몰려가 세리머니를 함께 했다.

승부를 2-2 원점으로 돌리는 원더 골이었다. 그는 이렇게 3분 사이에 2골을 몰아치는 기염을 토했다. TV 중계진들은 극찬을 쏟아냈다. 영국 BBC 해설자는 "멘사도, 살리수도, 그 누구도 조규성을 멈출 수 없었다. 수비수가 몇 명 있었나 봐라. 하나, 둘, 셋. 조규성이 모두를 이겼다. 기가 막힌 마무리"라고 칭찬했다. 한준희 KBS 해설위원은 "그라운드의 BTS(방탄소년단). 훈훈한 외모에 실력까지"라고 소리를 질렀다.

조규성은 tvN '유퀴즈온더블록'(2022.12.28.)에 출연해 가나전 멀티골에 얽힌 비화를 밝혔다.

"내가 공격수이다 보니 (페널티)박스 안에서 크로스를 받는 게 유리하다. 하프타임 때 라커룸에서 사이드백과 윙어한테 '웬만하면 크로스를 올려달라'고 했다. 마침 양쪽 사이드백은 소속 팀 전북 현대에서 같이 뛰고 있는 김진수 형과 김문환 형이었다. 진수형이 나한테 '형이 공을 잡으면 무조건 뛰어'라고 했는데 약속한 대로 (크로스가) 올라왔다. 그 순간 '이건 진짜 몸을 날려야겠다' '맞히기만 하면 골'이라고 생각했다. 그래서 그대로 (헤딩을) 박은 것 같다. 머리에 맞는 순간 돌아버리는 느낌이었다."

한국은 가나전에서 비록 2-3으로 아깝게 졌지만 조규성이라는 슈퍼스타를 낳았다. 그는 한국인 최초로 월드컵 한 경기에서 멀티골(2골 이상)을, 아시아 선수 최초로 한 경기에서 헤딩으로만 2골을 터트리는 대기록을 세웠다.

벼락 스타! 네이마르도 "유니폼 교환하자"

그는 사실 카타르 월드컵에서 자신이 뛰게 되리라고는 상상도 못 했다. 대표팀에는 부동의 원톱 공격수 황의조가 있었기 때문이다. 그러나 황의조가 우루과이와의 1차전에서 골 찬스를 놓치는 일이 벌어졌다. 그러자 벤투는 우루과이전 후반전에 몸을 푸는 선수들 쪽을 향해 "규니"를 호명했다. 손흥민을 "쏘니"라 부르는 것처럼 "규니"는 벤투가 조규성을 부르는 애칭이다.

그는 후반 32분 황의조를 대신해 교체 투입됐다. 꿈에 그리던 월드컵 데뷔전은 생각보다 빨리 찾아왔다. 그는 주눅 드는 법이 없었다. 들어가자마자 위협적인 왼발 슈팅을 때렸다. 후반 44분 끈질긴 볼 경합 과정에서 경고를 받기도 했다.

그는 추가시간까지 24분 남짓 뛰었다. 그런데 그 짧은 시간에 전 세계 팬들의 마음, 특히 여심을 단번에 사로잡았다. TV 중계 카메라가 교체 투입을 앞둔 그의 잘생긴 얼굴을 클로즈업한 뒤 그의 소셜 미디어 인스타그램 팔로워 수가 가파르게 늘었다. 기존 4만 명에서 70만 명으로 급증했다. 스페인어와 일본어는 물론 아랍어로 '한국의 저 잘생긴 등번호 9번 선수는 누구지?' '그와 사랑에 빠졌다'는 댓글이 달렸다. 트위터 실시간 트렌드에 '9 de Corea(한국의 9번)'가 오르기도 했다.

일본 매체는 '한국 대표팀 9번은 BTS 멤버일 것 같은 미남'이라고 했고, 포르투갈 언론은 '만약 조규성이 축구 선수가 되지 않았다면 패션 업계에 몸담고 있을 것'이라고 열광했다. 영국 매체 더 선은 그의 사진과 함께 'ABSOLUTELY KORGEOUS'라는 헤드라인을 달았는데 'Korgeous'는 'Korea'와 'Gorgeous(아주 멋진)'를 합친 센스 넘치는 표현이다.

2002년 한일 월드컵에서 2골을 터트린 안정환과 1998년 프랑스 월드컵에서 혜성처럼 등장한 이동국을 연상시켰다. 급기야 '조규성 신드롬'이라는 말까지 나왔다. 카타르 월드컵을 중계한 안정환 MBC 해설위원에게 그에 대해 물으니 "우루과이전에서 짧은 시간이었지만 슈팅을 때린 건 잘한 거다. 외모? 축구 잘하면 잘생긴 것"이라며 웃었다.

경기 후 믹스트 존에서 만난 그는 "휴대폰 알람을 꺼놨는데 팔로어와 댓글이 계속 늘더라. 동료들도 '형, 터졌어'라고 말했다"면서도 "그게 중요한 것이 아니고 경기장에서 보여드려야 하는데 그러지 못해 아쉽다"고 덤덤히 말했다.

우루과이전 다음 날 한국 대표팀의 훈련장인 알에글라에서도 한국 취재진들 사이에 화제가 됐다. 사진기자들도 카메라에 그의 훈련 모습을 담기 바빴다. 그는 여유 넘치는 얼굴로 러닝을 했다. 대표팀 관계자는 "큰 화제가 됐지만 규성이의 평소 생활은 변함이 없다. 규성이는 처음 보는 사람한테도 먼저 다가가 말을 잘 건다. 사교성이 '갑'"이라고 전했다.

대표팀 내에서는 변화의 움직임이 감지됐다. 가나와의 2차전을 앞두고 벤투는 선수들에게 "선발 명단에 변화가 있을 수 있다"고 예고했다. 그는 그때 뭔가 '필'이 왔다고 한다. 경기 당일 선발 명단에서 자기 이름을 확인한 그는 '오늘 진짜 마지막 경기라는 생각으로 뛰어보자'고 다짐했다.

그는 가나전에서 전방에서부터 적극적으로 몸싸움을 벌였다. 가나 선수에게 코를 맞아 쓰러지기도 했다. 그러다가 결국 동료들과 멋진 콤비네이션 플레이를 펼쳐 멀티골을 터트렸다. 골망이 찢어지는 느낌이 들 만큼 강력한 헤딩골이었다. 잘생긴 얼굴에 빗대 '만찢남(만화를 찢고 튀어나온 듯한 남자)'이라는 새로운 별명도 생겼다.

가나전 후 믹스트 존에서 만난 그는 "월드컵이라는 세계적 무대에서 득점하는 걸 상상이나 해봤지 실현되리라고는 생각하지 못했다. 월드컵 한 경기에서 2골을 넣어 영광스럽지만 승리하지 못해 진짜 아쉽다. 아직 끝난 게 아니기 때문에 끝까지 포기하지 않는 마음으로 임하겠다"고 했다.

한 외국 기자가 믹스트 존을 빠져나가는 그를 쫓아가 "인스타그램 팔로어가 100만 명을 돌파했다"고 물었다. 그는 "유명해지고 싶은 마음은 별로 없다. 유명해져도 똑같은 사람"이라고 '쿨하게' 답했는데 이 대답마저 한국에서는 화제가 됐다.

그는 포르투갈과의 3차전에도 황의조를 밀어내고 선발 출전했다. 많은 기대를 모았지만 후반 중반부터는 종아리에 쥐가 났다. 하지만 끝까지 참고 뛰었다. 본인이 앞에서 뛰어주지 않으면 뒤쪽에 있는 동료들이 힘들기 때문이다.

그는 H조 최강인 포르투갈을 맞아 위풍당당했다. 경기 중 포르투갈 공격수 크리스티아누 호날두와 설전을 벌이기도 했다. 후반 19분 교체 사인을 받은 호날두가 느릿느릿 경기장을 빠져나가는 모습을 보고는 "빨리 나가라"고 독촉했다. 한국은 포르투갈을 반드시 이긴 뒤 경우의 수에 따라 16강에 올라가느냐 마느냐가 결정되는 마당에 그런 여유가 없었다. 이에 호날두는 그에게 조용히 하라는 듯 손가락을 입에 대는 제스처를 취했다.

2-1 역전승을 거둔 뒤 믹스트 존에서 만난 그는 "포르투갈 선수들에게 일부러 시비도 걸고, 중앙 수비 선수들과 티격태격하고, 상대방 신경을 툭툭 건드렸다"고 고백했다. 이어 "호날두에게 빨리 나가라고 했다. '유, 패스트, 패스트'라고 했더니, (호날두가) 내가 아는 포르투갈어로 욕을 하더라"며 "호날두는 그냥 '날강두'다"고 했다. 2019년 7월 유벤투스가 방한해 경기를 가졌을 때 호날두가 불참해 '노 쇼' 사태를 일으키면서 당시 한국 팬들 사이에서 '날강두(날강도+호날두)'로 불렸다(대회 후 조규성은 공식 석상에서 '날강두' 발언을 한 건 경솔했다며 정중히 사과했다).

잘생긴 얼굴 만큼이나 빼어난 축구 실력에 솔직한 매력이 더해져서 그랬을까. 그의 인스타그램 팔로어 수는 4만 명(기존)→70만

명(우루과이전 후)→160만 명(가나전 후)→220만 명(포르투갈전 후)으로 쭉쭉 늘었다. 2023년 2월 기준 284만 명으로 기존 4만 명에서 70배 이상 급증했다. 한국 스포츠 스타 가운데 손흥민(1145만 명)에 이어 두 번째로 많은 팔로어를 확보하고 있다. 배구의 김연경, 피겨의 김연아, e스포츠의 페이커보다도 팔로어가 많다.

한국은 브라질과의 16강전에서 1-4로 패해 탈락했다. 경기 후 브라질의 슈퍼스타 네이마르와 유니폼을 맞바꾼 한국 선수는 조규성이었다. 그는 '보그 코리아'와의 인터뷰(2022년 12월)에서 "라커룸에 들어왔는데 스태프가 '규성아, 네이마르가 너와 유니폼을 교환하고 싶대'라며 네이마르 유니폼을 건넸다. 깜짝 놀랐다. 진짜 네이마르가? 그것도 먼저 유니폼 교환을 신청하다니. 와, 말도 안 되는 거다. 나한테는 연예인보다 더한 스타다. 그 유니폼은 집에 고이 모셔뒀다"고 말했다.

네이마르가 유니폼 교환을 요청할 만큼 그는 카타르 월드컵에서 인상적인 모습을 펼쳤다. 21차례나 공중 볼 경합에서 승리해 대회 전체 1위에 올랐다. 모로코 공격수 유시프 누사이리, 아르헨티나 수비수 니콜라스 오타멘디와 함께 최다 수치였다. 대회에서 헤딩으로 2골을 터트린 선수는 프랑스 공격수 올리비에 지루와 조규성 둘뿐이었다.

입대가 신의 한 수, '멸치였는데 벌크업 했죠'

포르투갈전에서 이긴 뒤 그가 동료 권경원과 함께 펼쳐 든 태극기에는 '중요한 것은 꺾이지 않는 마음'이라는 말이 적혀 있었다. '중꺾마'는 그의 축구 인생을 가장 잘 설명하는 문장이다.

그의 귀티 넘치는 외모만 보면 유럽으로 축구 유학을 다녀왔을 것처럼 보인다. 그러나 그의 축구 인생은 밑바닥부터 올라왔다. 스무 살 때까지 연령별 대표팀에 뽑힌 적도 없었다. 심지어 학창 시절에는 실력이 떨어져 축구를 그만둘 뻔했다. 그랬던 선수가 월드컵에서 2골을 터트린 것이다.

사실 우리 모두가 몰랐을 뿐 그는 모든 준비를 끝낸 상태였다. 카타르 월드컵에서 그의 활약을 보면서 앞서 2022년에만 세 차례 개인 인터뷰를 하는 동안 들었던 얘기들이 하나둘씩 떠올랐다. 2022년 1월 김천 상무에서 군 복무를 하던 시절 상병 휴가를 나왔을 때 서울 합정의 커피숍에서 만났고, 4월에는 경북 문경 국군체육부대에서, 전역 후인 10월에는 전북 현대의 클럽하우스에서 인터뷰했다.

그는 열 살 때 조기 축구를 하는 아버지 손에 이끌려 축구를 시작했다. 현재 키는 188센티미터이지만 중학교 때는 160센티미터대였다. 축구 선배들은 그를 "멸치"나 "병든 닭", "병든 타조"라고 놀렸다. 갈비뼈가 보일 만큼 마른 체형이었다. 그는 전반만 뛰고 나면 교체 아웃됐고 그라운드보다 벤치에 있는 시간이 훨씬 더 길었다. 스카우트 제의도 없어서 축구 특기생으로 고등학교에 진학하기 힘든 상황이었다. 아버지가 나가는 조기 축구의 지인 추천으로 안양공고에 입학할 수 있었다.

고등학교 2학년 때도 '축구로 대학에 진학하기는 힘들겠다'는 얘기를 들었다. 중앙일보와의 인터뷰(2022.1.13.)에서는 "당시 공무원 시험을 보는 게 유행이었다. 실업배구 선수 출신인 어머니에게 '고3 첫 대회인 겨울까지만 해보고 안 되면 공무원 시험을 준비할게요'라고 말씀드렸다. 요즘 말로 '대가리 처박고' 훈련했다. 아침 6시에 팀 훈련이 시작되면 5시부터 나가서 훈련했다"고 고백했다. 이순우 안양공고 감독은 중앙일보와의 인터뷰에서 "규성이한테 밥을 많이 먹어야 몸집이 크고 좋은 선수가 될 수 있다고 했다. 그랬더니 밥을 산처럼 쌓아놓고 무섭게 먹더라. 그런 악바리였다"고 회상했다. 야식과 프로틴까지 챙겨 먹은 그는 키가 180센티미터대로 자랐다. 이감독은 이렇게 열심히 하는 조규성에게 기회를 줘야겠다고 생각했다. 그는 대출까지 받아 자신을 지원하는 부모님을 생각하며 뛰고 또 뛰었다.

광주대에 진학한 그는 신입생 땐 포지션이 수비형 미드필더였다. 그런데 주전 경쟁에서 또 밀렸다. 이승원 광주대 감독은 "규성아, 수비형 미드필더가 편하냐, 센터포워드가 편하냐. 미드필더가 편하다고? 그럼, 넌 여기서 게임 못 뛰어"라고 냉정히 말했다. 간절했던 그는 대학교 2학년 때 포지션을 공격수로 바꿨다. 그는 "애들은 다 비웃었다. 하지만 골 넣는 재미가 있더라. '나, 이제 공격수구나. 여기서 뛰어야 하는구나'라고 생각했다. 미드필더 시절 경힘을 살려 맨 앞에서부터 수비하고 더 뛰었다"고 했다.

스트라이커로 재능을 보이면서 2019년 K리그2 FC 안양에 입단했다. 마침 안양의 외국인 공격수들이 합류 시점이 늦어지고 부상까지 당해 그에게 기회가 돌아갔다. 프로 첫해부터 33경기에 출전해 14골 4도움을 올렸다.

이듬해 K리그1 최고 팀인 전북 현대의 유니폼을 입었다. 훤칠한 키에 가수 정진운과 황민현, 배우 박서준을 닮은 외모로 소녀 팬을 몰고 다녔다. 완주 봉동읍에 있는 클럽하우스에서 BTS만큼 인기몰이를 한다고 해서 'BDS(봉동소년단)'라 불렸다. 경기장 밖에서는 깔끔한 패션도 화제였다. 하지만 정작 2020시즌 그라운드에서는 전북의 베테랑 이동국 및 외국인 공격수들과의 주전 경쟁에서 어려움을 겪었다.

이대로는 경쟁력이 없다고 느껴 2021년 군 입대를 결심했다. 상무 숙소가 있는 경북 문경 국군체육부대를 가보면 사방이 산으로 둘러싸여 있다. 운동만 하기에는 최적의 환경이다. 운동하고 밥 먹고 잠을 자는 생활 패턴을 반복했다.

몸집과 힘을 키우는 이른바 '벌크업'을 했다. 체중은 기존 76킬로그램에서 84킬로그램이 됐고 근육량은 4~5킬로그램 늘었다. 몸이 뒤뚱거리고 무거워진 듯한 느낌이 들어 1.5킬로그램가량 줄이니 밸런스 코어가 맞았다. 상무 동료이던 권창훈은 "조규성 선임의 웨이트트레이닝을 따라 했다가 너무 힘들어 다음 날 못 일어날 뻔했다"고 했다. 상무를 10년 넘게 이끈 김태완 감독조차 "내가 본

선수 중 노력하는 양으로는 가장 많다"고 인정했다.

몸이 커지면서 자신감도 더욱 커졌다. 하고자 하는 마음이 강해졌다. 그는 "내게는 군대가 '신의 한 수'였다. 또래 친구들에게도 이왕이면 빨리 다녀오라고 추천한다"고 했다.

2021년 8월, 꿈에 그리던 성인 국가대표팀에 처음 발탁됐다. 대표팀 명단이 발표되는 날인 줄도 모르고 낮잠을 자다가 휴대폰에 축하 메시지가 쇄도해 뒤늦게 알았다. 대표팀 명단을 확인해보니 황의조 밑에 '김천 상무, 조규성'이라고 적혀 있었다.

사실 대표팀에 발탁될 때 의구심을 제기하는 목소리도 나왔다. 앞서 그는 도쿄 올림픽 최종 명단에 탈락했기 때문이다. 그러나 벤투는 "넌 황의조와 다른 스타일이라서 뽑았다. 앞에서 많이 싸우고 버텨야 한다"고 말했다. 전부터 태극 마크를 달고 싶었던 그는 카타르 월드컵 아시아 최종 예선에서 벤투의 지시를 충실히 이행했다. 그는 FC 안양 시절에는 공간으로 빠져나가는 스타일이었다. 대표팀에서는 최전방에서 버티며 공을 지켜냈다. 그 덕분에 손흥민이 침투할 공간이 넓어졌다. 손흥민은 그에게 "앞에서 바로 압박해줘"라고 주문했다.

그는 2022년 1월 터키에서 열린 아이슬란드와의 평가전에서 A매치 데뷔골을 터트렸다. 이어 열린 레바논과의 월드컵 아시아 최종 예선 7차전에서는 결승골을 터트려 1-0 승리를 이끌었다. 이후 황의조가 편도선이 부어 뛰지 못하게 됐을 때 대신 나서게 됐다. 자기에게 돌아온 기회를 놓치지 않고 대표팀에서 빠르게 자리를 잡았다.

그리고 2022년을 '조규성의 해'로 만들었다. 18개월 군 복무를 마치고 전북 현대로 돌아온 그는 K리그1 득점왕(17골)에 등극했다. '라이언 킹' 이동국의 계보를 잇는다는 의미에서 어린 사자 '심바'로 불렸다. 이동국에게 '등지는 법'과 '옆으로 서서 한 손을 잘 쓰는 법' 등 노하우를 물어보며 전수받으려 노력했다. 토트넘의 공격수 해리 케인에 빗대 'K-케인'이라 불리기도 하는 그는 토트넘 경기를 '인강(인터넷 강의)'처럼 챙겨 봤다. '득점 기계' 로베르트 레반도프스키(폴란드)의 책도 읽었다.

SNS 이어 유럽 구단도 반했다

한국 대표팀이 카타르 월드컵을 마치고 인천국제공항을 통해 금의환향했을 때 조규성은 손흥민만큼이나 팬들의 뜨거운 관심을 받았다. 가장 핫한 스타인 그는 사흘 뒤 방송국을 돌며 인터뷰를 가졌다. MBN을 찾은 조규성은 "추운 날씨에도 공항에 많은 분이 와주시고 팔로어가 늘어난 것을 보니 이제야 (인기가) 실감이 난다. 잘생겼다는 얘기를 들으면 기분은 좋지만 경기장에서 잘한다는 소리가 더 좋은 것 같다"며 "월드컵에서 운동장 잔디 한번 밟아 봤으면 좋겠다고 했는데 골까지 넣었다는 게 믿기지 않는다. 가나전에서 첫 번째 골을 넣고 (혓바닥을 내미는) '메롱 세리머니'를 했는데 너무 좋은데 그걸 다 표출하지 못했다. 왜냐면 지고 있는 상황에서 더 하면 안 되고 동점골과 역전골을 넣어야 한다고 생각했다.

두 번째 골을 터트렸을 때는 너무 좋아서 포효했다"며 웃었다.

그는 이후 TV 예능 프로그램에 출연하고 패션 잡지 화보 촬영에서 식스팩 복근을 뽐냈다. 새해 보신각 타종 행사에도 참여했다.

해외 팀들의 러브콜도 쏟아졌다. 2025년까지 전북 현대와 계약돼 있는 그를 영입하기 원하는 구단은 이적료를 지불해야 한다. 마인츠05(독일)가 이적료 250만 파운드(37억 원)를 책정하자 셀틱 FC(스코틀랜드)가 이적료를 기존의 33억 원에서 300만 파운드(45억 원)로 12억 원 더 올렸다. 셀틱은 이적료 40억 원에 더해 선수가 나중에 다른 팀으로 재이적할 때 이적료의 50퍼센트를 추가로 주는 '셀 온' 조항도 넣었다. 미네소타 유나이티드(미국)는 이적료 500만 달러(62억 원) 이상에 가족들의 그린카드(영주권)까지 제시했다. 이 밖에도 레인저스 FC(스코틀랜드)와 페렌츠바로시 TC(헝가리)도 관심을 보였다.

2023년 1월 12일 전북 현대의 클럽하우스에서 만난 그는 생각이 많은 표정으로 "이번 겨울에 나갈지, 여름에 나갈지 고민 중"이라고 했다. 이어 "(맨체스터 유나이티드 출신) 박지성 전북 현대 테크니컬 디렉터가 '개인의 선택은 존중하지만 (유럽 팀이 새 시즌을 준비하는) 여름에 더 잘 준비해 나가면 좋겠다'고 얘기해주셨다"고 했다. 울산 현대에서 뛰던 이동준이 2022년 1월 겨울 이적 시장에서 독일 헤르타 베를린으로 이적했다가 부상과 주전 경쟁으로 애를 먹은 끝에 전북으로 돌아온 적이 있다.

그는 "유럽 경험이 있는 동료들한테 물어보면 '지금 나가는 게 좋다'는 이도 있고, '잘 준비해 여름에 가는 게 좋다'는 선수도 있다. 결국 선택은 내가 해야 할 것 같다"고 했다. 선호하는 리그에 대해선 "나뿐만 아니라 선수라면 누구나 잉글랜드 프리미어리그에 가고 싶을 거다. 최종 목표인 EPL 무대에 가기 위해 날 원하는 팀들 중에 더 많이 뛸 수 있는 곳이 있는지 고민하겠다"고 했다.

2023년 1월 유럽의 겨울 이적 시장은 결국 마감됐다. 오현규는 셀틱으로 이적하고 조규성은 전북 현대에 잔류했다. 그는 2023년 여름 이적 시장을 통해 유럽 진출을 모색할 전망이다. 전북 구단과 김상식 감독도 그때는 이적을 적극 돕겠다고 약속했다.

그는 가나전에서 2골을 넣은 뒤 이런 말을 했다.

"난 아무것도 없고 보잘 것 없는 선수였는데 세계적인 월드컵 무대에서 2골을 넣었다. 지금도 믿기지 않는다. 자기 꿈을 포기하지 않고 진짜 열심히 하는 것밖에 없다고 생각한다. 열심히 하면 누구에게나 좋은 기회가 반드시 오리라고 생각한다."

2026년 북중미 월드컵에서 또 한 번 기적을 꿈꾸는 그는 "월드컵이라는 세계적 무대를 뛰어보니 또 너무 나가고 싶다. 매해, 매 시즌마다 더 성장하는 모습을 보여드리고 증명해내면 좋은 기회가 또 오지 않을까"라고 말했다.

64경기
모든 경기를 관람했다고?

한국이 카타르 월드컵 조별리그 3경기를 모두 치른 알라이얀의 에듀케이션 시티 스타디움 주변에는 서울월드컵경기장과 비슷하게 도보 거리에 지하철역이 있었다. 평소 지하철 이용권 가격은 6리얄(2000원)인데 대회 기간에 '하야 카드(월드컵 기간에 외국 방문객이 지참해야 하는 비자 개념의 카드)'를 보여주면 무료로 이용이 가능했다.

지하철로 딱 한 정거장을 이동하니 또 다른 월드컵 경기장인 아흐마드 빈 알리 스타디움이 나왔다. 두 경기장을 이동하는 데 지하철로 7분밖에 걸리지 않았다. 한국으로 치면 서울월드컵경기장역에서 3개 정거장 떨어진 합정역쯤에 또 다른 월드컵 축구장이 있는 셈이다.

하마드 국제공항에서 에듀케이션 시티 스타디움까지 거리는

29킬로미터. 우버 택시를 타고 27분밖에 걸리지 않았다. 요금은 67.31리얄(2만 4300원).

이처럼 카타르 월드컵은 '콤팩트 월드컵'이었다. 역대 월드컵을 개최한 22개 국가 중에서 가장 작은 나라가 카타르다. 1954년 대회를 개최한 스위스보다도 작다. 국토 면적(1만 1600제곱킬로미터)은 경기도보다 조금 넓다. 수도 도하와 인근 루사일, 알와크라, 알라이얀, 알코르 등 총 5개 도시에서 대회를 치렀다. 이들 8개 축구장은 도하 중심부 56킬로미터 반경에 옹기종기 모여 있었다.

2018년 러시아 월드컵 때는 모스크바에서 소치 축구장까지 가려면 국내선 비행기를 타야 했다. 선수들 역시 비행기를 타고 가 2박 3일간 지내고 베이스캠프로 돌아와야 했는데, 카타르 월드컵에서는 한 곳에만 머물고 이동 거리가 짧아 최상의 컨디션 유지가 가능했다.

카타르 월드컵에서는 조별리그 경기를 하루에 많게는 4경기를 치렀다. 킥오프 시간이 현지 시각 오후 1시, 4시, 7시, 10시로 3시간 간격으로 열렸다. 축구 팬들은 마음먹기에 따라 2경기 내지 최대 4경기까지 직접 관전이 가능했다. 자연히 경기 일정에 따라 숙소를 옮길 필요가 없었다. 팬들에게는 '축구 유토피아'나 다를 바 없었다.

AP통신의 이사벨 데브리 기자는 대회 기간 중 하루에 조별리그 4경기를 모두 직접 관람하는 흥미로운 실험을 했다. 2022년 11월 28일 오후 1시 알와크라의 알자눕 스타디움에서 카메룬과 세르비아의 경기를 보다가 후반 35분 자리에서 일어났다. 택시를 타고 27킬로미터를 이동해 한국과 가나의 경기가 열린 에듀케이션 시티 스타디움에 도착했다. 후반 35분까지 보고 일어나 다시 지하철을 타고 가서 오후 7시에 974스타디움에서 시작한 브라질과 스위스의 경기를 지켜봤다. 이어 지하철을 타고 가 오후 10시 루사일 스타디움에서 시작된 포르투갈과 우루과이의 경기까지 봤다.

그걸 뛰어넘어 사상 최초로 '월드컵 64경기 전 경기를 직접 관람한 관중'까지 탄생했다. 영국의 인기 유튜버인 테오 오그덴은 28일간 조별리그부터 결승까지 64경기 모든 경기를 관람했다. 앞서 언급한 대로 경기가 열리는 8개 경기장이 서로 가까웠기에 가능한 일이다.

각조 조별리그 3차전은 동시간에 킥오프했는데, 오그덴은 하프타임 때 A경기장에서 B경기장으로 이동했다. 그렇게 불가능할 것 같았던 도전을 완수했다. 결승전이 열린 루사일 스타디움 앞에서는 매치볼을 들고 기념사진을 찍었다.

반면 땅덩어리가 좁다 보니 빅매치가 열린 날에는 교통 체증이 발생했다. 특히 개막식 날은 극심했다. 도하의 메인 미디어센터에서 알코르의 알바이트 스타디움까지 원래는 미디어 셔틀버스로 1시간 정도 걸리는데, 개막식 당일에는 2시간 반 넘게 경기장에 진입하지도 못했다. 게다가 셔틀버스 운전기사는 경기장 진입로도 찾지 못해 주위를 맴돌았다. 결국 취재진은 버스에서 내려 2킬로미터 이상을 걸어가야 했다.

산유국인 카타르는 기름값이 리터당 2.1리얄(750원)로 저렴하다 보니 카타르 사람들 대부분이 자차를 몰았다. 필자도 기본 요금이 10리얄(3500원) 정도로 싼 우버 택시를 탔다. 교통 체증이 발생할 수밖에 없는 환경이었다. 다만 카타르 월드컵 방문객이 애초 120만 명으로 예상됐지만 76만여 명에 그치면서 대회를 치를수록 교통 체증은 점점 해소됐다.

당분간은 '월드컵 전 경기 관람'은 힘들 것으로 보인다. 2026년 북중미 월드컵은 미국, 캐나다, 멕시코가 공동 개최한다. 카타르와 달리 이동 거리가 수만 킬로미터에 달한다. 심지어 출전국도 32개국에서 48개국으로 확대됐다. 대회 방식에 따라 하루에 최대 6경기가 열릴 가능성도 있다.

QATAR 2022
황희찬

황소고집이 만든 기적의 역전골

포르투갈전 전·후반 90분이 다 흐르고 추가시간에 막 접어든 순간. 손흥민이 한국 진영에서부터 70미터 정도 질주해 상대 페널티 박스 근처까지 도달했다. 뒤에서 황희찬이 별명 그대로 '황소'처럼 돌진했다. 그는 '몸이 어떻게 되도 상관없다'는 생각으로 80미터쯤 따라 뛰었다. 사실 100퍼센트로 뛰지 못했다. 달리다가 한 번 주춤했는데 햄스트링 부상의 여파 때문이었다.

그런데 오히려 그 덕분에 손흥민의 속도, 패스 시점과 타이밍이 딱 맞았다. 슬쩍 왼쪽 옆을 쳐다본 손흥민의 안면 보호 마스크 속 시야에 그가 들어왔다. 손흥민은 멈췄다가 수비수 다리 사이로 침투 패스를 찔러줬고, 달려오던 황희찬 역시 순간적으로 멈칫하며 템포를 조절했다. 오프사이드에 걸리지 않게 속도를 살짝 늦췄다. 이어 황희찬이 오른발로 꺾어 차 골망을 흔들었다.

손흥민의 질주와 정확한 패스에 더해 황희찬의 침투 속도와 간결한 마무리까지. 모든 것이 완벽히 들어맞은 골이었다. 손흥민이 황희찬에게 건넨 어시스트를 두고 미국의 폭스 스포츠(2022.12.3.)는 '교활한 패스(sneaky through ball)'라고 묘사했다.

공이 골라인을 통과한 뒤 황희찬은 유니폼 상의를 벗어젖히는 세리머니를 펼쳤다. 뒤에서 달려온 조규성이 그와 어깨동무하며 주먹을 불끈 쥐었다. 가나와의 2차전에서 퇴장 징계를 받아 포르투갈전을 벤치가 아니라 관중석에서 지켜보던 벤투도 자리를 박차고 일어났다. 동시에 한국은 순식간에 조별리그 H조 2위로 올라섰다.

2-1로 승리한 한국 선수들은 경기장 한가운데 모여 같은 조의 경기 결과를 숨죽여 지켜보았다. 몇 분 뒤 16강 진출이 확정되자 서로 껴안고 입안에 머금은 물을 내뿜으며 기뻐했다. 이어 관중석의 팬들을 향해 슬라이딩 세리머니를 했다. 마침 경기장에서는 방탄소년단 정국이 부른 카타르 월드컵 주제가 '드리머스'가 흘러나왔다. "Look who we are, we are the dreamers. We'll make it happen 'cause we believe it."

노래 가사처럼 한국 축구와 황희찬은 꿈을 꾸고, 꿈을 믿고, 꿈을 실현했다. 경기 결과도 극적이었지만 서사까지 완벽했다. 왼쪽 햄스트링 부상 때문에 조별리그 1차전과 2차전을 못 뛰고 돌아온 그가 '원샷 원킬'로 기적을 만들어냈으니 말이다.

얼음통에서 견딘 '480분 인고의 시간'

"처음 카타르에 도착했을 땐 통증이 없었다. 그런데 훈련 강도를 높이는 중에 통증이 올라와 훈련을 못 하는 상황이 됐다. (우루과이와의) 1차전은 아예 뛸 수 없었다. (가나와의) 2차전은 뛸 수 있을 것 같았지만 의료진과 코치진이 무리하지 않는 게 좋겠다고 했다. 포르투갈과의 3차전을 앞두고 많이 회복했지만 출전에는 리스크가 있는 상태였다. 마지막 순간이어서 '내 몸이 어떻게 돼도 상관없다'는 각오로 준비했다."

포르투갈전에서 승리한 뒤 믹스트 존에서 황희찬은 이렇게 고백했다. 카타르 도하에 입성한 이래 그는 팀 훈련을 제대로 소화하지 못했다. 소속 팀인 프리미어리그 울버햄프턴에서 햄스트링 부상을 입은 여파였다. 그 때문에 우루과이와의 1차전에 결장했다. 경기 전 몸 풀기조차 동료들과 함께 하지 못했다. 도하의 알에글라 훈련장에서 그는 외롭고 고독해 보였다. 팀원들과 떨어져 사이클을 타며 개인 훈련을 해야 했다.

결국 우루과이전이 끝나고서야 처음으로 팀 훈련에 합류했다. 스프린트와 킥 훈련도 병행했다. 출전 의지를 내비쳤지만 여전히 실전을 뛸 만큼 몸 상태가 정상이 아니었다. 가나와의 2차전(2-3 패)까지 2경기 모두 벤치에서 경기를 지켜봐야 했다.

그는 솔직히 두려움도 들었다. 자칫 햄스트링 부상이 더 심해질 경우 카타르 월드컵은 물론 2022/23시즌 프리미어리그도 날려버릴 수 있어서다. 이런저런 생각에 가나전에서 패배하고 돌아가는 버스에서 눈물을 쏟았다. 호텔에서도 눈물이 멈추지 않았다. 하루 종일 계속 울었다. 가나전에서 대표팀 동료들이 아픈 몸을 참고 뛰는 모습을 보고 미안해서 눈물이 많이 났다. '1996년생 사인방' 중 한 명인 황인범은 머리가 터졌지만 붕대를 내던지고 뛰었다.

그러다가 가나전 이후 벤투를 찾아가 줄곧 요청했다. "내 몸이 어떻게 되더라도 뛰고 싶습니다"라고.

하루라도 빨리 뛰고 싶었던 그는 훈련이 끝나면 햄스트링 붓기를 줄이기 위해 얼음찜질을 했다. 페르시아만에 위치한 카타르의 한낮 기온은 30도를 웃돌았지만 그는 날씨가 덥다고 생각한 적이 없다. 얼음통에서 살다시피 했기 때문이다.

부상과 재활, 회복이라는 인고의 시간을 보냈다. 간절한 마음 덕분인지 진단 결과보다 1~2주나 빨리 회복됐다. 20일, 총 480시간 동안 회복에 전념한 것이다. 마침내 그는 포르투갈과의 3차전 교체 명단에 포함됐다.

전반 5분 포르투갈의 공격수 히카르두 오르타에게 선제골을 내준 한국은 전반 27분 김영권의 동점골로 1-1을 만들었다. 그는 웜업 존에서 대기하며 초조하게 경기를 지켜보면서 속으로 다시 한 번 생각했다.

'이번 경기는 더 다치더라도, 몸이 어떻게 되더라도, 조금이라도 팀에 도움이 되는 부분이 있으면 나가겠다.'

벤투를 대신해 지휘하던 코스타 수석 코치가 후반 20분 이재성을 빼고 그를 교체 투입했다. 드디어 열망한 기회를 잡은 그는 위

힘을 감수하고 그라운드에 섰다. 사실 그라운드를 처음 밟았을 때는 살짝 아팠다. 하지만 교체 직전에 동료들이 "희찬아, 너무 힘든 순간인데 너만 믿는다"고 말한 것이 떠올랐다. 그런 생각을 하며 측면에서 황소처럼 저돌적인 플레이를 펼쳤다. 최고 속도 시속 32.8킬로미터로 그라운드를 미친 듯이 뛰어다녔다.

마지막 역습 상황에서는 거리가 너무 멀다고 생각했다. 하지만 손흥민은 누군가 자신을 뒤따라오리라고 믿고 마지막까지 달렸고, 그 역시 손흥민이 드리블하다가 자기에게 패스하리라고 확신하고 뛰었다. 좀 과장하면 폐가 찢어질 것처럼 전력 질주했다.

그는 SBS '주영진의 뉴스브리핑'(2022.12.8.)에 출연해 '극장골'을 넣은 상황을 자세히 설명했다.

"홍민이형이 먼저 스타트를 끊었고 나는 수비하고 있다가 역습을 나가는 상황이었다. 사실 부상이 완벽히 낫지는 않아서 처음에 '뛰어가면 좀 아플 수도 있겠다'는 생각이 들어 고민했던 것 같다. 그런데 앞에 공간이 완전히 열려 있고 내가 뛰어가면 홍민이형한테 옵션을 하나 더 만들어줄 수 있는 상황이어서 그냥 뛰었던 것 같다. 홍민이형이 수비수들의 시선을 잘 끌어주다가 너무 완벽한 타이밍에 패스를 해줘서, 좋은 골을 넣을 순간이 찾아온 것 같다. 그 타이밍에 골키퍼가 딱 나오는 게 보여서 반대 방향을 선택했는데, 골키퍼가 역방향에 걸리며 막기 어려워졌다. 많은 분이 오프사이드 같지 않았느냐고 질문하는데, 패스가 들어오는 타이밍이 너무 좋고 나도 수비수들을 보며 템포를 맞춰 들어가서 무조건 골이라고 확신했다. 흥민이형이 같이 샤워할 때 골 장면에서 '패스 길이 그쪽 하나밖에 안 보였다'고 얘기했다. 나도 뛰어 들어가면서 그 길밖에 없다고 생각했는데 마침 공이 잘 왔다."

사실 그가 포르투갈전을 뛴 것 자체가 기적이었다. 또 벤투의 인내심이 빛을 발했다. 최태욱 코치는 중앙선데이와의 인터뷰(2023.1.7.)에서 이렇게 말했다.

"황희찬은 월드컵 직전 소속 팀에서 햄스트링을 다쳤다고 해서 재활을 하다가 훈련에 합류했는데, 첫 경기를 이틀 남겨두고 또 다쳤다. 부상 부위를 찍은 MRI를 제대로 확인하지 않은 게 화근이었다. 포르투갈전도 힘들다고 봤는데 경기를 뛴 것도, 골을 넣은 것도 기적이었다."

한국 대표팀 팀 닥터이던 왕준호 삼성서울병원 정형외과 교수는 YTN '뉴스라이더'(2022.12.8.)에 출연해 "사실 팀 닥터로서도 욕심이 생겨 황희찬이 가나전에는 참여할 수 있지 않을까 봤다. 황희찬 선수도 참여하고 싶은 의지가 강했다"며 "하지만 벤투 감독이 끝까지 기다려 최상의 컨디션이 된 상태에서 적절한 순간에 딱 투입했다. 그의 용병술이 가장 빛나는 순간이 아니었을까 생각한다"고 말했다.

'충격적인 1분' 황소의 질주

미국 통계 업체인 파이브서티에이트는 포르투갈전을 앞두고 한국의 16강행 가능성을 9퍼센트에 불과하다고 예측했다. 하지만

'K-황소'가 한국 축구사에 길이 남을 골을 터트렸다. 결국 황희찬이 '카타르의 히든카드'이자 '벤투호 비밀 병기'였다.

스페인의 매체 마르카는 그의 골 장면을 두고 "충격적인 1분"이라고, AP통신은 "월드컵 92년 역사에서 가장 격정적으로 마감된 조별리그"라고 묘사했다. 영국 매체 더 선은 'incredible(믿을 수 없는)'과 'KOREA'를 합해 'IN-KOR-REDIBLE'이라고 표현했다. 잉글랜드 축구 전설인 앨런 시어러는 "정말 대단한 순간이다. 우리가 본 장면에는 드라마와 눈물, 기쁨, 흥분, 괴로움 모두가 섞여 있었다"고 했다. 잉글랜드 국가대표 수비수 출신인 리오 퍼디낸드 역시 "어떤 스포츠가 이런 감정을 불러일으킬 수 있을까"라며 놀라워했다.

FIFA는 "한국 축구는 극장골(late-goal) 명성을 이어갔다"고 했다. 한국은 최근 월드컵 본선에서 터트린 7골 중 4골을 후반 추가시간에 넣었다. 2018년 러시아 월드컵 독일전에서도 김영권과 손흥민이 후반 추가시간에 골을 연속해 터트렸다. 종료 휘슬이 울릴 때까지 포기하지 않은 황희찬이 한국 축구의 투혼이 뭔지 제대로 보여줬다.

포르투갈전 후 믹스트 존에서 만난 그는 "사실 경기장에 들어갔을 때 살짝 부상 부위에 아픈 느낌이 있었다. 달릴 때 좀 멀다는 생각도 했다. 그런데 홍민이형이 수비수들을 끌어줬다. 홍민이형이 드리블할 때 내게 공이 오리라고 확신했다. 형이 쉽게 슈팅할 수 있게, 정말 딱 좋은 패스를 줘서 골을 넣을 수 있었다. 대한민국 국민으로서 자랑스러운 순간을 선물할 수 있어 기쁘다"며 감격스러워했다. 이어 "16강 상대인 브라질은 강하다. 하지만 또 한 번 기쁨과 자랑스러움을 드리고 싶다. 회복할 시간이 많지 않지만 잘 회복하고 어떻게 하면 더 잘할지 분석하겠다"고 했다.

그는 브라질과의 16강전에서도 고군분투했다. 포르투갈전 이후 회복 시간이 사흘밖에 되지 않아 다른 동료들이 고전하면서 팀은 결국 1-4로 졌다.

그래도 그는 FIFA 랭킹 1위 브라질을 상대로도 특유의 저돌적인 플레이를 펼쳤다. 전반 16분 상대 수비를 뚫고 과감한 오른발 슛을 쐈지만 골키퍼 알리송 베케르의 선방에 막혔다. 수차례 브라질의 측면을 돌파하며 위협적인 모습을 보여줬다. 팀 동료들에게 자신감과 사기를 불어넣고 싶어 그는 한 발, 두 발 더 뛰었다. 브라질전에서는 슈팅 5개 중 4개를 유효슈팅으로 연결했다. 영국 몰리뉴 뉴스는 "황희찬은 햄스트링 부상 여파로 기대만큼 많은 시간을 출전하지 못했지만 포르투갈을 상대로 결정적인 골을 넣었고 브라질이라는 최고 수준의 팀을 상대로 훌륭한 경기를 펼쳤다"고 칭찬했다.

브라질전이 끝난 직후 그는 감정이 북받쳐 올라 한동안 말을 잇지 못했다. 그러고는 유니폼으로 눈물을 닦으면서 "4년간 정말 기쁜 일도, 힘든 일도 많았다. 어려운 순간 팀이 함께 잘 이겨냈다고 생각한다. 최종 예선을 거쳐 본선 무대에 진출하면서 세계적 팀들과 경쟁할 수 있었다"며 "이번 대회를 통해 대한민국 국민이라는 게 자랑스럽다. 앞으로도 축구로 기쁨을 드리겠다. 끝까지 응원하고 우리를 자랑스럽게 만들어준 국민들께 감사드린다"고 했다.

그는 "새벽까지 보고 계신 팬 분들에게 죄송스럽다"며 눈물을 보였고, 손흥민도 "응원한 국민들께 너무 죄송하다"고 했다. 카타르 월드컵 8강행이 좌절된 것에 대해 대표팀 선수들이 고개를 숙이자 팬들은 소셜 미디어에 '평생 잊지 못할 장면을 만들었는데 뭐가 죄송한가. 우리가 고맙다'고 적었다. '죄송 금지' '미안 압수'라는 해시태그를 달며 응원했다.

대한민국도 실패를 용인하는 사회로 바뀌어가고 있다. 국민들은 그의 역전골을 보며 '꺾이지 않은 마음'을 확인했다. '중요한 것은 꺾이지 않는 마음' 발언의 원조인 e스포츠팀 담원 기아의 데프트는 동아일보와의 인터뷰(2022.12.12.)에서 "동갑내기인 황희찬 등 젊은 선수들이 너무 잘하는 게 보였다. '꺾이지 않는 마음'이 느껴졌다"고 말했다.

'라면도 냄새만 맡아요'

그는 월드컵 기간에 경기장 안팎에서 많은 화제를 불러일으켰다. 포르투갈전에서 득점한 직후 유니폼 상의를 벗어젖힌 화끈한 세리머니도 그중 하나였다. 경기 도중 상의를 탈의하면 안 된다는 FIFA 규정에 따라 옐로카드를 받았다. 앞서 그는 2018년 자카르타-팔렘방 아시안게임 8강전에서도 상의 탈의 세리머니를 한 적이 있다. 알고 보니 자신감 표현을 위한 즉흥 세리머니였다.

그는 MBC와의 인터뷰(2022.12.8.)에서 "(상의 탈의가) 습관은 절대 아니다. 당연히 경고를 받을 것을 알고 있었다. 다음 경기에 영향이 없다는 걸 알고 있었고 기쁜 마음에 자신감을 보여드리고 싶었다"고 했다. 귀국 후 청와대 영빈관에서 열린 환영 만찬에서는 "따로 요청받은 세리머니는 많은데 골을 넣고 나니 막상 생각나지 않아 그냥 한번 벗었다. 즉흥적이었다"며 웃었다.

유니폼을 벗어 던진 뒤 드러난 '검정 속옷'에도 관심이 쏠렸다. 가슴 아래까지 내려오는 검정 브라톱 같았는데 이 옷은 '전자 퍼포먼스 트래킹 시스템(EPTS)'이라는 웨어러블 기기다. 축구 팬들은 검정 브라톱을 입은 그의 모습이 안면 보호 마스크를 쓴 손흥민의 모습과 비슷하다고 농담했다. 황희찬의 상체에 손흥민의 얼굴을 합성한 밈(인터넷 유행 콘텐츠)까지 등장했다. 수많은 패러디 사진에 대해 그는 MBC와의 인터뷰에서 "보자마자 눈을 의심했다. '이게 뭐지?' 하고 다시 한 번 봤는데, 생각지도 못한 사진들을 너무 재미있게 봤다"고 했다.

정작 그는 월드컵 데뷔골을 터트린 뒤 포르투갈전에 입었던 유니폼을 챙기지 못했다. 여벌 유니폼까지 꺼내 그의 소속 팀 울버햄프턴의 동료들인 후벵 네베스 및 조제 사와 유니폼을 교환했기 때문이다.

대회를 마치고 한국에 돌아오자마자 가장 먼저 찾아간 곳도 화제가 됐다. 그는 조부모에게 달려가 포르투갈전에서 받은 '플레이어 오브 더 매치(경기 최우수 선수)' 트로피를 안기고 함께 다정히 사진을 찍었다. 할아버지는 92세, 할머니는 88세 고령이다. 포르투갈전에서 골 세리머니를 한 뒤 왼쪽 손목에 입을 맞추는 '손목 키스 세리머니'를 펼쳤는데 그의 손목에는 조부모의 한자 성함이 새겨져 있다.

세리머니는 '할아버지와 할머니에게 골을 선물한다'는 의미였다. 맞벌이하느라 바쁜 부모님 때문에 조부모 손에서 자란 그는 할아버지와 할머니를 인생의 모든 것이라고 생각한다. 할머니도 손자가 해외로 출국할 때는 휠체어를 타고서라도 공항에 나가 배웅한다. 그는 '최고의 공격수'이자 '최고의 손자'였다. 귀국해서 연말에는 노인 및 아동 복지시설에 방한 패딩 200벌 등 3000만 원 상당의 물품을 기부하기도 했다.

2018년 러시아 월드컵 조별리그 독일전(2-0 승리)은 국민들에게 기쁨을 준 명경기였지만 그와 가족들에게는 잔인한 경기였다. 그해 그는 오스트리아 잘츠부르크 소속으로 유럽축구연맹(UEFA) 유로파리그 4강까지 올라가는 등 컨디션이 좋았다. 당시 독일전에서 후반 11분 교체 투입됐다. 원래 경기에 나서면 긴장하지 않는 스타일인데 큰 무대라 그런지 다리가 안 움직일 만큼 긴장됐다. 결국 투입된 지 23분 만인 후반 34분 재차 교체 아웃됐다. 축구 선수에게 '교체 투입 후 재교체'는 가장 굴욕적인 순간이다. 그는 그때의 아쉬움을 씻어내고 월드컵 첫 득점에 성공했다. 카타르 월드컵 포르투갈전에서 A매치 50경기 만에 10호 골을 터뜨렸다.

황희찬은 성이 황씨인 데다 저돌적인 돌파를 펼쳐 황소라는 별명을 얻었다. 프랑스의 공격수 '킬리안 음바페'와 황소 울음 소리(음메)를 묶어 '음메페'라고도 불린다. 그의 황소고집은 또 얼마나 센지 몇 가지 일화가 있다.

"희찬이가 중학교 팀 합숙을 할 때 한번은 경비 아저씨가 부모님에게 '새벽 네다섯 시면 희찬이가 밖으로 나간다'며 걱정을 전했다. 따라가봤더니 산을 타고 내려오고 주차장에서 볼 연습을 하는 것이었다. 매일 그렇게 운동하고 돌아와서 안 한 척 누워 잤다더라."

그의 에이전트인 누나 황희정 비더에이치씨 대표가 전한 일화다. 황대표는 중앙일보를 통해 또 다른 일화도 들려줬다.

"희찬이는 2022년 6월 논산훈련소로 기초군사훈련을 다녀왔다. 퇴소 당일 휴게소에 들렀는데 갑자기 '몸이 상했다'며 장대비를 뚫고 피지컬 트레이닝을 하러 갔다. 내 동생이지만 이건 '독기'를 넘어 '광기'라는 생각이 들었다. 휴가 때는 프리스타일의 고수 JK 전권 선생님이 있는 부산을 찾아간다."

그는 근육이 잘 찢어지는 스타일이다. 그래서 부상 방지 차원에서 염증을 유발하는 돼지고기는 안 먹는다. 황대표는 식단 이야기를 이렇게 전했다.

"원래 생선을 못 먹었는데 몸에 좋다는 말에 식단을 생선 위주로 바꿨다. 소금을 뿌리지 않은 장어를 먹고 조미료를 절대 안 쓴다. 밥도 4분의 1 공기만 먹는다. 내가 라면을 먹고 있으면 계속 쳐다본다. 안쓰러워서 '먹을래?' 하고 물으면, '냄새만 한번 맡을게'

라며 참고 조깅하러 간다. 식단 관리로 체지방률도 12퍼센트에서 8퍼센트로 낮췄다."

황대표는 "내가 볼 때 희찬이의 최고 강점은 돌파가 아니라 '노력'이다. 어쩌면 희찬이의 타고난 재능은 노력하는 것"이라며 그의 축구 인생을 드라마 '대장금' 속 대사에 빗대 전했다.

"네 능력은 뛰어난 것에 있는 것이 아냐. 쉬지 않고 하는 것에 있어. 모두가 그만두는 때에 눈을 동그랗게 뜨고 다시 시작하는 것. 너는 얼음 속에 던져 있어도 꽃을 피울 거야."

황희찬은 마리끌레르와의 인터뷰(2023년 1월)에서 "보완할 부분이 있으면 무슨 수를 써서라도, 시간이 얼마나 걸리든 메워야 한다는 생각이 있다"고 말했다. 무슨 수를 써서라도 해내고야 마는 그의 집념이 카타르에서 결정적 장면을 만들어낸 것이다. 그는 카타르 월드컵에서 슈팅 6개 중 유효슈팅 5개를 기록했다. 유효슈팅 비율 83.3퍼센트로 전체 1위에 올랐는데, 이는 상대에게 얼마나 위협적이었는지 잘 보여주는 수치다.

그의 극장골은 'FIFA 월드컵 7대 명장면'에 선정됐다. FIFA는 "황희찬이 영웅적인 활약으로 한국을 열광하게 만들었다. 이 골로 한국이 모든 역경을 이겨내고 16강에 진출했다"고 평가했다. 리오넬 메시와 음바페가 명승부를 펼친 결승전, 아르헨티나를 꺾은 사우디아라비아의 이변 등과 함께 꼽혔다.

2022년 한국 축구 '올해의 골'에도 그의 포르투갈전 역전 결승골이 선정됐다. 대한축구협회가 팬 투표를 진행할 결과 2만

2350명 중 절반에 가까운 48.3퍼센트(1만 807명)의 지지를 받았다. '올해의 경기' 역시 73.5퍼센트 지지를 받은 한국-포르투갈 경기가 꼽혔다. FIFA의 영상 플랫폼 FIFA+는 '현존하는 가장 멋진 아시아 선수의 이야기를 들어보자'며 황희찬 특집 다큐멘터리도 제작했다. 울버햄프턴에서 지내는 모습 등이 담겼다.

그는 카타르 월드컵을 마친 뒤 울버햄프턴으로 복귀해 다시 치열한 주전 경쟁에 돌입했다. 그는 월드컵을 마치고 영국으로 돌아가면서 "대한민국 선수라는 자부심을 갖고 국민들을 더 자랑스럽게 해드리도록 더 노력하고 싶은 마음이 크다"고 말했다. 울버햄프턴 구단은 '월드컵 영웅이 우리에게 돌아왔다'며 환대했다. 울버햄프턴 선수가 월드컵에서 득점을 올린 건 1962년 잉글랜드의 론 플라워스 이후 60년 만이었다.

그는 같은 1996년생인 '96 라인' 김민재, 황인범, 나상호와 함께 2026년 북중미 월드컵에서 주축으로 활약할 것이다. 그때는 그가 이강인과 백승호, 조규성 등 후배들을 잘 이끌어야 한다.

사막 한가운데 있는
'에어컨 축구장'

페르시아만에 위치한 카타르는 여름 최고 기온이 섭씨 40~50도를 육박한다. 길거리에서 프라이팬에 달걀을 풀면 프라이로 익을 정도다. 카타르 월드컵은 개최 시기가 11월로 미뤄졌지만 한낮 기온은 30도를 웃돌았다.

카타르 프로축구에서 2년 반 동안 뛴 경험이 있는 구자철은 "한국의 10월 초 날씨와 비슷하지만 실내나 축구장은 에어컨을 강하게 틀어 추울 정도다. 반팔과 바람막이, 경량 패딩 등 세 종류 옷이 필요하다"고 귀띔했다.

개막전이 열린 알코르의 알바이트 스타디움을 가봤다. 개막식은 현지 시간 오후 5시 40분쯤 시작됐는데 경기장 온도를 측정해 보니 24도였다. 기자석 상단은 시원하다 못해 추울 정도였다. 반팔을 입은 각국 기자들이 하나둘씩 바람막이를 꺼내 입기 시작했다.

킥오프가 임박하자 에어컨 바람이 더 세졌다. 밖에는 강한 모래바람이 불었다. 그러나 아랍 전통 텐트를 형상화한 경기장은 비대칭 조개 모양의 지붕 덮개가 있어 막아냈다. 개막전부터 사상 첫 겨울 월드컵이자 중동 월드컵인 이번 대회가 어떻게 개최될 수 있는지를 증명했다.

월드컵 경기가 열리는 8개 축구장 중 7곳에서 에어컨이 나왔다. 한국이 조별리그 3경기를 모두 치른 에듀케이션 시티 스타디움도 에어컨 시스템을 갖췄다. 한국 선수단과 기자단은 우루과이와의 1차전을 사흘 앞두고 경기장을 둘러봤다. 오전 11시, 경기장 밖은 땡볕이 내리쬐어 체감 온도가 30도를 넘었다.

그런데 경기장 내부는 가을 날씨 같았다. 경기장 사방에 설치된 송풍구에서 에어컨 바람이 뿜어져 나왔다. 가까이 다가가면 강한 바람에 머리가 날릴 정도였다. 기온은 21~24도 수준이었다. 수비수 김문환은 "에어컨 바람이 그라운드까지 오는 것 같다. 시원한 느낌"이라고, 미드필더 백승호도 "가만히 있으니 시원함이 느껴진다"고 했다. 한국 경기는 현지 시간 오후 4시와 6시에 킥오프돼 무더위를 걱정할 필요가 없었다.

도하의 위성도시 루사일에 위치한 8만 석 규모의 루사일 스타디움도 가봤다. 경기장 각 좌석 아래마다 에어컨 바람이 나오는 구멍이 있었다. 보통 관중 한 명이 흘리는 땀은 1시간에 70그램으로, 개개인이 노트북 2대 분량의 열을 내뿜기 때문이다. 프로젝트 매니저인 타밈 엘 아베드는 "관중석 아래쪽 구멍에서 차가운 공기가 분사된다. 공기가 순환되며 '버블' 형태로 경기장을 에워싸 21도 정도를 유지한다"고 설명했다.

카타르는 아예 거대한 냉방 시설을 갖춘 '에어컨 경기장'을 만든 셈이다. '닥터 쿨'이라 불리는 냉방 전문가 사우드 압둘가니 박사도 모셔 왔다. 경기장 근처에 일종의 실외기 역할을 하는 '쿨링 센터'를 뒀다. 전기를 이용해 물을 차갑게 만들고 나면 냉각수가 지하에 설치된 관을 타고 경기장 안으로 들어간다. 더운 바람은 가벼워 위쪽 구멍으로 빠져나가고 차가운 공기는 아래로 가라앉아 순환하는 구조다. 적외선 카메라 센서가 열기를 감지하면 그에 따라 각 송풍구의 바람 세기와 방향이 조정된다. 온도뿐 아니라 공기 청정, 순환, 습도까지 조절되는 시스템이다.

그 덕분에 경기장 안은 20도 선이 유지됐다. 다만 주로 그라운드 사이드에서 에어컨 바람이 나오는 만큼 측면 미드필더와 수비수가 더 시원하고 중앙 미드필더는 덜 시원했다.

경기장 잔디는 양탄자처럼 훌륭했다. 냉방 시설을 풀가동하고 특수 조명까지 설치해 그라운드 온도를 유지했다. 미드필더 황인범은 "잔디가 엄청 좋다. (알에글라) 훈련장은 약간 딱딱한데 경기장은 푹신한 느낌"이라고 했다. 김문환도 "잔디가 너무 좋고 경기하기 딱 좋다"고 말했다.

사막 한가운데 있는 카타르 경기장들의 냉방과 잔디 상태는 완벽했다. 카타르의 '오일 머니'가 제대로 느껴졌다.

한국과 브라질 간의 16강전이 열린 도하의 974 스타디움만 8개 경기장 중 유일하게 에어컨이 없었다. 경기장 이름은 카타르 국제 전화 국가 번호인 '974'에서 따왔다. 재활용이 가능한 974개 선적 컨테이너를 활용해 지어졌다. 레고 형태를 닮은 경기장은 관중은 4만 4089명을 수용하는데 건설 비용은 4000억 원으로 비교적 적게 들었다. 이 경기장에서는 경기가 현지 시간 밤 10시에 킥오프되는 데다 인근 바다에서 해풍까지 불어 25도로 선선했다.

친환경으로 지어진 경기장은 브라질전이 끝난 다음 날 곧바로 철거에 들어갔다. 해체한 건축 자재는 아프리카와 동남아시아 등의 개발도상국에 기부하기로 했다. 더불어 카타르는 월드컵 기간에 숙박 대란을 막기 위해 컨테이너 박스와 카라반으로 '팬 빌리지'를 조성했는데, 이 컨테이너 숙소와 카라반 1만 대를 튀르키예·시리아 대지진으로 어려움을 겪고 있는 이재민에게 기증했다. 집을 잃고 거리에 내몰린 이재민들의 임시 숙소로 활용된다.

| QATAR 2022
정우영
송민규 | **'23세에 첫 월드컵'
다음은 우리 차례** |

대표팀에 있는 두 정우영 중 1999년생 정우영은 나이가 열 살 어려 '작은 정우영' 또는 '작우영'으로 불린다. 백승호처럼 한 경기에만 출전했다. 백승호가 맨 마지막 경기에서 기회를 잡은 반면 정우영은 가나와의 2차전, 즉 대회 초반에 기회를 잡았다.

우루과이와의 1차전에서 '승리한 것 같은 무승부'를 거둔 뒤 벤투는 공격 속도를 높이고 상대의 뒤쪽 공간을 노리기 위해 이재성 대신 그를 선발 기용했다. 벤투는 2022년 6월 칠레와의 평가전에서 그를 세컨드 스트라이커로 기용해 재미를 본 적이 있다. 당시 그는 침투 패스를 찔러 넣어 선제골을 도왔고 상대 선수의 퇴장을 이끌어냈다. 석 달 뒤인 9월, 가나전을 대비한 카메룬과의 평가전에서는 2선 공격수로 선발 출전해 1-0 승리에 기여했다.

그는 유니크한 선수다. 인천 대건고 시절이던 2016년 독일 명문 클럽인 바이에른 뮌헨의 입단 테스트에서 좋은 모습을 보였다. 당시 뮌헨 소속이던 프랑스 국가대표 프랑크 리베리가 "쟤, 누구냐? 어디서 왔냐? 몇 살이냐? 잘한다"고 칭찬했다. 2018년 바이에른 뮌헨에 입단했고 같은 해 벤피카를 상대로 유럽 챔피언스리그 데뷔전을 치렀다. 불과 열아홉 살이었다.

그는 2019년부터 분데스리가 프라이부르크에서 4시즌째 뛰고 있다. 2020년부터 2년 연속으로 '요요 테스트(체력 테스트)' 1위에 올랐다. 독일 축구계에서는 그에게 'nervig'라는 표현을 쓴다. 직역하면 '성가시다'는 의미다. 벤투는 그가 많이 뛰며 상대 수비를 괴롭히기를 바랐다. 어린 나이에 독일 분데스리가라는 큰 무대를 누비며 다양한 국적의 선수를 상대했기에 월드컵에 나서면 잠재력을 폭발하리라는 기대였다.

긴장된 표정으로 가나전에 투입된 그는 역시나 이재성과 비슷한 역할을 부여받았다. 최전방까지 뛰어들어 가나를 전방 압박하며 실수를 이끌어내려 했다. 전반 7분에는 백승호가 브라질전에서 득점한 것과 흡사한 슈팅을 때렸다. 코너킥에 이은 세컨드 볼을 잡아 마무리한 것이다. 논스톱이 아니라 볼을 잡아놓고 슈팅해 한 템포 늦어지면서 아쉽게도 상대 수비수가 발을 뻗어 막아냈다. 그렇게 한국이 전반 20분까지 가나를 맹렬히 밀어붙이는 데 그는 힘을 보탰다.

그러다 전반 24분 한국이 실점하면서 대표팀의 경기력과 분위기가 급격히 떨어졌다. 그도 어딘지 모르게 덩달아 급격히 동력을 잃는 모습을 보였다. 위치 선정과 적극성이 결여되면서 가나를 효율적으로 압박하지 못하고 애를 먹었다. 0-2로 끌려가던 전반 37분에는 뛰어 들어가는 손흥민에게 패스를 건넸지만 오프사이드 판정을 받았다. 전반 막판에는 일대일 돌파가 막히면서 가나에 역습을 허용할 뻔했다.

사실 그뿐만 아니라 우루과이전을 건너뛰고 공격진에 처음 합류한 조규성과 권창훈까지 모두 호흡과 정교함에서 아쉬운 모습을 보였다. 벤투가 경기를 잘 치렀던 우루과이전 공격진을 대거 바꾸는 모험을 단행한 것이 의아하다는 평가가 나왔다.

"(벤투의) 이 선택은 실패했다. 우루과이전에서 왕성한 활동량, 전방 압박, 유연한 스위칭 플레이를 보여준 이재성과 나상호를 대신해 들어간 정우영과 권창훈은 자신들의 색깔을 보여주지 못했다. 정우영은 전반에 아예 보이지 않았고 권창훈 역시 몇 차례 번뜩이기는 했지만 기대와는 달랐다. (…) 2선 자원을 바꾼 것이 오히려 독이 됐다. 측면 수비 가담이 원활히 이뤄지지 않으면서 (가나의) 측면 크로스가 쉽게 올라가기 시작했고, 결국 두 골 모두 크로스 상황에서 만들어졌다. 결과적으로 전반전의 용병술은 대실패였다."(포포투 2022.11.29.)

결국 그와 권창훈은 전반만 뛰고 앞선 우루과이전에서 맹활약한 나상호와 이강인으로 교체됐다. 벤투의 빠른 판단에 따라 투입된 나상호와 이강인은 경기 흐름을 확 바꿔 2-2 동점까지 만드는 데 결정적인 힘을 보탰다. 벤투가 잘 뛰었던 우루과이전 출전 선수들을 중용하며 적재적소에 그를 기용했더라면 어땠을까 하는 아쉬움이 나오는 이유다. 아직 어린 선수여서 한국의 16강 진출을 위해 꼭 이겨야 하는 경기에 출전한 것이 압박으로 다가왔을 수 있다는 분석도 나왔다.

그는 이후 경험 많은 선배들이 어떻게 뛰는지를 보고 배웠을 것이다. 가나전에서 좌절하지 않고 2-2 동점을 만드는 모습, 포르투갈전에서 2-1 역전승을 일궈내는 모습을 지켜보면서 강인함과 끈기를 몸소 체득했으리라 생각된다. 오랜 시간 이어온 한국 축구 특유의 정신력과 투지 말이다. 기대했던 첫 월드컵에서 첫 45분이 마지막 45분이 됐지만 쓰지만 값진 보약이 될 수 있다는 얘기다.

주눅 들지 않은 그는 포르투갈전을 마치고 16강 진출 소감을 묻는 말에 "축구를 하며 처음으로 축구 때문에 울컥했다. 울 뻔했다. 대한민국이 자랑스러웠다"며 벤치에서도 온 힘을 다해 응원했다고 밝혔다. 그는 다음 월드컵에 출전한다면 27세로 기량이 절정에 달할 시기일 것이다. 울고 웃었던 카타르 월드컵은 그에게 자양분이 되기에 충분해 보였다.

정우영과 동갑내기인 송민규도 마찬가지다. 몇 년간 K리그에서 펄펄 날다가 월드컵에 합류했지만 결국 출전하지 못했다. 그는 카타르에 입성하기 직전 국내에서 치른 아이슬란드와의 최종 평가전에서 골맛을 보며 에너지 넘치는 모습을 보였다. 하지만 월드컵에서는 아쉽게 출전 기회를 받지 못하고 몸만 풀었다.

그는 우루과이전을 마치고 "경기를 보는 동안 뛰고 싶다는 생각밖에 들지 않았다. 그게 우선이었다. 벤치에 있는 선수들도 한마음 한뜻이 되어 아무런 티를 내지 않고 더욱 힘내 응원했다. 앞으로 두 경기에서는 볼 연계나 자신감 있는 플레이로 장점을 어필해야 하지 않을까 싶다"며 낙담하지 않고 현재 주어진 위치에서 최선을 다하겠다는 다짐을 밝혔다. SBS 라디오 '두시탈출 컬투쇼' (2022.12.16.)에서는 "선수로서 뛰고 싶은 마음, 월드컵이라는 무대에서 1초라도 뛰는 게 꿈이었는데, 못 뛰는 선수도 '원 팀'이 되는 게 중요해서 벤치에서 같이 기뻐하고 슬퍼했다. 벤치에서 너무 소리친 나머지 경기마다 목이 다 쉰 것 같다. 형들이 부상당할 때는 (벤치에서) 뛰어나가 욕도 했다. 확실히 큰 무대에서 형들이 골을 넣는 것을 보니 내가 다 기쁘더라"고 말했다.

월드컵이 얼마나 간절하고 어떻게 준비해야 하는지 알기에 대표팀에서 함께하는 것만으로도 선수로서 한 단계 성장하게 된다는 게 선수들의 공통된 목소리다. 그는 일간스포츠와의 인터뷰(2023.1.15.)에서 "선수마다 장점이 달랐다. 가나 선수들은 피지컬과 스피드가 정말 좋았다. 브라질 선수들은 개개인의 능력이 월등히 좋았다"고 했다. 또 "네이마르를 보고 '어떻게 경기장에서 저런 여유가 나올까'라고 생각했다. 나로서는 가장 부족한 슈팅과 체력 등을 보완한 다음에 그런 선수들의 모습을 습득해야 할 것 같다"며 월드컵을 디딤돌로 삼겠다는 뜻을 분명히 밝혔다.

마라도나가 카타르서
'신의 손' 골을 넣었다면?

카타르 월드컵 조별리그 H조 포르투갈과 우루과이의 경기. 포르투갈의 브루누 페르난드스의 크로스가 크리스티아누 호날두의 머리를 스치듯 지나쳐 골문으로 들어갔다. 처음에는 호날두의 골로 인정됐다가 나중에 페르난드스의 득점으로 정정됐다.

호날두는 경기 후 절친한 방송인 피어슨 모건에게 문자를 보내 '머리에 공이 닿았다'며 자기 골이라고 주장했다. 그러나 월드컵 공인구 제조사인 아디다스는 "공인구 '알 릴라'에 내장된 관성 측정 센서(IMU)를 통해 호날두의 머리가 공에 닿지 않았다는 걸 입증했다. 페르난드스가 공을 찬 순간에 진동 그래프가 요동쳤지만 호날두가 머리를 댈 때 진동 그래프의 움직임은 없었다"고 반박했다.

크리스 서튼 BBC 해설위원은 "이제 '신의 손' 시대가 아니라 '신의 머리카락' 시대"라며 호날두를 조롱했다. 1986년 멕시코 월드컵 잉글랜드와의 8강전에서 아르헨티나의 디에고 마라도나가 터트린 골에 빗댄 표현이다. 마라도나는 후반 6분 머리 대신 손으로 골을 넣었는데 득점이 인정돼 아르헨티나가 2-1로 승리했다. 당시 마라도나는 "내 손과 '신의 손'이 함께 했다"고 말했다.

36년이 흐른 2022년 마라도나가 카타르 월드컵에서 똑같은 방식으로 골을 넣었다면 분명 AI(인공지능) 판정 끝에 '노 골'이 선언됐을 것이다. 호날두의 '신의 모발' 사건이 이를 증명한다.

AI가 월드컵 패러다임까지 바꿔버렸다. 조별리그 C조 1차전에서 아르헨티나는 사우디아라비아에 1-2로 졌는데 이때도 신기술에 발목을 잡혔다. 리오넬 메시를 비롯한 아르헨티나 선수들은 오프사이드를 10번이나 범했다. 세 차례나 골망을 흔들었지만 '반자동 오프사이드 판독 기술(SAOT)'에 의해 모조리 골로 인정받지 못했다. 앞서 이 기술은 카타르와 에콰도르의 개막전에서도 킥오프 3분 만에 오프사이드를 잡아냈다.

SAOT는 경기장 지붕 아래 설치된 12개 추적 카메라가 선수의 발끝과 어깨 등 관절 움직임을 29개 지점으로 나눠 초당 50회씩 분석한다. 미국 메사추세츠공대 스포츠랩과 스위스 취리히연방공대가 개발한 기술이다.

공인구 '알 릴라' 안에 장착된 관성 측정 센서는 초당 500회씩 공의 정확한 위치를 비디오 판독실로 전송해 정확한 판정을 도왔다. AI 덕분에 1분 이상이 걸렸던 오프사이드 확인 시간은 20~25초로 단축됐다.

일본이 조별리그 E조 3차전에서 스페인을 2-1로 꺾을 때도 VAR(비디오 판독)이 위력을 발휘했다. 후반 6분 다나카 나오가 결승골을 터트렸는데 미토마 가오루가 크로스를 올리기 직전에 공이 골라인 밖으로 나간 것처럼 보였다. 하지만 공이 골라인에 몇 밀리미터 닿은 게 확인되면서 득점이 인정됐다. 관성 측정 센서와 '공의 인 앤 아웃'을 정밀 판정하는 시스템인 '호크 아이' 기술의 합작품이었다.

공인구 '알 릴라'는 무선 충전하면 6시간 사용 가능하다. 센서가 달린 공인구는 외부 유출이 금지돼 가나전에서 2골을 터트린 조규성도 해당 매치볼을 챙겨 오지 못했다.

FIFA가 카타르 월드컵에 도입한 SAOT는 큰 호평을 받았다. 최종 판정은 인간이 하기에 '반자동'이라는 단어가 붙었지만 결국 AI가 승부에 지대한 영향을 미쳤다. 카타르 월드컵은 '오심도 경기의 일부'라는 문장을 과거형으로 만들어버렸다.

이 밖에 대회 곳곳에서 초정밀 기술들이 사용됐다. 포르투갈전에서 골을 넣은 뒤 유니폼 상의를 벗어 던진 황희찬은 '검정 브라톱' 같은 걸 입고 있었다. 황희찬뿐 아니라 다른 선수들도 입은 이 검정 조끼는 '전자 퍼포먼스 트래킹 시스템'이라는 웨어러블 기기다. GPS 수신기, 자이로스코프 센서 등이 내장돼 경기 중 선수들이 뛴 거리, 최고 속도, 스프린트 횟수 및 구간, 커버 영역 등 각종 데이터를 수집한다. 코치진이 전술을 짜거나 선수단을 관리할 때 이 데이터를 활용한다.

카타르 월드컵 결승전이 열린 8만 석 규모의 루사일 경기장에서는 안면 인식 기술로 팬들을 추적했다. 월드컵을 한 달 앞두고 130명 넘는 사망자를 낸 인도네시아 프로축구 경기장 압사 사고 같은 참사를 방지하기 위해 알고리즘을 사용했다. 얼굴 인식 기술이 장착된 카메라 1만 5000대가 8개 경기장에 분산 배치돼, 실시간으로 수집된 정보들로 관중들의 패턴을 예측했다. 하지만 안면 인식 기술을 팬 추적에 사용하는 건 사생활 침해라는 비판도 제기됐다.

QATAR 2022
오현규

등번호 없던 볼보이
'27번째 선수'

 카타르 월드컵 개막을 앞두고 알에글라 훈련장에서는 한국 대표팀의 단체 사진 촬영이 있었다. 처음엔 코칭스태프와 선수들 모두 함께 찍고 그다음에는 선수들끼리 찍고 마지막으로 최종 엔트리 26명만 찍었다. 선수단은 세 줄로 섰는데 둘째 줄 왼쪽 맨 끝에 선 오현규는 26명 정식 멤버는 아니라서 세 번째 촬영 때는 빠지려고 했다. 그러자 김영권과 김민재 등 선수들이 "현규, 같이 찍자"며 그를 불렀다.

 선수들 가운데 유일하게 등번호를 받지 못한 그는 혼자만 번호가 적혀 있지 않은 유니폼 앞쪽을 매만졌다. 옆에 서 있는 26명 선수들 모두 등번호가 있었다. 카타르 월드컵 최종 엔트리는 선수 26명만 등록하고 등번호도 1번부터 26번까지만 달 수 있기 때문이다. 그는 최종 명단 26명에 들지 못해 등번호는 없지만 카타르에 동행한 '27번째 예비 선수'다. 일종의 '26+1' 개념이다.

월드컵 최종 명단은 선수가 부상과 질병 등으로 뛰지 못할 경우 첫 경기가 열리기 24시간 전에 선수를 교체할 수 있다. 손흥민이 월드컵을 앞두고 안와 골절상을 당해 수술을 받은 뒤 회복 중이었는데, 벤투가 손흥민이 뛰지 못할 경우를 대비해 2001년생 막내 공격수인 그를 '예비 선수'로 데려온 것이다.

단체 촬영 후 기자회견에 참석한 손흥민은 "현규 입장에서는 (최종 명단에 포함되지 않는다면) 무척 실망스러울 수도 있다. 하지만 특별한 경험이 되리라고 생각한다. 아직 미래가 창창한 선수이기 때문에 포지션이 같은 선수들과 함께 훈련하며 분위기를 경험할 수 있다. 많은 것을 얻어가는 현명한 선수였으면 좋겠다"고 말했다.

손흥민뿐 아니라 공격수 황희찬도 햄스트링 부상 여파로 재활을 했다. 벤투는 우루과이전을 하루를 앞두고 고뇌에 빠진 표정이었다. 국내 취재진 사이에서는 '황희찬 대신 오현규가 본선 무대를 뛰는 것 아니냐'는 얘기도 나왔다.

벤투는 결국 선수를 교체하지 않기로 최종 결정했다. 손흥민은 안면 보호 마스크를 쓰면서 출전이 가능해졌고, 황희찬도 조별리그 1차전은 어렵더라도 이후 출전을 노리겠다는 포석이었다. 두 선수의 월드컵 출전 의지 또한 워낙 강했다. 반대로 이 결정에 따라 오현규는 카타르에 도착한 지 아흐레 만에 월드컵 출전이 좌절됐다. 한국으로 돌아가지 않고 대회를 마무리하는 시점까지 대표팀과 함께 일정을 소화하기로 했다.

본선 출전 여부와 관계없이 카타르에 남는 건 이미 결정된 사항이었다. 앞서 1990년 이탈리아 월드컵 때 서정원과 송영록이, 1998년 프랑스 월드컵 때 김봉수가 예비 명단이었지만 막판에 제외됐다. 2002년 한일 월드컵에서는 정조국과 최성국, 여효진, 염동균이 훈련 파트너 개념으로 함께했다.

그로부터 열흘 뒤 한국은 대회 조별리그에서 1승 1무 1패를 거둬 사상 두 번째로 '원정 16강' 역사를 썼다. 금의환향한 손흥민은 인천국제공항 인터뷰에서 한 선수를 콕 집어 고마움을 표했다. 월드컵 경기에 나설 수도, 벤치에 앉을 수도 없고 심지어 등번호조차 받지 못한 '27번째 예비 선수' 오현규였다. 손흥민은 "이 자리를 통해 현규한테 너무나 고맙다는 말을 하고 싶다. 사실 나 때문에 와서 희생했다. 어린 선수인데도 선수들에게 어떤 것이 필요하고 어떤 역할을 해야 하는지 정확히 알고 충실히 해줬다. 현규도 월드컵의 한 멤버라고 생각한다. 나한테는 현규는 이번 월드컵을 같이 한 선수 중 가장 중요한 역할을 한 선수"라고 말했다.

깍두기인데 쥐가 나도록 뛰었다?

벤투는 월드컵 직전 최종 평가전인 아이슬란드전에서 그를 A매치에 데뷔시켰다. 그래서 그는 월드컵에 갈 수 있다는 희망을 끝까지 놓지 않고 필사적으로 뛰었다.

최태욱 코치는 유튜브 '리춘수'(2023.1.21.)에 출연해 "벤투 감독님은 선수를 선발하기 전에 엔트리 85~90명을 추렸다. 새로운 선수를 바로 뽑지 않고 90명 엔트리 안에 먼저 넣은 다음에 6개월 넘게 지켜봤다. 오현규는 김천 상무 시절부터 지켜봤다'고 전했다. 그가 2021년 11월 27일에 전역했으니 2년 넘게 예의주시한 것이다.

그는 SPOTV와의 인터뷰(2022.12.20.)에서 "아이슬란드전 직후 감독님이 따로 불러서 '(월드컵에) 같이 가면 좋겠다'고 말씀했다. 온몸에 전율을 느꼈다"고 했다. 다음 날이 최종 명단을 발표하는 날이었는데, 벤투는 그에게 '예비 명단'이라고, 그리고 그게 어떤 의미인지 설명했다. 벤투는 최종 명단에 들지 못한 선수들도 따로 불러 얘기를 한 것으로 전해진다.

인천국제공항에서 결전지 카타르로 향하는 비행기 안. "비즈니스석을 처음 탔는데 너무 좋아서 푹 잤다"고 농담했지만 사실 그는 복잡 미묘한 심경이었다. 좀 과장해 비유하자면 기대치 않았던 '서울대 합격 예비 1번' 정도의 기분이었을 것이다.

그는 동아일보와의 인터뷰(2022.12.26.)에서 "처음 합류 소식을 듣고 월드컵 무대에 동행하게 된 것만으로도 감사했다. 하지만 예비 선수이다 보니 어쩔 수 없이 눈치가 보였다. 내 위치와 역할에 대한 의문이 가시지 않았다"고 솔직한 속내를 털어놓았다.

카타르에 도착하고 나서야 마음을 다잡았다. 좌절하는 대신 선배들에게 하나라도 더 배우는 기회로 삼기로 마음먹었다. 대표팀 훈련장에서 지원 스태프처럼 바쁘게 움직이는 사람이 다름 아닌 '27번째 선수'를 자처한 그였다. 누가 시키지도 않았는데 음료수를 전달했다. 매일같이 '깍두기'처럼 훈련 파트너로 나서 형들의 훈련을 도왔다. 훈련 강도를 높였다가 허벅지에 근육 경련이 와서 쉬어야 할 정도였다. 그는 '리춘수'(2023.1.4.)에서 이렇게 고백했다.

"(대표팀 형들과) 함께 훈련할 때 패스 실수를 하면 큰일 난다고 생각했다. 긴장한 나머지 운동장에 붕 떠 있는 느낌이 들었다. 형들은 경기를 뛰며 몸이 올라오는 상태였는데 나 역시 뒤처지지 않으려고 열심히 하다가 다리에 근육 통증을 느꼈다. (…) 뭔가 잘못됐다 싶었지만 경기를 뛰지 않기에 의무 트레이너에게 말하기도 민망했다. 그래서 한동안 숨기고 있다가 결국 얘기하고 이삼 일 쉬었다."

그는 형들과 훈련을 똑같이 진행하고 라커룸까지 같이 들어갔다. 경기만 못 뛰는 선수라고 생각하면 될 것 같다. 경기 당일 워밍업 때는 골대에 서서 골키퍼 역할도 했다. 형들이 슈팅을 한 번이라도 더 때릴 수 있게 볼보이처럼 공을 주워 와 다시 던져줬다. 그는 연합뉴스(2022.12.14.) 등과 가진 인터뷰에서 "첫 경기 때는 괜히 나서는 것 같아서 관중석에 앉아 있었는데 '내가 공이라도 한 번 더 주워 오면 형들이 슈팅을 한 번 더 할 수 있겠구나' 싶었다. 흰색 운동화를 신고 그라운드로 내려갔는데 끝나고 보니 (잔디 때문에) 초록색으로 물들어 있더라. 그걸 보고 '아, 나도 열심히 했구나' 싶었다"고 했다.

대회 규정상 경기 날 벤치에는 코칭스태프와 교체 선수들만 앉을 수 있다. 정식 멤버가 아닌 그는 벤치 바로 뒤 관중석에서 지켜봐야 했다. 그는 "내가 경기를 뛸 때는 준비하느라 정신이 없는

데 (이번에는) 밖에서 다른 형들이 어떻게 준비하는지 볼 수 있었다"고 했다. 오히려 좀 더 높은 위치에서 손흥민 같은 한국 공격수들은 물론 평소 자신이 좋아하던 루이스 수아레스(우루과이)와 크리스티아누 호날두(포르투갈) 같은 상대국 공격수들의 움직임까지 세세히 살펴볼 수 있었다. 당연히 축구 선수이다 보니 마음 한편에는 '나도 월드컵 무대에서 뛰고 싶다'는 생각이 드는 건 어쩔 수 없었다.

그래서 손흥민의 조언을 듣는 등 많은 것을 얻으려고 노력했다. 같은 공격수 포지션인 황의조에게서 빠른 슈팅 템포를 배우고 조규성도 참고했다. 당장 경기장에서 써먹을 수 있게 훈련을 더 열심히 했다.

형들을 쫓아다니며 많은 것을 물어본 그는 "의조형, 홍민이형과 친해질 기회가 많지 않다. 형들이 즐겨하는 온라인 게임이 있더라. 같이 참여하는 동안 친해졌다. 편하게 궁금한 점, 해외에서 어떤 일들이 있었는지 등 많이 물어봤다. 형들이 또 다른 꿈을 꿀 수 있게 해줬다"고 했다. 특히 그는 '리춘수'를 통해 대표팀 형들과 온라인 게임 '롤(리그 오브 레전드)'을 하며 친해졌다고 했다.

"처음에는 각자 방에서 눈치를 보며 했다. 컴퓨터는 안 돼서 휴대전화로 했다. 서로 '너도 해?'라고 말하다가 (하나둘씩 모여) 열댓 명이 됐다. 형들이랑 5대 5 게임을 했는데 재미있었고 시간이 엄청 빨리 갔다. (…) 홍민이형은 (실력이) 다르다. 영국에서 축구와 롤밖에 안 하는 것 같다. '캐리(게임에서 승리를 이끄는 것)'를 한다. 계급은 챌린저로, 프로게이머랑 같이 게임을 한다."

포르투갈에 2-1 역전승을 거두고 그라운드에 엎드려 눈물을 쏟은 손흥민에게 가장 먼저 달려간 이도 바로 그였다. 손흥민에게 휴대폰을 보여주며 "홍민이형, (같은 조) 우루과이와 가나의 경기가 아직 안 끝났어요"라고 알렸다. 2-0으로 앞선 우루과이가 후반 추가시간에 한 골이라도 더 넣으면 한국이 탈락할 수도 있는 상황이었다. 선수들이 둥그렇게 모여 서서 우루과이와 가나의 경기가 끝나기를 기다리는 동안 공격수 조규성이 "몇 분 남았어?"라고 묻자 그가 "4분, 4분"이라고, 이어 "1분, 1분"이라고 외쳤다.

그는 MBC와의 인터뷰(2022.12.9.)에서 "실시간으로 계속 (휴대폰을) 새로 고침을 하면서 경기 결과를 형들한테 알려줬다. 1분이 10분처럼 느껴질 만큼 시간이 안 갔다. 형들이 '핸드폰이 잘못된 것 아니냐'는 얘기도 했다. 그때 형들이 '중요한 역할을 했다'고 칭찬을 많이 해서 진짜 뿌듯했다"고 말했다. 또 "홍민이형에게 아직 다른 팀 경기가 안 끝났다는 걸 알리려고 했다. 그런데 16강 행 여부를 떠나 포르투갈을 이겼다는 사실에 벅차 있었다. 형들이 120퍼센트 쏟아부어 지쳐 있었는데 지금 생각해보면 고생했다는 말부터 먼저 꺼냈어야 했던 것 같다"고 했다.

그 일로 그에게 '시간 요정'이라는 별명까지 생겼다. 누구보다 큰 소리로 남은 시간을 카운트했던 그는 동아일보와의 인터뷰에서 "내게도 인생 최고의 순간 중 하나였다. 뛰지도 않았는데 진이 빠졌고 숙소에 돌아와서는 라면 2개를 먹고 잤다"며 웃었다.

한국은 16강에서 FIFA 랭킹 1위인 브라질에 1-4로 져 탈락했는데, 그는 그 경기를 보며 많은 것을 느끼고 배웠다. SPOTV와의 인터뷰(2022.12.20.)에서 "세 번째 실점은 전술적으로 완벽한 플레이를 허용했다. 그 골을 보고 충격을 받았다. '브라질 선수들은 정말 우리와 다른가'라는 생각과 함께 스스로에게 물음표를 던지게 됐다. 선수들도 어쩔 수 없는 실점이고 브라질이기에 가능했다"며 "포르투갈을 이기고 모든 선수가 자신감이 많이 차올랐었다. 선수들도 브라질이 아니었다면 더 높이 올라가지 않았겠느냐는 말을 많이 했다"고 전했다.

예비 엔트리이지만 솔직히 경기에 뛰고 싶지 않았을까. 그는 "내가 경기에 나가려면 누군가는 다쳐야 하는데 그것은 누군가 경기에 참여할 수 없다는 뜻이 된다. 내가 어떻게 편한 마음으로 경기를 뛰겠나. 가 있는 내내 형들이 다치지 않고 대회를 마무리했으면 좋겠다고 생각했다. 다음을 기약할 계기가 된 것만으로도 감사했다"고 했다. 그러면서도 YTN과의 인터뷰(2022.12.16.)에서는 "사실 안 뛰고 싶었다면 거짓말일 것이다. 매 경기 관중석에서 몇 미터 앞인 그라운드를 향해 몸이 나갈 듯이 움찔움찔했다. 기회가 되는 대로 정말 뛰고 싶었던 순간이 있었다"고 솔직한 마음을 고백하기도 했다.

대표팀 모든 선수가 간절하고 진지하게 임하는 태도는 그를 다시 일깨웠다. '이 선수들이 국가대표구나'라는 생각도 들었다. A매치에 1경기밖에 출전하지 못한 그는 "사실 처음에는 많이 힘들었다. 난 유럽파 선수들과 만난 적도 없고 대표팀에서 오래 있었던 것도 아니었다. 외로움도 느꼈다. 그런데 시간이 지날수록 돌아가기 싫다는 생각이 들었다. 그 정도로 형들이 잘 챙겨줬다. 끝나는 게 아쉬울 정도였고 행복하고 꿈같은 순간이었다"고 했다. 주전 골키퍼 김승규에게 밀려 단 1분도 뛰지 못한 백업 골키퍼 조현우가 그를 유독 많이 챙겼다. 본인도 힘들 텐데 오히려 그를 더 밝게 대하며 "이 대회를 함께 즐기자"고 말해줬다.

4년 뒤엔 18번 달고 월드컵 뛰겠다

카타르 월드컵을 마치고 한국에 돌아온 그는 자신의 소셜 미디어 인스타그램에 '2022년 잊지 못할 꿈'이라는 제목의 글을 남겼다.

"비록 정식 엔트리도 아니고 그라운드도 밟지 못했지만, 꿈의 무대인 월드컵에 한 일원으로서 함께한다는 자체가 너무나도 큰 기쁨이고 영광이었습니다. 함께 월드컵을 준비하고 땀 흘리는 순간이 저에게는 큰 배움이었습니다. 축구 선수로서 또 하나의 꿈을 꾸고 더 나아갈 수 있게 해주신 감독님을 비롯해 모든 스태프 관계자 분께 감사드립니다. 함께한 기간 동안 너무너무 잘 챙겨주신 형들 그리고 내 친구 (이)강인이한테도 너무 감사하고 고맙습니다."

귀국 후 대표팀 26명 선수들은 사비를 모아 그에게 아직 받지도 않은 포상금 일부를 나눠 줬다. 그는 "포상금은 '1'도 생각하지 않았는데, 형들이 고생했다며 사비를 조금씩 모아 줬다. 모두 '현규는 주자'는 한마음이 됐다"고 했다. 또 사실 여부를 묻는 질문에 "홍민이형이 너무 잘 챙기고 예뻐해준 것은 맞지만 개인적으로 돈을 챙겨준 것은 아니다"고 답했다. 대한축구협회도 예비 선수인 그에게 기본급 2000만 원과 승리수당 3000만 원, 무승부 1000만 원 등 6000만 원을 지급했다. 다만 16강 진출에 따른 포상금 1억 원을 지급하는 대상에서는 제외됐다.

월드컵을 마치고 귀국한 뒤 그를 향한 관심이 뜨거웠다. '등번호가 없는 27번째 선수'라는 사연도 재미있는 데다 궂은일을 도맡아 한 모습이 인상적이었기 때문이다.

청와대 영빈관에서 대표팀 환영 만찬이 열렸을 때 그는 윤석열 대통령 내외와 같은 테이블에 앉았다. 벤투와 코스타 코치, 손흥민, 조현우, 백승호와 한 테이블에 앉았다. 대통령 테이블에 감독과 코치, 주장, 후보 선수, 득점 선수, 예비 선수가 한자리에 모인 것인데, 주장 손흥민부터 예비 선수 오현규까지 '당신들 모두가 우리의 영웅'이라는 대통령의 뜻이 자리 선정에도 영향을 미쳤다.

그는 "대통령과 같은 테이블에 앉으리라는 생각을 못 해 주위 테이블부터 찾아봤는데 내 이름이 없었다. '자리가 왜 없지?' 하고 둘러보는데 한 자리가 비어 있더라. 대통령과 마주 보는 자리였다. 체해서 다음 날 굶었다"며 웃었다.

그런 그에게 스코티시 프리미어십의 셀틱 FC는 계속 러브콜을 보냈다. 셀틱이 그의 소속 팀 수원 삼성에 이적료 200만 유로(27억 원)에 공식 오퍼 레터를 보낸 게 알려졌다. '아기 괴물 공격수'라 불리는 그를 셀틱이 주목한 것이다.

수원 유스팀 매탄고 출신인 그는 학창 시절 수원월드컵경기장에서 볼보이를 하며 프로선수가 되는 꿈을 키웠다. 2019년 수원 삼성과 준프로 계약을 맺고 2020년 군팀 상무를 다녀오며 병역 문제도 해결했다. 2022시즌 K리그에서는 수원 삼성 최다인 13골(3도움)을 올렸다. 그해 9월 라이벌 FC 서울과의 슈퍼매치에서 멀티골을 터트려 3-1 승리를 이끌었다. 또 11월 FC 안양과의 승강 플레이오프 2차전에서 연장 후반이 끝나기 직전 극적인 동점골을 터트려 1부 리그 잔류를 이끌었다. 그런 그의 강렬한 모습을 보고 셀틱이 오래도록 구애를 보냈다.

필자는 월드컵을 마치고 연말에 열린 K리그 사진전 팬 사인회에서 그를 만났다. 그는 이적과 관련해 "유럽에서 오퍼가 오는 게 흔치 않은데 셀틱이라는 명문 구단에서 좋은 제안을 줬다. 어릴 때부터 꿈꿔온 시간이었다. 하루빨리 유럽에 도전하고 싶은 마음이 크다. 구단에 가고 싶다고 요청했고 기다리고 있는 상황"이라고 말했다.

카타르 월드컵 스타 조규성의 셀틱 이적설도 나왔지만 셀틱은 월드컵 두 달 전부터 오현규를 원했다. 셀틱은 이적료를 서너 차례 높여 300만 유로(40억 원)까지 올려 제의했다. 수원 삼성은 22세 이하 선수 자원인 그와의 작별을 원하지 않았다. 하지만 그는 이병근 수원 감독을 네 번이나 찾아가 '어릴 때부터 꿈꿔온 유럽에 가고 싶다'는 뜻을 피력했다. 수원은 그와 동행하고 싶었지만 이적료가 계속 오르자 거부할 명분이 사라졌다.

그는 마침내 해를 넘긴 2023년 설 연휴 기간에 메디컬 테스트를 받기 위해 영국으로 출국했다. 그리고 셀틱 구단은 그와 5년 계약을 맺었다고 발표됐다. 5년이라는 장기 계약은 그의 성장에 대해 확신을 갖고 있다는 의미다. 기존에 수원 삼성에서 받던 연봉 3600만 원보다 열 배 높은 7억 원 이상을 받는 것으로 알려졌다.

1887년 창단한 셀틱은 스코틀랜드 리그 우승을 52회나 차지한 명문 구단이다. 한국 선수로는 기성용과 차두리에 이어 세 번째로 셀틱 유니폼을 입게 됐다. '셀틱 선배'인 기성용은 그에게 "도움이 필요한 일이 있으면 언제든지 연락해"라고 말했다고 한다. 그는 꿈에 가까이 다가가 있었다.

"최고 클럽 중 한 곳에서 뛰게 돼 기쁘다. 영화에서만 보던 도시(글래스고)에 오게 돼 설렌다. 어릴 적 기성용, 차두리 선배가 뛰는 셀틱의 경기를 보며 꿈을 키웠다. 내 미래가 기대된다. 난 저돌적이라서 상대 수비수와 싸우며 많은 득점을 올릴 수 있다. 유럽 챔피언스리그에 나가서 높이 올라가고 싶다."

앤지 포스테코글루 셀틱 감독은 "오현규는 다음 단계로 나아갈 준비가 돼 있고 굶주려 있고 성공을 열망하는 선수"라고 칭찬했다. 그는 셀틱에 가자마자 현지 팬들로부터 '코리안 루니'라는 별명을 얻었다. 저돌적인 플레이를 펼치던 과거 잉글랜드 공격수 웨인 루니에 빗댄 표현이다.

그는 라리가 레알 마드리드의 공격수 카림 벤제마(프랑스)처럼 오른손에 붕대를 감고 뛴다. 상무 시절 다쳤던 손목에 테이핑하고 뛰면서 경기력이 좋아지자 지금까지 이어가고 있는 루틴이다. 그는 이제 셀틱에서 일본인 공격수 후루하시 교고 등과 경쟁한다.

어떻게 보면 그가 카타르 월드컵의 최대 수혜자 같다. 선배들과 모든 훈련과 일정을 함께 소화하며 성장의 발판으로 마련했기 때문이다. 특히 손흥민과 훈련하며 깨달은 바가 많이 있어 몰래 메모장에 적어뒀다. YTN과의 인터뷰(2022.12.16.)에서 "내가 (홍민이형한테) 가장 놀라웠던 부분은 정말 매 순간 워밍업할 때도 진짜 그다음 경기를 생각하며 진지하게 임하는 게 느껴진다는 거다. 내게도 배우는 계기가 됐다. 그리고 슈팅을 하면 다 (목표로 한) 거기로 간다. 정말 놀라워서 그런 비결들을 메모한 것 같다"고 했다. 그는 비밀 노트에 '4년 뒤에는 꼭 당당히 등번호를 달고 오면 된다. 꼭 해내자, 현규야. 이제 시작이다'라고 적었다.

카타르 월드컵을 마치고 집에 가는 도중에 소셜 미디어에서 자신의 이름 태그가 엄청나게 증가한 걸 확인했다. 손흥민이 귀국길 인터뷰에 특별히 그의 이름을 언급했기 때문이다. 그는 "홍민이형의 인터뷰를 보고 눈물이 나려고 했다. 사실 카타르에 가서 안 힘들었다면 거짓말이다. 눈치도 좀 보이고 힘들었지만 홍민이형이 따뜻이 말해줬다"고 했다.

경기장 밖에서 첫 월드컵을 경험한 그는 또 다른 꿈도 꿨다. 프랑스 대표팀의 경기를 보며 한번 붙어보고 싶다는 생각을 했다. 4년 뒤 월드컵에서는 당당히 최종 명단 안에 들어 등번호를 달고 나가고 싶다고 다짐했다.

단체 사진을 찍는 날 등번호가 없었던 모습을 떠올리며 그는 SBS와의 인터뷰(2022.12.14.)에서 이렇게 말했다.

"유니폼을 입는 순간에 등번호가 없다는 걸 알고 많이 속상했다. 그 순간이 가장 힘들었던 것 같다. (…) (4년 뒤에는 롤 모델인) 황선홍 감독님의 18번을 달고 나가 2002년 월드컵 때처럼 꼭 골을 넣고 대한민국 국민들에게 기쁨을 드리는 선수가 되고 싶다."

YTN과의 화상 인터뷰(2022.12.16.)에서 그의 뒤로는 한국 대표팀의 유니폼이 든 액자가 집 벽에 걸려 있는 모습이 보였다. 그는 "월드컵에서 뛴 모든 선수의 사인을 받아 액자에 걸어뒀다. 내 첫 월드컵인 만큼 오래오래 보며 정말 소중히 간직하고 싶었다. 은퇴할 때도 꼭 함께하고 싶다"고 말했다.

카타르 월드컵에서 등번호 18번은 같은 2001년생인 이강인이 달았다. 그는 "(강인이가) 정말 공을 기막히게 차서 감탄했다. 스페인어도 잘하고 형들에게 스스럼없이 다가갔다. 이번 월드컵에서 정말 잘해서 친구로서 뿌듯했다"며 "강인이는 더 낮은 번호로 가고 내가 18번을 달고 싶다. 강인이가 18번을 달고 이번 월드컵에서 잘했으니까 내가 그 기운을 받아 다음 월드컵에서 잘할 수 있게 준비를 열심히 하겠다"고 했다. 동아일보와의 인터뷰에서도 "카타르 땅을 밟게 해준 벤투 감독님과 손흥민 형에게 진심으로 감사하다. 그 덕분에 엄청난 동기부여가 됐고 '꺾이지 않는 마음'을 키울 수 있게 됐다"고 했다.

생맥주 한 잔에 2만 6천 원,
'금주 국가' 카타르서 맥주는 '금金주'

카타르는 엄격한 이슬람 율법에 따라 자국민의 음주를 금한다. 정부의 허가를 받은 일부 식당과 호텔에서만 술을 마실 수 있다. 이를 어기는 자는 벌금 100만 원 또는 6개월 이하 징역형에 처해진다.

월드컵 기간에 원래는 경기장 주변에서 맥주를 팔 예정이었지만 개막하기 이틀 전에 이 계획을 전격 철회했다. '보수적인 카타르 왕실의 압력 아니냐'는 얘기가 나왔다. 결국 몇 곳 안 되는 지정된 장소와 특정 시간에만 제한적으로 주류를 판매하기로 결정을 뒤바꿨다.

지아니 인판티노 FIFA 회장은 '3시간 동안 맥주를 안 마셔도 생존에 문제없다'며 개최국 카타르의 결정을 지지했다. 하지만 카타르에서 만난 한 독일 팬은 '맥주 없는 축구는 축구가 아니다'고 비판했다. 카타르와 에콰도르의 개막전이 열렸을 때 관중석에 있던 에콰도르 팬들은 'Queremos cerveza(우리는 맥주를 원한다)'라는 구호를 외쳤다. 소셜 미디어에서 각국 축구 팬들이 카타르에서 합법적으로 맥주를 마실 수 있는 식당을 공유하는 진풍경이 연출됐다.

필자도 도하의 매리어트 호텔 스포츠바를 직접 가봤다. 입구에서 건장한 체격의 보안요원이 출입을 통제했다. 여권을 제시하고 외국인임을 인증한 뒤에야 비로소 입장할 수 있었다. 내부에는 맥주를 마시며 TV로 축구 경기를 시청하는 외국인들로 문전성시를 이뤘다.

500밀리리터 생맥주 한 잔 가격은 60리얄(2만 2000원)~70리얄(2만 6000원)에 달했다. 한국보다 두세 배 비쌌다. 맥주 두 잔, 콜라 한 잔, 튀김 및 버거 세트를 주문했더니 봉사료 포함 513리얄(18만 8000원)이 나왔다. "'금주 국가' 카타르에서 맥주는 '금숲주'"라는 말이 절로 나왔다.

카타르 당국과 FIFA가 주류 판매를 허가한 또 하나의 장소도 가봤다. 바로 도하 시내 알비다 파크에 마련된 팬 페스티벌이다. 보안 검사를 거쳐 입장한 팬 페스티벌 내부는 마치 거대한 클럽 같았다. 대형 광장에서 DJ가 튼 음악에 맞춰 수천 명 팬들이 방방 뛰었다. 대형 스크린에서는 월드컵 경기가 생중계되고 있었다.

맥주를 마실 수 있는 '버드와이저 존'에서 저녁 7시부터 오전 1시까지 6시간만 주류를 판매했다. 개시 1시간 전부터 300여 명이 길게 줄을 섰다. 저녁 7시 정각이 되자 각국 팬들이 동시에 환호성을 질렀다. 맥주를 구매한 팬들은 "이 순간을 위해 10년을 기다렸어" "골드 쥬스를 손에 넣었다"는 농담을 건넸다.

500밀리리터 캔맥주 가격은 50리얄(1만 8000원). 개인당 4캔만 구매가 가능했다. 직원이 맥주캔을 따 플라스틱컵에 따라 주는 방식이다. 1시간 가까이 기다렸다가 마신 맥주는 꿀맛이었다. 만취한 사람은 술 깨는 구역으로 끌려갈 수 있다는 말에 딱 2잔만 마셨다.

경기 날 축구장 안에서는 무알콜 맥주인 '버드 제로'만 팔았다. 맛은 글쎄, 김빠진 콜라 같다고 해야 할까.

92년 역사상 최초의 '논알콜 월드컵'이었는데, 카타르의 변심으로 인해 가장 큰 타격을 받은 건 맥주 버드와이저의 제조사인 '앤하이저부시 인베브'다. FIFA와 1000억 원에 공식 후원을 맺었지만 이번 카타르 월드컵에선 특수를 누리지 못했다.

앞서 FIFA가 경기장 맥주 금지 결정을 내리자 버드와이저는 소셜 미디어 트위터에 '음, 이러면 곤란한데(Well, this is awkward)…'라고 썼다가 지웠다. 이후 창고에 엄청난 양의 맥주가 쌓여 있는 사진을 올리며 '우승국이 버드와이저를 갖는다. 누가 가질 것인가'라는 글을 남겼다. 월드컵을 위해 준비했다가 남아돌게 된 맥주 재고를 우승 팀에 기부하기로 한 것이다.

막대한 손해를 본 버드와이저는 FIFA에 640억 원 공제를 요구한 것으로 알려졌다. 다만 법적 다툼을 하거나 후원 계약을 끝내지 않은 것으로 전해졌다. 2026년 북중미 월드컵의 개최국인 미국과 캐나다, 멕시코에서 마케팅 효과를 톡톡히 누리게 됐기 때문이다.

  카타르에서는 종교적 율법에 따라 술은 물론 돼지고기 섭취도 불가능했다. 식재료로 쓸 수 없을 뿐 아니라 자국 내 반입과 유통 자체가 불가능하다. 한국 대표팀 선수들도 돼지고기 대신 소, 닭, 오리 고기로 단백질을 보충했다. 카타르에서 3주 넘게 지낸 필자도 귀국하자마자 돌판삼겹살집을 찾아가 삼겹살에 맥주 한 잔을 벌컥벌컥 들이켰다.

2부

미드필더

QATAR 2022
이강인

트루먼 쇼의 실사판, '황금 왼발'로 성장한 '슛돌이'

　우루과이와의 1차전 후반 29분. 붉은 유니폼에 등번호 18번을 단 이강인이 힘차게 그라운드로 뛰어 들어갔다. 경기장 내 한국 팬들이 "이강인"을 연호하고 각 중계 방송사 캐스터와 해설진이 "대한민국의 이강인이 월드컵에 데뷔한다"고 목청 높여 말하는 등 순간 장내는 술렁였다. 그토록 꿈꿔온 월드컵이지만 그의 자신만만한 표정에서 좀처럼 긴장된 기색을 찾아볼 수 없었다. 대표팀 동료들과 차례로 하이파이브를 하고 들어가더니 같은 스페인 라리가에서 뛰는 우루과이 수비수 호세 히메네스(아틀레티코 마드리드)와 마주쳐서는 윙크를 보내고 손뼉을 치는 여유도 보였다.

　경기 후반은 우루과이가 주도하던 상황이라 그가 공을 다룰 기회는 많지 않았다. 그 대신 공에 쉽게 닿지 못하는 거리에도 다리를 쭉 뻗어 방해하려 하거나 개인 전방 압박을 하는 등 뭐든 의욕적으로 덤비는 모습이었다. 그는 역습 찬스에서 특유의 상체를 흔드는 페인트 동작을 한 뒤 전진 패스를 찔러줬다. 조규성이 뒤따라온 우루과이 선수에게 밀려 넘어졌을 때는 곧바로 쫓아가 전방 압박을 펼쳤다.

후반 추가시간에 돌입한 직후 우루과이의 골키퍼 세르히오 로체트가 킥 미스를 해 손흥민의 왼발 슛으로 이어진 장면도 그가 홀로 골키퍼에 압박을 가해 실수를 유도한 것이었다. 뒤늦게 투입된 만큼 24분을 소중하고 간절하게 쓰고 있었다.

후반 추가시간 1분 30초쯤 역습을 펼칠 때 우루과이의 에이스 페데리코 발데르데가 거친 태클을 한 뒤 위협하듯 주먹을 휘둘렀을 때도 그는 툴툴 털고 일어나 웃어 보였다. 발베르데가 이후 도발을 이어가도 그는 반응하거나 동요하지 않았다(레알 마드리드의 발베르데는 월드컵 이후 라리가 경기에서 이강인에게 거친 백태클을 하는 등 악연을 이어갔다).

한국 공격은 종료 시점이 다가올수록 그가 배치된 오른쪽 측면에 치우쳐 전개됐다. 뭔가 될 듯하다가 마무리가 되지 않았지만 그에게 공이 연결되면 왠지 모를 기대감이 생겼다. 끝내 득점하지 못하고 비긴 대표팀은 첫 경기에서 승점 1을 얻는 절반의 성공을 거뒀다. 후반 중반 투입돼 득점을 갈구하는 간절한 플레이를 펼친 그에게 유독 관심이 집중됐다.

2001년생으로 21세인 그의 월드컵 출전은 축구 팬을 넘어 국민 전체의 바람처럼 보였다. 잘 알려져 있듯이 2007년 일곱 살에 KBS

'날아라 슛돌이' 3기 멤버로 출연해 반년가량 지상파 전파를 타며 많은 국민의 사랑을 받았다. 그러면서 앞니가 빠진 앙증맞은 모습으로 단번에 두각을 나타낸 어린 시절부터 이후 스페인으로 축구 유학을 떠나 기량을 끌어올리는 모습, FIFA 20세 이하 월드컵에서 대표팀의 준우승을 이끌며 최우수 선수에 해당하는 골든볼을 차지하는 모습까지 생애 전반에 걸쳐 사람들의 시선을 끌었다. 마치 1998년 짐 캐리 주연의 영화 '트루먼 쇼'처럼 한 편의 성장기를 실시간으로 보는 듯했다.

그런 그가 월드컵에 출전했을 때 많은 사람이 드라마의 절정에 달한 느낌을 받았을 것이다. MZ 세대에게는 또래의 희망으로, 이전 세대에게는 아들이나 조카의 성장으로, 이전 세대에게는 아이돌로 비춰지기에 충분한 삶이었다. 그는 그렇게 2000년대 출생한 한국 선수로는 사상 처음으로 월드컵 본선 경기에 출전하는 기록을 썼다.

여기에 그가 월드컵 무대를 밟기까지 순탄치 않았던 역경 스토리가 더해지면서 대중의 관심 또한 폭증했다. 사실 월드컵 개막을 보름 앞둔 시점에도 그의 월드컵 출전 여부는 불투명했다.

기회는 스스로 얻어낸 것

사연은 2021년 3월 25일 한일전부터 시작된다. 당시 그는 중요한 일본 원정 경기에서 '폴스 나인', 즉 가짜 9번(공격수) 역할을 벤투로부터 부여받았다. 손흥민과 황의조, 이재성, 황인범 같은 공격수들이 모두 부상 때문에 선발되지 못하면서 생소한 역할을 떠맡은 건데, 안타깝게도 그는 그 자리에서 아무것도 하지 못하고 후반 시작과 함께 교체 아웃됐다. 10년 만의 한일전은 결국 0-3 대패로 끝났다.

그때까지 벤투의 부름을 받아 A매치 5경기에 출전했던 그는 이후 1년 넘게 외면받았다. 당시 낯선 포지션에서 뛰기는 했지만 더욱 적극적으로 경기에 임해야 했고, 벤투에게 화를 내서 그의 눈 밖에 났다는 등 갖가지 소문이 퍼져 나갔다. 그가 빅리그인 라리가에서 고군분투하고 있을 때도 벤투가 외면하자 '이강인은 선, 벤투는 악'이라는 구도가 만들어지며 동정 여론이 일었다.

그런 사이 발렌시아에서 마요르카로 이적한 그는 월드컵의 해를 맞아 달라지기로 결심했다. 그는 월드컵 개막 전에 가진 기자회견에서 "이번 시즌 시작하기 전에 스페인에서 인터뷰를 했다. 그때 인터뷰에서 월드컵 개막 전까지 최상의 모습을 보여주면 대표팀에서 뽑으리라고 믿는다고 말했다. 그래서 마지막까지 최선을 다했다"고 돌아봤다. '최상의 모습'이란 경기 중에 좀 더 적극적으로 수비와 몸싸움을 펼치는 것이었다.

그의 말처럼 월드컵을 앞두고 2022년 8월 개막한 라리가에서는 확연히 달라진 모습을 보였다. 외면한 것처럼 보였지만 사실 꾸준히 그의 경기를 챙겨 본 벤투는 바로 다음 달인 9월 A매치에 그를 선발했다. 1년 6개월 만의 귀환이었다. 그런데 벤투는 무슨 이유에서인지 두 경기(코스타리카와 카메룬) 모두에서 그를 단 1분도 출전

다시, 카타르

시키지 않았다. 특히 5만 9389명이 운집한 카메룬과의 평가전에서는 이례적인 장면이 연출됐다.

"후반 39분에 또 한 번 관중석에서 이강인의 이름이 터져 나왔다. 후반 추가시간에 관중은 또 한 번 이름을 외쳤다. 그러나 벤투 감독은 외면했다. 이미 후반 교체 횟수 3회가 끝난 상황이었다. 경기가 끝난 뒤에도 팬들은 "이강인! 이강인!"을 외쳤다."(중앙일보 2022.9.27.)

1분도 뛰지 못하고 소득 없이 스페인으로 돌아간 그는 잠시 낙담했을지언정 포기하지 않았다. 예쁘게 공을 차던 방식에서 거칠게 변화한 스타일을 계속 유지했고 11월 초까지 프로 데뷔 이후 개인 최다 공격 포인트를 올리기에 이르렀다. 안개 속을 걷는 듯 앞이 보이지 않았지만 계속 전진한 결과 14경기에서 2골 3도움을 올린 것이다.

월드컵 최종 명단 26명을 발표하던 날 벤투는 마침내 이강인을 호명했다. 이렇게 그는 무언의 메시지를 보낸 벤투에게 자신의 스타일을 고쳐가는 노력으로 응답을 얻어냈다. 팬들은 자신의 일처럼 기뻐했다. 그로부터 이틀 뒤 카타르 도하 공항에 입국해 명단에 포함된 소감을 묻는 질문에 그는 "마지막까지 (선발될 줄) 몰랐다. 너무 좋았다"고 답했다.

대표팀 훈련에 합류해서는 막내로서 역할을 다했다. 동료들에게 친근하게 다가가 장난치는 등 분위기를 화기애애하게 만들었다. 훈련 때는 주장 손흥민과 함께 몸을 풀면서 차근차근 하나씩 월드컵을 준비해가는 노하우를 익혔다. 대회 개막 전에 열린 공식 기자회견에서는 "어제보다 오늘 더 좋은 모습을 보여주려고 노력한다. 상황이 좋든 안 좋든 최선을 다하려고 했다"며 "월드컵은 모든 선수가 뛰고 싶어 하는 대회다. 월드컵 명단에 뽑혔다는 소식을 듣고 너무 기분이 좋았다. 행복했다"고 말했다.

사실 이때도 벤투가 과연 이강인을 출전시킬지에는 의문이 달렸다. '둘 사이가 서먹서먹한 것 아니냐'는 우려 섞인 시선도 있었다. 다행스럽게도 벤투는 훈련 초기부터 그에게 다가가 말을 걸고 머리를 쓰다듬는 등 점차 분위기를 바꿔나가는 모습을 보였다. 그도 "팀에 도움이 되고 싶은 마음이다. 만약 감독님이 출전 기회를 주신다면 항상 그랬듯이 최선을 다해 팀을 돕고 싶다. 경기장에 들어가게 되면 최대한 노력하고 감독님의 주문을 따르겠다"고 화답했다.

나중에 밝혀진 것이지만 벤투는 꾸준히 관찰하면서 그가 스스로 대표팀의 플레이에 맞게 변화하기를 기다렸다. 이른바 '밀당'을 한 게 아니었다. 최태욱 코치는 유튜브 '리춘수'(2023.1.21.)에서 벤투는 이강인을 기다려줬으며 2022년 9월 A매치 때도 교체 출전시키기로 했지만 경기 도중 변수가 발생해 의도치 않게 불발된 것이라고 설명했다.

"강인이는 공수 전환이 약간 늦었는데 월드컵 6개월 전부터 이겨내기 시작했다. 감독님도 (이강인) 경기를 계속 보면서 이를 파악하고 있었다. 감독님은 수비 전환을 무척 중요하게 여긴다. (이강인이) 공격에서는 어느 정도 활약하리라는 걸 알고 있었다. 수비력을 갖춰야 한다고 생각했는데, 6개월 전부터 이것이 되기 시작했다. 9월 소집 때도 둘이 자주 소통하는 모습을 봤다. 월드컵 출전 기회는 벤투가 준 게 아니고 강인이가 스스로 얻어낸 것이다. 자기가 이겨낸 끝에 월드컵 경기에 뛰게 된 것이다."

스스로 기회를 얻어낸 그에게는 이제 날개를 펼 시간만이 남았다. 세계는 이미 주목하고 있었다. 영국 매체 '90min'(2022.11.19.)은 월드컵에 출전하는 유망한 영플레이어 32명 중에 그를 꼽으면서 "다재다능한 이강인은 그의 커리어에서 가장 많은 공격 포인트를 올렸다. 그는 불꽃을 다시 점화하기를 원할 것"이라며 기대감을 드러냈다. 유럽 통계 사이트 '후스코어드닷컴'(2022.11.20.)은 "올 시즌 마요르카에서 활약한 이강인은 한국에서 지켜봐야 하는 어린 선수다. 그는 대표팀에서 6경기에 나섰으며 한국 선수들을 도울 수 있는 선수"라고 했다. 다만 이 매체는 H조의 전력을 분석하면서 "한국에는 손흥민과 이강인이 있지만 가나전서 최하위로 결정될 것"이라는 예상을 내놓아 선수들의 투쟁심을 자극했다.

그는 그렇게 우루과이전에 출전해 모두가 꿈꾸고 바랐던 인상적인 월드컵 데뷔전을 치렀다. 누군가는 '대한민국이 믿고 기다린 재능'이라고 하면서 막판에 밀렸던 상황에서 '이강인이 오아시스 같았다'고 했다. 그는 우루과이전을 마치고 "너무 재미있었다. 선수로서 경기에 뛰고 싶은 건 당연하고, 뛸 때 행복하다. 떨리기보다는 설레었다. 팀에 도움이 되려고 최선을 다했다"고 소감을 밝혔다. 벤투는 예상을 깨고 이강인을 교체 투입한 이유를 이렇게 밝히며 만족감을 드러냈다.

"손흥민과 나상호가 뛰었던 측면에서 스피드 보강을 위해 이강인을 투입했다. 이강인은 빠르게 치고 나가는 능력이 좋다. 특히 우리 팀에 압박이 있을 때마다 이강인의 장점이 부각되는데, 카타르에서 훈련하며 자신의 장점을 잘 보여줬다. 그래서 교체 선수로 선택했다."

판을 뒤바꾼 게임 체인저

자신감을 얻은 그는 가나전을 앞두고 동기부여가 충분히 된 듯 투지가 넘쳐 보였다.

"이강인은 경기 체력을 유지하기 위한 스프린트 훈련에선 맨 앞에서 형들을 이끌었다. 6대 6 미니 게임에서도 차원이 다른 드리블과 개인기를 앞세워 경기를 리드했다. 볼을 다루는 감각은 역시 으뜸이었다."(스포츠조선 2022.11.26.)

훈련 뒤에도 남아 프리킥을 차면서 슈팅 감각을 가다듬었고, 벤투는 그런 모습을 보며 그의 머리를 쓰다듬었다. 불과 열흘 만에 감독의 신뢰를 얻은 그에게 거칠 것은 없어 보였다.

마침내 결전의 날. 그가 "한 팀이 되어 뛴다면 좋은 결과가 있을 것"이라고 했던 기대와 달리 가나와의 2차전은 아쉽게도 0-2로 끌려갔다. 한국의 공격이 좀처럼 먹혀들지 않고 시간만 흐르던 후반 11분, 권창훈이 빠진 자리에 그가 들어갔다. 벤투가 2골을 만회하려고 다소 이른 시간에 승부수를 띄운 것이다. 수개월간 머릿속에 그려온 대로 그가 공격에서 눈부신 활약을 펼칠까.

기대가 현실로 바뀌는 데는 딱 1분밖에 걸리지 않았다. 그는 왼쪽 측면에서 상대의 공을 빼앗은 뒤 곧바로 날카롭게 왼발 크로스를 문전으로 올렸다. 공이 예리한 궤적을 그리며 골에어리어 정면으로 날아갔고, 조규성이 몸을 날려 헤딩으로 득점을 빚어냈다. 침울하던 경기장 내의 한국 팬들은 전광석화처럼 벌어진 득점에 환호성을 내질렀다. 왼발로 공을 탈취해 곧장 왼발로 올린 크로스는 말 그대로 일품이었다. '황금 왼발'이라는 표현은 빈말이 아니었다.

불과 3분 뒤 경기장은 또다시 광란에 휩싸였다. 김진수의 크로스를 받아 이번에도 조규성이 높이 뛰어올라 헤더골을 터트렸다. 2-2. 믿기지 않는 경기력의 연속이었다. 이 모든 게 그가 투입된 지 4분 만에 일어난 일이다. 왼발 하나로 경기 흐름을 완전히 바꾼 '게임 체인저'였다. 한국의 경기력은 이강인 투입 이전과 이후로 극명히 대비됐다. 비록 후반 23분 가나에 역전골을 내주기는 했지만 단 한 명의 존재로 분위기가 바뀔 수 있음을 보여줬다.

후반 30분 프리킥 기회에서 날카로운 왼발 슛이 상대 골키퍼의 손끝에 막히지 않았다면 더할 나위 없었을 것이다. 다만 후반 36분 패스 미스를 범해 역습의 빌미를 준 장면은 옥에 티였다.

벤투는 "이강인은 이전보다 많이 발전했다. 대표팀 전술에 잘 녹아들었다"고 칭찬했다. 그도 "감독님의 결정을 100퍼센트 신뢰

한다. 뛸 기회가 생기면 팀에 도움이 되도록 노력하겠다"고 화답했다. 비록 가나에 2-3으로 지기는 했지만 그가 공을 잡는 것만으로도 기대감이 살아났다.

이렇게 조별리그 1차전 24분, 2차전 44분을 뛰며 예열을 마쳤고, 포르투갈과의 3차전에선 당연히 선발이 예상됐다. 그 사이 프리미어리그 뉴캐슬 유나이티드가 그의 영입을 위해 바이아웃 1450만 파운드(227억 원)를 지불할 계획이라는 보도(HITC 2022.12.1.)가 나오기도 했다.

예상대로 그는 포르투갈전에서 선발로 출전했다. 이겨야 16강 진출 가능성이 열리는 만큼 그의 선발 출전은 벤투로선 필승 카드를 꺼내든 것이나 다를 바 없었다. 2002년 한일 월드컵에서 포르투갈과의 3차전 때 21세의 박지성이 결승골을 넣었던 것처럼 같은 나이의 이강인이 센세이션을 일으키는 그림도 그려졌다. 또 한국이 1차전과 2차전에서 무수히 얻은 코너킥(우루과이전 3개·가나전 12개)을 하나도 성공시키지 못한 만큼 그는 코너키커로서 득점으로 연결시켜야 한다는 과제도 풀어야 했다.

"코너킥 전담 키커는 손흥민이다. 왼발이 좋은 이강인이 투입된다면 교차로 코너킥을 처리할 가능성이 있다. 킥을 잘 올려도 문전에서 마무리를 못 해주면 아무 소용이 없다. 2경기 연속 골 기대감을 높이는 조규성이 있다. 또 출전 여부가 불투명하지만 김민재의 제공력, 김영권의 노련미 등 수비수들에게도 기대를 걸 수 있다. 누가 돼도 상관없다. 이 코너킥의 한만 풀어주면 된다."(마이데일리

2022.12.2.)

그는 이 대목에서 기대감을 충족했다. 포르투갈에 0-1로 끌려가던 전반 26분, 프리킥 상황에서 왼발로 키커를 맡아 코너킥을 이끌어냈다. 뒤이어 코너 플래그 근처에서 손흥민과 나란히 섰다. 이전에 코너킥은 오른발의 손흥민이 맡았지만 이번에는 왼발의 그까지 합류해 포르투갈 수비진을 교란했다. 잠시 뒤 손흥민이 찰 것처럼 앞으로 뛰쳐나가다 그대로 공을 지나쳤고 곧이어 '왼발의 스페셜리스트'가 킥을 찼다. 날카로운 곡선을 그리며 날아간 공은 포르투갈 골대 앞에서 크리스티아누 호날두의 등에 맞고 떨어졌고, 문전에 서 있던 김영권의 발에 걸려 골망을 흔들었다. 실력에 행운까지 더해진 '월드 클래스급' 킥이 동점골로 연결되는 순간이었다.

그는 후반 36분 교체 아웃될 때까지 알토란 같은 활약을 펼쳤다. 한국이 포르투갈을 꺾고 극적으로 16강에 진출한 뒤 그는 "선발로 뛰어서 너무 좋았다. 정말로 기뻤다. 최대한 팀에 도움이 되려고 노력했다"고 들뜬 소감을 밝혔다.

그렇게 게임 체인저로 제 몫을 다한 그날 밤 그는 SNS에 '첫 번째 미션 성공' '16강에 진출할 수 있게 되어서 너무 행복하다. 우리 모두 여기서 멈추지 말고 더 높은 곳까지 가자! 늦은 밤까지 응원해주셔서 너무 감사하다'고 썼다. 이강인도 행복하고 그를 쭉 지켜본 팬들도 행복한 밤이었다.

'이강인 클래스' 데이터도 인정했다

희망을 갖고 나섰지만 브라질과의 16강전은 너무 버거웠다. 전방의 손흥민부터 후방의 김민재까지 최선을 다했지만 어찌해볼 도리가 없었다. 기술은 둘째치더라도 체력의 한계에 부딪친 게 컸다. 0-4로 뒤지고 있던 후반 29분 교체 출전한 그도 브라질이라는 거대한 산을 넘기 힘들었다.

그래도 번뜩이는 킥만은 여전했다. 투입되고 2분이 지난 후반 31분, 또 한 번 날카로운 프리킥을 찼다. 공은 브라질 수비수를 맞고 튕겨 나왔는데 이를 백승호가 왼발 발리슛으로 연결해 만회골을 뽑았다. 그가 결정적인 역할을 한 것은 아니지만 공을 잡으면 뭔가 해낼 것 같은 느낌이 이번에도 적중했다.

앞선 3경기뿐 아니라 브라질전에서도 확인된 것은 그는 결코 포기하지 않았다는 점이다. 후반 추가시간이 시작됐을 무렵 그는 하프라인 부근에서 공을 잡아 브라질의 오른쪽 측면 끝까지 드리블로 질주했다. 마지막에 상대의 태클에 걸려 넘어졌지만 동료들에게 '끝날 때까지 끝난 게 아니다'라는 메시지를 전했다. 적당히 끝내려는 게 용납되지 않는 듯했다.

초등학교 4학년 때인 열 살 때 스페인으로 축구 유학을 떠나 거의 11년 동안 타지에서 생활하면서 '~하면(하면)'을 반복하는 식으로 한국어에 서툴게 됐지만 한국 축구의 끈기와 집념만큼은 가슴에 새기고 뛰는 것처럼 보였다. 그는 경기를 마치고 "무엇을 보여줄 생각으로 (드리블)한 게 아니다. 팀에 도움을 주려고 했다"고 밝했다. 또 "월드컵에 몇 번을 더 나가게 될지는 모르지만 날마다 발전하는 선수, 더 좋은 선수가 되기 위해 노력할 것"이라고 다짐했다.

믹스트 존에서 스페인어권 국가들의 취재진이 그에게 몰렸다. 그는 능수능란한 스페인어로 인터뷰에 임했다. 한국어보다도 더 잘 구사하는 듯 보였다. 그는 포르투갈어를 구사하는 벤투와도 격의 없이 소통할 수 있었다.

그의 첫 월드컵은 지표면에서도 찬란했다. 축구 통계 매체 'FBREF'에 따르면 90분당 득점 창출(GCA 90)은 1.84에 달했다. 한 경기를 뛰면 1.84골로 이어지는 패스나 드리블, 반칙 유도를 했다는 뜻인데, 그의 위에는 잉글랜드의 라힘 스털링(1.97) 한 명밖에 없었다. 90분당 슈팅 창출(SCA 90) 수치 역시 7.96을 기록해 전체 3위에 올랐다. 프랑스의 킬리안 음바페(10.27)와 브라질의 호드리구(7.98) 다음이었다. 출전 시간을 비교했을 때 강렬한 활약을 펼친 덕분이었다.

가나전에서 거둔 도움으로 이번 월드컵 최연소 도움 부문 4위에도 올랐다. 잉글랜드의 주드 벨링엄(2003년 6월 29일), 독일의 저말 무시알라(2003년 2월 26일), 같은 2001년생인 포르투갈의 곤살루 하무스 다음이었다.

최연소 기록은 그의 전유물과도 같다. 17세이던 2018년 10월 스페인 국왕컵 32강전에서 1군 데뷔전을 치르며 발렌시아 역사상 최연소 데뷔 외국인 선수 기록을 세웠다. 2019년 1월에는 라리가 무대를 밟으면서 한국 선수 최연소(17세 327일) 유럽 5대 리그 출전 기록을 경신했다. 2019/20시즌에는 발렌시아 소속으로 한국 선수 역대 최연소 유럽 챔피언스리그 본선 출전 기록도 새로 썼다.

그는 꿈에 그리던 첫 월드컵을 마음껏 즐겼다. 경기 중에는 누구보다 진지하지만 끝나고는 재미를 찾는 21세의 평범한 한국 청년이었다. 브라질전을 마쳤을 때는 경기장 터널에서 브라질의 슈퍼스타 네이마르를 기다렸다가 윙크를 하고는 유니폼을 교환했고, 포르투갈전에서 16강 진출을 확정한 뒤 선수단과 단체 슬라이딩 세리머니를 할 때는 맨 앞에서 환한 표정으로 혼자 옆구르기를 해서 웃음을 안겼다.

이와 관련해 그는 유튜브 '슛포러브'(2022.12.23.)에서 "앞으로 넘어지면 아플 것 같고 뒤로는 어떻게 넘어질지 몰라서 제일 덜 아프게 옆으로 굴렀다. 그런데 넘어지면서 옆으로 튕겨서 '망했다'고 생각했다. 너무 세게 부딪쳐서 타박상을 입었다"고 웃으며 돌아봤다. 황희찬이 포르투갈전에서 득점을 하고 펼친 상의 탈의 세리머니에 대해선 "나는 절대 못 할 것 같다. 내가 그걸 하면 더 이상 축구를 안 할 수 있다는 걸 약속할 수 있다"고도 했다. 형들과 평소 스스럼없이 편하게 지내고 어리광도 잘 부리기에 아무 말이나 할 수 있는 법이다.

축구만 잘하면 나이가 어려도 '형'이라고 해서 그는 20세 이하 대표팀 시절부터 '막내형'이라고 불렸다. 4년 뒤에는 대표팀의 허리 역할을 할 것이기에 더는 '막내형'으로 불리지 않을 것이다.

ESPN은 "다음 2026년 월드컵에서 25세가 되는 이강인이 한국 대표팀의 중심이 될 것"이라고 전망했다. 한국갤럽이 '카타르 월드컵에서 가장 인상적인 활약을 펼친 선수'를 물은 결과 손흥민(59퍼센트), 조규성(20퍼센트), 황희찬(19퍼센트)에 이어 이강인(18퍼센트)이 뽑힐 정도로 기대도 한 몸에 받고 있다. 모두가 지켜보는 그의 성장 드라마는 현재 진행형이다.

이란 국가 제창 거부,
정치 월드컵?

조별리그 B조 1차전 잉글랜드와 이란의 경기가 열린 도하의 칼리파 인터내셔널 스타디움에 취재를 갔다. 킥오프를 앞두고 이란 선수들은 어깨동무를 한 채 국가를 부르지 않고 전원 침묵했다.

월드컵 개막을 앞둔 2022년 9월 이란 여대생 마흐사 아미니가 히잡을 쓰지 않았다는 이유로 구금됐다가 의문사를 당한 뒤 반정부 시위가 이어졌는데, 이란 선수들이 '국가 제창 침묵'으로 지지 의사를 밝힌 것이다. 이란 선수들의 용기 있는 행동을 보며 소름이 돋았다.

이란 관중석 쪽을 바라보니 'Women Life Freedom(여성, 삶, 자유)'이라고 적힌 플래카드가 걸려 있었다. 히잡과 비슷한 스카프를 쓴 이란 여성은 울먹였고 이란 관중석에서는 "아자디(페르시아어로 자유)"라는 구호가 터져 나왔다. 그러자 이란 국영 TV는 선수들의 얼굴을 비추는 대신 경기장 전경으로 화면을 돌려버렸다.

이란 선수들은 웨일스와의 2차전에서는 입술을 작게 움직이며 소극적으로 국가를 제창했다. 미국 CNN에 따르면 이란 선수들은 이란 혁명수비대로부터 '반정부 시위에 동참할 경우 가족들이 고문을 받거나 감금될 것'이라는 협박을 받았다고 한다.

이란과의 3차전을 앞둔 미국 대표팀은 소셜 미디어에 순위표를 올리며 이란 국기의 이슬람 공화국 엠블럼을 삭제했다. 이란 내 반정부 시위를 지지하는 행동이었는데, 그러자 이란축구협회는 '국제법 위반'이라고 반발했다.

이란이 미국에 0-1로 패해 16강행이 좌절됐을 때는 오히려 이란에서는 반정부 시위대가 폭죽을 터트리고 자동차 경적을 울리며 환호했다. 이란 국민들의 정부를 향한 깊은 반감을 보여주는 장면이었다. 이란에서는 미국전 패배에 환호하던 한 남성이 보안군이 쏜 총에 맞아 사망하는 안타까운 일이 벌어지기도 했다.

FIFA는 정치적·종교적 이미지를 철저히 금지한다. 하지만 카타르 월드컵은 경기 외부에서 정치적·종교적 이슈가 쏟아진 이른바 '정치 월드컵'이었다.

일테면 월드컵 경기장을 건설하는 과정에서 열악한 환경 탓에 이주 노동자 6750여 명이 희생됐다. 성 소수자 인권 탄압 문제도 제기됐다. 유럽 7개국 대표팀 주장은 성 소수자들과 연대하는 취지에서 무지개색으로 채워진 하트에 숫자 '1'이 적힌 '원 러브' 완장을 찰 예정이었다. 하지만 FIFA가 해당 완장을 차면 옐로카드를 주겠다고 경고하면서 주장들은 결국 포기해야 했다. 그 대신 잉글랜드 주장 해리 케인은 '차별 반대' 완장을 차고 경기에 나섰다.

잉글랜드 선수들은 이란전을 앞두고 단체로 한쪽 무릎을 꿇는 퍼포먼스를 펼쳤다. 또 독일 선수들은 일본전을 앞두고 단체 사진을 찍을 때 모두 오른손으로 입을 가렸다. '우리의 입을 다물게 할 수 없다'는, FIFA를 향한 무언의 압박이었다.

대회 초반에는 팬과 기자도 무지개 복장을 하면 경기장 입장이 금지됐다. 그러나 반발이 이어지면서 무지개 모자와 깃발을 들고 들어갈 수 있게 됐다. FIFA가 돈을 쏟아부은 개최국 카타르의 눈치를 보며 한편으로는 정치적 중립을 강요하는 '이중 잣대' 같아 보였다.

한 잉글랜드 팬이 갑옷과 투구를 쓴 십자군 복장으로 잉글랜드와 미국의 경기가 예정된 경기장으로 들어가려다가 제지를 받았다. 아랍 지역에서 십자군 복장은 무슬림에게 불쾌할 수 있기 때문이라는 게 FIFA의 입장이었다.

세르비아 대표팀은 2022년 11월 24일 코소보 독립을 반대하는 깃발을 라커룸에 내걸어 논란을 빚었다. 세르비아의 영토였던 코소보는 내전을 겪으며 2008년 독립을 선언했지만 세르비아는 이를 인정하지 않고 자국 영토의 일부로 간주한다. 그러다보니 일각에서는 '스포츠에 정치를 끌어들이지 말자'는 지적도 나왔다.

조별리그 E조 일본과 코스타리카의 경기가 열린 알라이얀의 아흐마드 빈 알리 스타디움으로 향하는 길에 불쾌한 장면을 목격했다. 한 일본 팬이 욱일기를 펄럭이며 경기장으로 향하고 있었다. 욱일기는 제2차 세계대전 당시 일본이 한국을 포함한 다른 나라를 침공할 때 사용했던 제국주의 군기다. 일장기의 붉은 태양 주위에 아침 햇살이 퍼져 나가는 모양을 형상화했다. 우려대로 경기장에 욱일기가 등장했다. 경기 도중 일본 팬이 관중석 벽과 난간에 욱일기를 걸었지만 안전요원에 의해 철거됐다.

앞서 일본 축구 팬들은 독일과의 경기가 끝난 뒤 관중석을 깔끔히 치워 '완벽한 손님'이라는 찬사를 받았다. 하지만 일부 일본 팬들의 행동으로 국제적 망신을 당했다. '두 얼굴의 일본 팬'이었다. '관중석 청소를 잘하면 뭘 하나, 욱일기 같은 과거 청산을 못 하는데'라는 생각이 들었다.

**QATAR 2022
황인범**

붕대를 벗어 던졌다, '벤투의 양아들'

"그분 덕에 내가 앞으로 더 큰 꿈을 갖고…."

브라질과의 16강전에서 1-4로 패하고 나서 취재진과 만난 황인범은 담담히 답변을 이어가다가 벤투 얘기가 나오자 더는 말을 잇지 못하고 눈물을 쏟았다. 펑펑 울었다는 표현이 정확하다. 벤투가 있었기에 '자신이 지금 이 자리에 있을 수 있었다'고 생각했기 때문이다. 태극 마크를 달아주고 줄곧 기용한 이가 벤투였기에 감사함을 넘어 평생의 은인이라고 여기는 듯했다.

인연은 4년여 전으로 거슬러 올라간다. 2018년 9월 7일 벤투의 한국 사령탑 데뷔전인 코스타리카와의 친선 경기. 그는 벤투의 부름을 받아 생애 처음으로 A매치에 출전했다. '황인범은 아직 국가대표팀에서 뛸 실력이 아니다'라는 우려 섞인 시선이 있었지만 그를 눈여겨본 벤투는 즉각 발탁했고, 당시 22세이던 그는 후반 35분 교체 출전해 10여 분간 무난한 활약을 펼쳤다.

이후 그는 카타르 월드컵 브라질과의 16강전까지 4년여 동안 A매치 41경기를 뛰며 성장을 거듭해 대표팀의 주축 미드필더로 자리 잡았다. 2019년 일본과의 동아시안컵(EAFF E-1 풋볼 챔피언십) 3차전에서는 우승을 확정 짓는 결승골로 A매치 데뷔골을 터트리며 대회 MVP를 차지했다. 2021년 카타르 월드컵 최종 예선 시리아와의 3차전에서도 골맛을 보며 대표팀의 '10회 연속 월드컵 본선 진출'에 힘을 보탰다.

미드필더를 중요하게 생각하는 벤투가 그를 4년 내내 중용했으니 '벤투의 황태자'로 불리는 것도 과장은 아니다. 벤투는 당시 코스타리카전 직전에 끝난 2018년 자카르카-팔렘방 아시안게임에서 금메달을 따내고 돌아온 그를 과감히 발탁한 이래로 여론의 향방을 떠나 한결같이 기용했다. 일부 팬들은 '황인범은 벤투의 양아들 같다'는 말을 할 정도였다.

그는 브라질전을 마치고 눈물을 흘리기 직전에 "많은 분이 어떻게 받아들일지는 모르겠지만 감독님 덕분에 지금의 내가 있을 수 있었다"고 깊은 고마움을 드러냈다. 라커룸에서 그날 벤투로부터 한국 축구를 이끈 마지막 경기였다는 사실을 전해 들은 터라 감정이 복받쳐 올랐을 것이다. 그는 뒤이어 "'황인범이라는 선수를 왜 쓰냐' '저 선수를 뭘 보고 쓰냐' '무슨 인맥이 있기에, 무슨 관계라서 저 선수를 쓰냐' 등 (그동안) 외부에서 말들이 많았다"면서 "내가 감독이라면 흔들렸을 수도 있을 것 같다"고 말해 그동안의 마음고

생을 털어놓았다. 그리고 "그런데도 (벤투는) 나를 계속 믿어줬다. 그분 덕에 내가 앞으로 더 큰 꿈을 갖고…"라며 울면서 더는 말을 잇지 못하고 믹스트 존을 빠져나갔다.

벤투를 향한 진심이 담긴 말과 눈물이었다. 장수는 한 병사에게 결정적 기회를 줬고 그 기회를 얻은 병사는 장수를 위해 죽기 살기로 전투를 벌였다는 것. 진부한 스토리 같지만 축구뿐 아니라 우리의 삶에서 볼 수 있는 우리의 이야기이기도 하다. 특히 축구에서 '감독을 위해 뛴다'는 건 그 팀의 저력을 보여주는 단적인 예라고도 볼 수 있다. 그는 '이스타TV'(2022.12.13.)에서 더욱 구체적으로 언급했다.

"감독님이 비난을 받으면서까지 기회를 준 선수들이 있는데, 내가 첫 번째 선수일 수 있다. (월드컵에서 온 힘을 다해 뛴 건) 나라를 위해서이기도 하고, 개인의 커리어나 자부심, 영광을 위해서이기도 하지만 (나한테는) 감독님을 위한 부분도 컸다. 우리가 욕먹는 건 상관없어도 감독님이 우리 때문에 욕먹거나 비난받으면 안 되기에 정말 최선을 다했다. 그래서 울지 않으려고 했는데 감독님 얘기를 하다가 울컥해서 어린애처럼 울었다. 감사함의 눈물이었다. 내 축구 인생에서 빼놓고 말할 수 없는 분이 됐다."

결과적으로는 감독과 선수가 하나의 목표만 보고 달려가며 서로에게 '윈 윈' 하는 최상의 결과물을 빚어냈다. 그는 월드컵이 끝난 뒤 다시 소속 팀이 있는 그리스로 출국하면서 "문자메시지로 감사한 마음을 표현했는데 감독님께서 고마워할 사람은 오히려 본인이라고 하시더라. 감독님의 커리어에 좋은 일만 가득했으면 한다. 나 역시 좋은 모습을 보여드리도록 노력하겠다"고 말했다.

그리고 앞서 그가 '외부의 말들'이라고 지칭한 대목도 주목할 만하다. 바로 '악플러'들인데, 이들의 인신공격은 도리어 자극제가 됐다. 브라질전을 마치고 숙소에 돌아와 차분히 마음을 가다듬은 그는 자신의 SNS에 "여전히 선수들과 코칭스태프의 노력과 성과에도 부끄러움을 모르고 키보드와 함께하는 사람들이 있다. 진심으로 응원하고 함께 호흡해주신 분들이 훨씬 더 많음을 알기에 잘 충전해서 또 힘을 내보겠다"고 적었다. 그동안 보기 싫고 피하고 싶어도 접할 수밖에 없는 인터넷상의 비판을 꾹꾹 참아오다가 갈고닦은 플레이를 통해 일침을 가하며 일거에 잠재운 것이다.

언성 히어로

이영표가 2014년 브라질 월드컵에서 "월드컵은 경험하는 자리가 아니라 증명하는 자리"라고 말했듯 그는 월드컵 기간 벤투가 믿고 맡긴 이유를 증명했다. 세계 최강인 브라질과의 경기에서 한국 대표팀의 전력이 한 수 아래인 건 분명해 보였지만 그는 체력적 한계를 이겨내며 영리하면서도 악착같은 플레이를 펼쳤다. 투혼에 가까웠다.

16강전과 조별리그 3경기를 통틀어 총 24회 전진 패스를 기록하며 이 부문 전체 9위에 오르는 기염을 토했다. 프리미어리그를 주름잡는 포르투갈의 브루누 페르난드스가 10위, 벨기에의 케빈

더브라위너가 14위로 그의 아래였다. 그는 이번 월드컵에서 정우영과 함께 중앙 미드필더로 활약하며 대표팀 공격과 수비의 연결고리이자 윤활유 역할을 맡았다. 특히 과감한 패스로 공격에 활기를 불어넣었다. 세계적인 선수들을 상대로 개인 기량을 통해 탈압박에 성공한 뒤 전방으로 날카로운 패스를 뿌렸고, 이는 손흥민과 조규성에게 연결되면서 위협적인 장면을 다수 연출했다. 그가 이정도로 성장하고 활약상을 펼친 데 대해 국내 언론들은 호평 일색이었다.

"벤투호가 이번 대회에서 세계 강호들과 어깨를 나란히 싸울 수 있었던 이유 중 하나는 황인범이 공수 양면에서 팀의 허리를 든든히 지켜줬기 때문이다."(골닷컴 2022.12.20.)

이 같은 활약에 산전수전을 다 겪은 세계적인 수비수인 브라질의 치아구 시우바는 16강전을 앞두고 가진 기자회견에서 '경계할 한국 선수를 꼽아달라'는 질문에 "6번 선수가 패스도 빠르고 인상적"이라고 답했다. 6번은 황인범의 등번호다. 한국을 분석하는 상대 선수들의 눈에도 그의 플레이가 단연 돋보인 듯하다.

그는 월드컵 참가를 위해 카타르 도하에 도착할 때 이런 출사표를 던졌다.

"얼지 않고 즐기고 싶고, 후회를 남기고 싶지 않다."

그렇게 우루과이전에 선발 출전해 단 10분 만에 자신의 축구, 벤투의 축구에 확신을 갖고 즐기는 플레이를 펼친 그는 경기 뒤에는 "'세계적 선수들에게 쫄지 말자'고 마음먹었는데 당당한 플레이가 나와서 뿌듯하다"고 말했다. 브라질과의 16강전을 끝으로 대회를 마쳤을 때는 더욱 단단한 말을 내놓았다.

"4년 동안 우리는 정말 많이 노력했다. 내부적으로 잘 뭉쳐 서로를 믿었던 것이 (조별리그) 3경기를 통해 (16강 진출을 하면서) 어느 정도 보상을 받았다."

가나전에서 벼락같이 2골을 넣은 조규성과 16강을 결정지은 포르투갈전 결승골의 주인공 황희찬이 한국 축구의 스타로 떠올랐지만 황인범도 결코 빼놓을 수 없다. 흔히 말하는 언성 히어로$^{unsung\ hero}$, 즉 '숨은 영웅'이다. 조규성과 황희찬이 결과를 냈다면 황인범은 과정을 만들었다. 그만큼 예리하고도 번뜩이는 활약을 펼쳤다.

대표팀의 두뇌와 엔진

중계 화면에는 잡히지 않았지만 가나전 후반 추가시간 10분이 끝나자마자 그는 앞으로 대자로 엎드려 쓰러졌다. 이어 그라운드에 주저앉아 하염없이 울었다. 16강에 진출하려면 반드시 잡아야 했던 가나에 2-3으로 아쉽게 패하면서 여러 감정이 교차한 까닭이다. 우루과이전에서 얻은 자신감으로 누구보다 적극적으로 임했지만 두 차례 실점에 자신이 영향을 끼쳤다는 생각에 괴로웠던 것 같다.

첫 번째는 한국이 가나를 줄기차게 몰아붙이는 가운데 돌연 선제골을 내준 전반 24분의 상황이다. 그는 드리블로 빠져나가는 가나의 공격수 조르당 아유의 뒤에서 공을 뺏으려 발을 쭉 뻗었다가 상대를 넘어뜨리는 반칙을 범했다. 공교롭게도 한국은 이어진 가나의 프리킥 상황에서 실점했다. 한국이 경기를 잘 풀어가다가 그의 반칙 후 후속 장면에서 선제골을 허용한 것이다.

두 번째는 한국이 0-2로 끌려가다 2-2 동점을 만들어 기세를 높이던 후반 18분 공중 볼 경합 상황에서 일어났다. 그가 가나의 토마스 파티에게 머리 뒤쪽을 가격당해 고통을 호소하며 쓰러졌다. 출혈이 발생하면서 의무팀이 황급히 투입됐다. 그는 치료를 위해 한동안 경기장 라인 밖으로 나가야 했고 머리에 붕대를 감고 나서야 다시 플레이를 재개했다. 이후 얼마 지나지 않은 후반 23분 한국은 결승골을 허용하고 말았다.

그는 이런 상황에 직접적 책임이 없는데도 경기 후 그라운드에 주저앉아 눈물을 흘렸다. 나중에 '이스타TV'에서 그때를 찬찬히 돌아봤다.

"(첫 번째 실점 장면에선) 침착할 것을 그랬다. (반칙하지 않고) 따라가도 됐는데, 그게 실점으로 연결되리라고는 생각하지 못했다. (…) 2-2 상황에서 우리가 분위기를 타는 중에 내 머리가 찢어져 경기가 멈췄다. 우리가 계속 밀어붙일 수 있었는데, 내가 (머리가) 안 찢어지고 11명이 계속 경기했으면 이길 수 있는 분위기였는데 아쉽다."

사실 그의 입장에서 보면 두 장면 모두 승리를 쟁취하려고 '뜨거운 가슴'으로 플레이하는 중에 나왔다. 적극적인 몸싸움에 나중에는 붕대를 내던지고 뛰는 '붕대 투혼', 다리를 절뚝이면서도 몸을 던지는 모습은 지친 동료들을 한 발 더 뛰게 하는 동기부여가 되기에 충분했다.

선배이자 KBS 해설위원인 구자철이 믹스트 존을 찾아 위로를 건넸을 때 그는 "할 수 있을 것 같은데, 진짜로"라고 흐느끼며 안기는 모습을 보였다. 기자들과 만났을 때는 "여기서 월드컵, 그리고 축구 인생이 끝나지 않는다는 걸 알고 있다. 선배들이 러시아 월드컵에서 독일을 상대로 기적을 만들었던 것처럼 포르투갈과의 3차전도 잘 치를 수 있을 것이다"고 말하며 더는 기죽은 모습을 보이지 않았다.

그 외 그의 능숙한 탈압박과 예리한 패스 플레이는 박수를 받기에 충분했다. 앞서 언급한 대로 대표팀의 공수 연결 고리와 윤활유 역할을 하면서 두뇌와 엔진 역할까지 수행했기 때문이다. 활약은 지표에서도 드러났다. 우루과이전에서는 한국 내 최장인 11.9킬로미터를, 가나전에서는 양 팀 통틀어 최장인 11.75킬로미터를 뛰었다. 그리고 조별리그 2경기를 마쳤을 무렵 슈팅 3개와 득점 기회 창출 3회, 슈팅으로 이어진 빌드업 시도 9회, 공격에 기여한 횟수 15회를 기록해 프랑스의 에이스 킬리안 음바페(25회)에 이어 공동 2위(프랑스의 아드리앵 라비오와 테오 에르난데스, 브라질의 비니시우스 주니오르)에 올랐다. 단순히 많이 뛴 게 아니라 '냉철한 머리'로 효율적으로 뛰면서 공격의 핵심 역할을 했다는 뜻이다. 맺고 끊을 줄 아는 능력을 갖췄다는 의미이기도 하다. 이를 두고 한국 수비의 핵인 동갑내기 김민재는 "난 감정적인데 반해 인범이는 중간에서 조율하는 아빠 같다"고도 했다.

그의 이런 든든한 모습은 국내에는 낯선지 몰라도 소속 팀인 올림피아코스의 경기를 매번 지켜봤다면 사실 놀랄 일도 아니었다. 우루과이전이 끝난 뒤 믹스트 존에 그의 그리스 리그 경기를 매주 취재하는 '가제타 그리스'의 사푼차키스 로니스 기자가 찾아와 그를 향해 엄지를 치켜들기도 했다.

"황인범은 오늘 아주 훌륭한 경기를 했다. 하지만 사실 특별할 건 없다. 매주 (올림피아코스에서) 이런 경기력을 펼친다. 좋은 캐릭터를 가진 선수다. 올림피아코스는 이번 여름 좋은 선수들을 여럿 영입했는데 황인범은 그중에서도 단연코 돋보인다. 데뷔전부터 인상적 활약을 펼친 그는 현재 올림피아코스에서 가장 잘하는 선수 중 한 명이다."(뉴스1 2022.11.25.)

경기를 지켜본 스페인 '코페'의 페르난도 에반젤리오 기자도 그의 플레이를 칭찬했다.

"황인범은 한국에서 가장 좋았던 선수 중 하나였다. 완벽한 미드필더다. 턴은 물론 공을 지키고 몰고 가는 것, 패스와 슛까지 모두 좋은 미드필더다. 월드컵에서 가장 마음에 든 선수다."

그는 우루과이전에서 36회 상대 압박을 해 팀 내 최다를 기록했다. 84차례 볼을 받고 2회 슈팅을 한 건 양 팀 통틀어 최다 기록이라 단연 눈에 띌 수밖에 없었다.

박지성 SBS 해설위원 역시 경기 도중 "우루과이는 월드컵 본선 진출국 중 톱 3에 드는 미드필더진을 보유했다. 황인범과 이재성,

정우영이 배치된 한국 중원은 우루과이에 전혀 밀리지 않는 엄청난 경기력을 선보였다"고 칭찬했다. 2002년 한일 월드컵의 스타 이을용도 '리춘수'에서 경기를 지켜본 뒤 "황인범이 경기를 다 풀었다"고 호평을 내놓았다.

그는 월드컵에서 뛰는 동안 여러 차례 울었다. '더 잘할 수 있는데' '우리가 이길 수 있는데' 하는 마음처럼 아쉽고 분해서다. 목표를 설정하고 성취할 때까지 부단히 노력하며 그 과정에서 여과 없이 감정을 쏟아내는 모습은 월드 클래스 선수로 성장한 손흥민의 그것과 상당히 닮았다.

점점 유럽 축구의 중심부로

미국의 스포츠 전문 매체 ESPN은 포르투갈전을 앞두고 "한국의 월드컵 운명을 결정할 두 가지 요소는 조규성과 황인범이 될 수 있다"고 보도했다. 앞선 2경기를 통해 그의 진가를 알아본 것이다. ESPN은 그에 대해 "정우영과 함께 주로 후방에 머물지만 전진 상황에서는 첫 번째로 의지하는 선수"라며 "미드필드에는 황인범 같은 선수가 필요하다. 이미 충분히 좋은 활약을 보여줬고, 스타 선수들이 즐비한 포르투갈 미드필드진을 상대하는 것은 그에게 결정적 기회가 될 것"이라고 전망했다.

뚜껑이 열고 보니 이미 2승을 거둬 16강 진출을 확정한 포르투갈은 핵심 선수 일부를 제외했는데도 강했다. 전반에 한국은 앞선 경기들과 달리 끌려갔고 그는 물러서서 수비에 집중했다. 공수를 조율하고 상대 공격을 끊는 데 집중했다. 간혹 빈틈이 보이거나 위기가 생길 때는 순간적으로 속도를 올려 볼에 다가가는 식으로 적극적인 운반 작업을 했다. 그의 활약이 더해져 한국은 전반 선제골을 내주고도 곧바로 동점골을 뽑고, 후반 추가시간에는 결승골을 기록해 역전승을 거둘 수 있었다.

그는 양 팀 통틀어 최장인 12.62킬로미터를 뛰었다. 3경기 중에 가장 많은 거리를 뛰며 '주연 같은 조연'급의 활약을 했다. 그는 '이스타TV'에서 이렇게 말했다.

"버티면 기회가 오리라고 생각해서 정규 시간 90분이 됐어도 선수들끼리 조급한 마음이 없었다. 결승골 장면에서는 역습을 할 때 (힘들어) 몸이 나가지 않아서 (득점한 황희찬과) 거리가 좁혀지지 않더라. 그런데 희찬이가 득점하고 나니까 몸이 잘 나가더라. 속도가 붙는데 뛰어가면서 '미쳤다'는 생각이 들었다. 모두가 간절한 마음으로 하니 기적이 일어나는구나 싶더라."

그는 그렇게 꿈에 그리던 16강 무대를 밟았다. 조별리그 3경기에서 총 36.271킬로미터를 뛰었는데, 이런 놀라운 활동량은 조별리그에 출전한 전체 선수 중 8위에 해당했다. 서울 광화문에서 경기도 수원까지 뛴 셈이다. 많이만 뛴 게 아니라 빠르게도 뛰었는데, 시속 20~25킬로미터로 빠르게 뛰는 스프린트 부문에서는 총 463회를 시도해 전체 13위에 올랐다. 192개 패스를 성공시키고 202번 볼을 받기 위한 움직임을 보여 팀 내 최다를 기록했다. 특히 파이널 서드(축구장을 삼등분할 때 상대 골문 근처) 지역 패스 89회를 기록해 스페인의 페드리(100회), 아르헨티나의 로드리고 데폴(97회)에 이어 3위에 올랐다.

여러 지표에서도 세계 정상급 선수들과 어깨를 나란히 한 게 드러났다. FIFA는 "황인범은 10번, 8번, 6번의 능력을 두루 갖춘 선수로 볼을 소유하고 점유율을 갖고 가는 벤투호에 없어서는 안 될 핵심 자원"이라고 높이 평가했다. 공격형 미드필더와 중앙 미드필더, 수비형 미드필더 모두 소화 가능한 다재다능한 미드필더라는 설명이다. 진영을 가리지 않고 폭넓은 활동을 보이는 이른바 '박스 투 박스' 유형이다.

다방면에서 기대를 품고 브라질전에 나섰지만 한국은 한계가 있었다. 거대한 벽을 상대하는 듯했다. 앞선 3경기에 모두 풀타임 출전하며 잇따라 놀라움을 보여주던 그의 월드컵 도전도 그렇게 멈춰 섰다. 교체 아웃된 뒤 벤치에 그대로 쓰러졌을 때는 방전됐다는 표현이 정확히 어울렸다.

"축구하면서 가장 힘들었다. 하프타임에 잘 쉬었는데도 후반에 너무 힘들었다. 엄청 어지럽고 잘 보이지도 않았다. 벤치에 누우려고 한 게 아니라 힘들어서 그냥 뻗었다."(이스타TV)

그는 브라질에 크게 졌다고 해서 변명하지 않고 "반성하겠다"며 자신을 낮췄다. 하지만 소속 팀 올림피아코스는 그의 활약을 반겼다. 월드컵에서 보여준 왕성한 활동과 경기 조율, 전방 볼 배급 능력은 세계 최고 미드필더로 꼽히는 크로아티아의 루카 모드리치를 연상케 한다고 했다.

"황인범의 카타르 월드컵 여정이 계속되지 않지만 전반적인 활약은 인상적이었다. 이번 월드컵의 저명한 선수들 사이에서도 자리를 잡았다. 또 다른 루카 모드리치 같았다."(가브로스 2022.12.11.)

그는 지금까지 그랬듯 앞으로도 도전을 통해 경쟁력을 끌어올릴 것으로 기대된다. 작은 무대에 안주하지 않고 기량 발전을 위해 모험적으로 큰 무대를 찾아 나설 것 같다. 그는 2018년 자카르타-팔렘방 아시안게임에서 금메달을 획득한 뒤 K리그 대전 시티즌서 뛰다가 이듬해 캐나다의 밴쿠버 화이트캡스로 이적해 활동 무대를 넓혔다. 다음 해에는 러시아의 루빈 카잔으로 이적해 2시즌 동안 뛰었다. 도중에 러시아의 우크라이나 침공이 발발하면서 월드컵이 열리는 해에는 FC 서울에 단기 임대로 합류했고, 월드컵 직전에는 그리스의 올림피아코스로 적을 옮겼다.

어려운 상황 속에서 끊임없이 도전을 택하는 가운데 축구 스타일과 소속 팀 측면에서도 점차 유럽 축구의 중심부로 향하는 기조와 일관성을 보였다. 그 과정에서 스펀지처럼 배울 점을 흡수하는 게 그의 최대 강점이다.

"그리스 리그에서는 우리 팀(올림피아코스)보다 약한 팀이 많다. 그래도 AEK 아테네나 파나시나이코스 같은 강한 팀들과 경기할 수 있다. 내려서는 팀들, 그리고 우리를 밀어붙이는 팀들과 경기하면서 여러 경험을 하고 있다. 팀에 배울 만한 선수들도 많다. (레알 마드리드에서 뛰었던) 하메스 로드리게스의 컨트롤이나 패스 길 파악 등을 보면서 '확실히 진짜 다르구나'라고 느끼고 있다. 이런 것들을 빼내 오려고 많이 노력하고 있다. 그러다보니 좋은 장면들도 만들어내는 것 같다."(스포츠조선 2022.11.15.)

그는 축구 기량만큼이나 언변도 똑 부러진다. 자신이 어떤 생각을 갖고 있으며 언제 무엇을 해야 할지를 명확히 안다는 뜻이다. 이제는 꿈에 그리는 빅리그 무대가 아른거린다. 뉴캐슬 유나이티드와 웨스트햄 같은 프리미어리그 팀들을 이끌었고 현재는 그리스리그에 몸담고 있는 앨런 파듀 감독은 "황인범은 좋은 프리미어리거가 될 수 있다"며 잠재력을 높이 평가하고 있다.

그는 포르투갈전 직후 16강 진출을 기념해 황희찬과 함께 선수단 단체 슬라이딩 세리머니를 기획했다. 그때를 "축구하면서 가장 행복했던 순간"이라고 돌아봤다. 현재의 기량과 가능성을 보면 더욱 행복한 때가 올 것 같다. 유럽의 주요 리그에서 활약할 여지가 많고, 경험까지 축적할 다음 월드컵 때는 대표팀에서 더욱 핵심적인 역할을 맡을 것으로 보인다.

유럽파만 19명, 독일과 스페인 꺾은 일본 축구의 비결

일본 축구는 카타르 월드컵에서 '죽음의 조'라 불리던 E조를 1위로 통과해 세상을 놀라게 했다. '전차 군단' 독일을 멈춰 세운 데 이어 '무적 함대' 스페인까지 격침했다. 2승 1패(승점 6)를 기록해 아시아 최초로 '2회 연속 월드컵 16강 진출'에 성공했다.

일본은 기존의 '스시타카'를 버렸다. 일본의 대표 음식 '스시'와 짧은 패스 축구 '티키타카'를 합한 표현인데, 이번 대회에서는 그 대신 철저히 실리 축구를 펼쳤다. 전반에 스리백을 쓰며 수비에 치중한 뒤 후반에 발 빠른 선수를 투입해 역습을 노리는 변칙이다. 일본이 과거 전쟁 때 썼던 '기습 전략'과 흡사했다.

일본은 조별리그 1차전에서 독일에 2-1 역전승을 거뒀다. 먼저 독일이 전반 30분 선제골을 터트렸고, 수비수 안토니오 뤼디거가 타조처럼 방방 뛰는 수비 동작으로 일본을 조롱했다. 잔뜩 웅크렸던 일본은 기다렸다는 듯 후반에 교체 투입된 도안 리쓰와 아사노 다쿠마가 후반 30분과 38분에 연속 골을 터트려 승부를 뒤집었다.

스페인과의 3차전에서도 이 전술이 먹혔다. 전반 11분 먼저 실점한 일본은 후반 3분 도안이 동점골을 뽑아내고 3분 뒤 다나카 아오가 역전골을 넣었다. 미토마 가오루의 크로스가 골라인을 벗어난 것처럼 보였지만 비디오 판독을 거쳐 득점이 인정됐다. 일본은 볼 점유율 17.7퍼센트에 그치고도 '점유율 축구'를 고집스레 밀어붙인 스페인을 결국 이겼다. 독일을 잡았을 때도 볼 점유율이 26.2퍼센트에 불과했다.

일본은 지난 30여 년간 독일 축구를 모방해온 끝에 원조를 눌렀다. 일본은 1993년 프로축구 J리그를 출범하며 독일 시스템을 따랐다. 일본은 프로 1부~3부 리그, 아마추어 4부~11부 리그 등 총 11단계 리그를 운영 중인데 이는 1부~14부 체계를 갖춘 독일 방식을 본뜬 것이다. 1996년 J리그가 발표한 'J리그 100년 구상'도 그 뼈대는 독일 축구라 할 수 있다.

일본의 최종 명단 26명 가운데 분데스리가에서 뛰는 선수만 8명에 달했다. 독일을 무너뜨린 것도 '독일파'인 프라이부르크 소속의 도안과 보훔 소속의 아사노였다. 일본은 독일 축구 특유의 '게겐프레싱(전방 압박)'을 벤치마킹해 상대를 무너뜨렸다.

일본은 유럽파만 19명으로 그 수가 한국(8명)의 두 배가 넘었다. 일본 대표팀 내에서 유럽 강호를 상대하는 동안 두려워한 선수는 단 한 명도 없었는데, AS 모나코에서 뛰는 미나미노 다쿠미는 "이제 그런 시대가 아니다"고 말했다. 일본이 조별리그에서 터트린 4골 모두 유럽파가 만들어냈다.

2002년 한일 월드컵에서 일본을 지휘했던 필립 트루시에(프랑스) 감독은 당시 "일본 축구가 유럽 1부와 2부 리그에 최소 30명 정도 뛰는 환경이 되면 월드컵 8강도 가능할 것"이라고 했다. 현재 일본의 유럽파 선수는 서른 명을 훌쩍 뛰어넘는다. J리그에서 뛰던 일본 선수들은 독일, 네덜란드, 벨기에, 프랑스의 중하위권 팀으로라도 과감히 이적한다. 꿈과 인생 경험을 위해 이웃 나라에 단기 유학을 가듯 도전한다. 일본 J리그 팀들도 선수의 이적을 가로막지 않고 보내준다. 일본축구협회는 독일 뒤셀도르프에 해외 베이스캠프를 만들어 유럽파를 지원하는 시스템을 갖췄다.

한국의 중앙 수비수 김민재가 월드컵을 마치고 소속 팀으로 돌아갈 때 작심하고 "유럽파가 많은 일본이 부럽다"고 발언한 데는 이유가 있다. 박지성 전북 현대 테크니컬 디렉터 역시 "일본이 좋은 결과를 낸 바탕에는 유럽에서 많은 선수가 활약하고 있다는 점이 있다. 일본과 유럽파 수를 비교하면 격차가 상당히 많이 난다. 우리에게는 유럽에서 최고 활약을 보여주는 손흥민과 김민재가 있지만 결국 전체적으로 모든 선수가 그 정도 수준까지 올라가야 월드컵에서 높은 위치를 바라볼 수 있을 것"이라고 같은 의견을 냈다.

카타르 월드컵이 끝나고 겨울 이적 시장에서 유럽 1부 리그로 간 J리그 일본 선수는 8명에 달한다. 이와타 도모키가 셀틱으로,

스즈키 유이토가 스트라스부르로 향했다. 반면 한국은 카타르 월드컵 예비 선수였던 오현규가 셀틱으로, 월드컵 직전 부상으로 낙마했던 중앙 수비 박지수가 포르투갈의 포르티모넨스로 향한 게 전부다.

일본은 웨스트햄 유소년 아카데미를 이끌던 테리 웨스틀리를 2016년 J리그 기술고문으로 모셔 왔다. 일본은 2005년 '일본의 길(Japan's Way)' 프로젝트'를 시작했는데 그 목표는 '2050년까지 축구 관련 인구를 1000만 명까지 늘리고 월드컵에서 우승하는 것'이다.

물론 일본도 크로아티아와의 16강전에서 승부차기 끝에 패했다. 모리야스 하지메 감독이 승부차기 순서를 선수들 자원에 맡겼는데 아무도 1번으로 차려고 하지 않아 미나미노가 나섰다가 실축해 논란이 되기도 했다. 대회 후 도안이 역습 축구 전술에 불만을 표출하는 일도 있었다.

QATAR 2022
이재성

월드컵 위해 수술도 미뤘다, 헌신의 아이콘

2018년 러시아 월드컵에서 26세 나이로 그라운드를 누빈 이재성은 카타르 월드컵에서는 30세, 어느덧 고참이 되어 대회를 맞았다. 4년이라는 세월만큼이나 값진 경험도 쌓았다. 4년 전에는 우물 안 개구리가 큰 무대에서 뛰는 걸 두려워하고 걱정했다면 이번에는 독일 분데스리가에서 뛰는 베테랑으로 변해 있었고 자신감도 넘쳤다. 그는 우루과이전에 앞서 "러시아 월드컵 당시 많은 것을 느꼈고 하루빨리 유럽 진출을 해야겠다고 생각했다. 이후 독일에서 뛰며 매주 쟁쟁한 선수들과 경기하고 훈련한다"면서 "월드컵에서 만날 우루과이도 분명 강한 팀이지만 내겐 (분데스리가에서) 매주 경험하는 일이다. 이 경험이 월드컵 준비에 긍정적 역할을 할 것 같다"고 힘줘 말했다.

공격수가 아니라 최전방 수비수

국내 K리그 전북 현대에서 뛰던 그는 러시아 월드컵이 끝나고 그해 7월 분데스리가 2부 홀슈타인 킬로 이적했다. 당시 중동 팀의 거액의 오퍼를 거절할 때 안정적인 삶보다 도전하는 삶이 더 가치 있다고 생각했다. 2021년부터는 1부인 마인츠로 한 단계 올라섰다. 월드컵 직전까지 특유의 성실함과 창의성에 힘입어 분데스리가 정규 리그 15경기에 모두 중용됐다.

매사에 신중하고 책임감이 투철한 성격인 그는 내리사랑을 실천하겠다는 다짐도 했다. 4년 전 러시아 월드컵 때 선배들에게서 유무형의 경험을 이어받았던 것처럼 형으로서 동생들을 올바른 방향으로 이끌겠다는 일종의 사명감이었다. 그는 "이제 동생들을 이끌고 가야 하는 입장이다. 월드컵이 끝나고 후회하지 않도록 책임감을 심어주고 있다"며 "후배들이 즐길 수 있는 분위기를 만들려고 한다. 그러면서 책임감도 심어주고 있다. 지난 월드컵보다는 확실히 분위기가 잘 형성돼 있다. 동료들과 잘 이야기해서 어떻게 상대를 압박하고 어떻게 공격을 풀어가야 할지 많은 소통을 하겠다"고 말했다.

대표팀에서 '내 위치'도 정확히 알고 있었다. '내 축구'만 하면 되는 나이가 아니기에 짊어지는 책임감이었다. 소속 팀에서 경기를 치르는 동안 발목 부상도 입은 터라 부담은 배가 됐지만 그렇다고 아프다고 티를 낼 수도 없는 위치였다.

그는 그렇게 우루과이전에 자신의 등번호인 10번처럼, 즉 공격형 미드필더로 선발 출전해 종횡무진 그라운드를 누볐다. 톡톡 튀거나 드러나지는 않았다. 공격할 때는 패스 흐름이 끊이지 않게 동료에게 정확히 공을 배달하고 이따금씩 황인범처럼 날카로운 패스를 찔러 넣을 뿐이었다.

사실 그의 진가가 발휘된 건 공격이 아니라 수비를 할 때였다. 공격수 황의조보다도 전방 깊숙이 위치해 우루과이를 강하게 압박했다. 우루과이 수비수나 골키퍼가 공을 잡고 공격을 전개하려고 하면 득달같이 달라붙어 쉽사리 패스를 하지 못하게 하거나 패스 미스를 유도했다. 우루과이 수비와 미드필더에게 생각할 틈을 주지 않고 달려드니 자연히 그들의 공격은 허둥지둥했다. 한국은 공을 빼앗거나 돌리면서 경기 초반 완벽히 그라운드를 장악할 수 있었다.

멋진 패스나 슈팅이 아니라 힘든 압박과 스프린트를 수없이 반복한 그는 공격수가 아니라 사실상 최전방 수비수 역할에 가까웠다. 대표팀이 빛날 수 있게 드러나지 나지 않는 곳에서 기꺼이 궂은일을 마다하지 않는 것. 이재성의 '내 축구', 즉 이타적인 플레이였다. 대표팀과 소속 팀인 맨체스터 유나이티드에서 '헌신의 아이콘'으로 불린 박지성을 연상케 한다는 얘기도 많이 들렸다.

보통 대표팀 10번이라고 하면 크로아티아의 루카 모드리치나 포르투갈의 베르나르두 실바 같은 에이스나 플레이 메이커가 맡아 화려한 플레이를 펼친다. 이재성은 이와 조금 거리가 있는 플레이를 펼쳤지만 벤투에게는 그가 누구보다 화려한 10번이었을 것이다. 그만큼 보이지 않는 기여도가 높았다는 건데, 벤투가 그를 카타르 월드컵 아시아 지역 최종 예선 10경기에 모두 출전시킨 데는 다 그만한 이유가 있다.

그는 후반 29분까지 맡은 바 임무를 완수하고 손준호와 교체되어 나왔다. 그는 경기가 끝나고 믹스트 존에서 이기지 못한 게 아쉽다고 토로하면서 "상대 선수들을 분석해가며 패스가 쉽게 나가지 못하게 신경을 많이 썼다. 그런 부분에서 우루과이가 조금 어려움을 겪고, 우리가 경기를 주도할 수 있었던 이유 중 하나"라고 자신의 임무를 찬찬히 돌아봤다. 한국이 능동적으로 주도한 경기 내용에 대해선 "지난 4년 시간이 우리가 오늘 이런 경기력을 보일 수 있었던 밑바탕"이라면서 "4년간 많은 일이 있었고 비판도 받았지만 우리가 꾸준히 준비해온 것이 오늘 세계적인 무대에서 좋은 경기를 할 수 있었던 이유"라고 확신에 차 말했다.

꼭 잡아야 하는 상대로 여긴 다음 가나전에서 그는 벤투의 전략적 판단에 따라 벤치에 앉았다. 득점해야 승리할 수 있기에 같은 분데스리가에서 뛰는 '작은 우영' 정우영이 공격 임무를 부여받고 투입됐다. 벤투가 발목 부상이 심각한 그를 아끼려는 배려의 포석도 깔려 있었다. 그는 아쉽지만 팀을 위한 선택이기에 감독의 판단을 존중했다. 두 차례 월드컵을 통틀어 처음 벤치에 앉았지만 뜻하지 않게 '배움'과 '깨달음'도 얻었다.

"그때 처음으로 월드컵에서 교체 명단에 오른 선수들의 마음을 이해하게 됐다. 4년 전 월드컵에서도 나는 늘 그라운드를 밟았다.

출전하지 못한 경기는 이번 가나전이 처음이다. 월드컵이라는 너무나 자랑스럽고 영광스러운 곳에 와서 모두가 뛰고 싶은 마음이 클 텐데, 내색하지 않고 팀을 위해 응원하고 소리치는 동료들을 이해할 수 있었다. 그들의 희생에 더 고마워해야 한다는 마음이 들었다."(네이버 '이재성의 축구 이야기' 2022.12.12.)

다양한 시선과 감정을 갖고 경기를 지켜본 가나전의 결과는 2-3이라는 석패였다. 그가 있고 없고를 따지면 차이는 컸다. 그렇지만 중요한 건 꺾이지 않는 마음이었다. 마지막 상대인 포르투갈을 꺾으면 16강에 진출할 수 있다는 희망이 있기에 그는 4년 전 러시아의 '카잔의 기적'처럼 '알라이얀의 기적'을 위해 담담히 경기를 준비했다.

지난 4년 동안 이어온 도전과 거기서 얻은 경험, 이번 대회에서의 책임감과 배움, 깨달음을 간직한 채 그는 포르투갈전에 다시 선발 출전했다. 우루과이전과 달리 오른쪽 측면 공격수로 배치됐지만 역할은 같았다. 포르투갈이 잘하는 것을 하지 못하게 끊임없이 괴롭히는 것이었다.

그렇게 1-1이던 후반 20분 제 역할을 다하고 황희찬과 교체되어 나왔다. 같은 시각 포르투갈 진영에서 크리스티아누 호날두도 교체되어 나오는데 표정에 불만이 고스란히 드러나 보였다. 하지만 이재성은 기대에 차 있었다.

"희찬이가 나와 교체되어 들어갔다. 희찬이가 그동안 얼마나 뛰고 싶어 했는지 알기에 괜히 감격스러웠다. 우리 모두 희찬이가 뛰고 싶어 우는 모습을 봤다. 월드컵이 희찬이에게 얼마나 절실했는지 잘 알고 있었다. 누구보다 가장 속상했을 거다. 누구보다 뛰고 싶어 했다. 자기 몸이 어떻게 되든 상관없고, 꼭 달리고 싶다고 했다. 형으로서 마음이 참 아팠다. 그런 희찬이가 역전 골을 넣었다! 경기가 89분, 90분으로 흐르며 '제발 이게 끝이 아니기를…' 하고 빌고 또 빌었다. 찬스가 별로 없어서 마음이 조급했다. 근데 희찬이가, 마음고생을 그렇게 심하게 했던 희찬이가 중요한 골을 넣었다. 다 같이 뛰어가서 셀러브레이션(세리머니)을 하는데 너무, 너무 좋았다. 도움을 줄 수 없어 안타까웠는데 희찬이의 그 고생을 이 한 골로 모두 씻어낼 수 있었다."(네이버 '이재성의 축구 이야기')

교체되어 들어간 황희찬의 극적인 결승골 덕분에 2-1로 승리하고 16강 진출을 확정했을 때 그는 눈물을 터트렸다. 경기 후 "끝까지 포기하지 않은 덕에 얻은 결과"라면서 "이 눈물은 우리가 4년간 준비한 시간이 생각나서다. 그 결과물이 오늘 경기를 통해 나와서 감사한 마음이 들었다. 남은 시간까지 즐기며 하면 좋겠다"고 말했다.

그는 브라질전에도 선발 출전해 온몸으로 브라질을 막아냈다. 후반 29분, 자신과 경쟁하는 위치에 올라온 이강인과 교체되어 나오면서 두 번째 월드컵을 마쳤다. 이번 월드컵에서의 마지막 경기라는 생각에 교체되어 나오며 "눈으로 최대한 많은 장면을 담고자" 경기장 곳곳을 둘러봤다.

자신보다 팀을 빛나게 했던 그에게 카타르 월드컵은 여러모로

4년 전과 달리 해피 엔딩이었다. 국내 여러 언론마다 16강 진출의 '숨은 영웅들'을 꼽을 때 그의 이름을 빠뜨리지 않았다.

그는 사실 카타르에 도착하기 두 달 전부터 발목이 좋지 않았다. 개인 전담 물리치료사를 독일로 불러 집중 관리를 받았다. 수술이 필요할 정도로 발목 상태가 좋지 않았는데도 월드컵을 위해 참고 뛰었다. 월드컵 3경기에서 224분이나 뛰었다. 월드컵이 끝나고 수술 대신 관리와 치료를 받으며 소속 팀 경기를 치르기로 결정했다.

많은 것을 짊어지고 맞은 카타르 월드컵에서 그는 오히려 많은 것을 내려놓은 듯했다. 여러 값진 경험을 해서다. 특히나 몇 뼘 성장한 동생들에게서 좀 더 나은 미래를 봤다고 했다.

축구는 이렇듯 11명이 함께 하는 스포츠라 다양성이 필연적이며 그 안에서 적절한 균형을 갖춰야 좋은 성적을 낼 수 있다. 특히나 월드컵이라는 가장 큰 무대라면 더더욱 그렇다. 제아무리 득점력이 좋은 선수가 있어도 적재적소에 패스를 해주는 동료가 있어야 마무리가 가능하다. 누군가 공격에 나설 때 뒤쪽에서 빈자리를 채우는 선수가 있어야 마음 놓고 공격에 집중할 수 있다. 반대로 수비만 하다가는 득점을 할 수 없기에 상대의 빈틈을 파고들어 골망을 흔들 수 있는 공격수가 필요하다. 공중 볼에서 우위를 보이는 키가 큰 선수가 있다면 작지만 빠른 선수도 있어야 상대를 공략하기 쉽고 상대는 우리 팀을 예측하기 어려워진다. 젊은 패기만 갖고는 통하지 않기에 노련한 고참도 필요하다. 선수들의 성격까지 더해져 헌신적인 선수뿐 아니라 때로는 이기적인 선수까지 있어야 작용과 반작용의 원리처럼 원활히 돌아가는 게 축구라 할 수 있다. 감독은 이렇게 복잡한 조합을 계산해 선수단을 꾸리고 상대에 맞춰 선발 라인업을 내놓는다.

메시 "내가 평생 원했던 트로피가 여기 있다"

카타르 월드컵은 결과적으로 메시의, 메시를 위한, 메시에 의한 대회였다. 1985년생 35세 리오넬 메시가 이끈 아르헨티나가 대회 결승전에서 프랑스를 꺾고 36년 만에 우승했을 때 전 세계 언론은 예외 없이 결승전 직후 열린 시상식을 그의 '황제 대관식'이라고 표현했다. 그가 진정으로 '축구 황제'에 올랐다는 뜻이다.

타밈 빈 하마드 알타니 카타르 국왕이 시상식에서 카타르 국경일에 자신만 착용 가능한 검은색 망토 '비시트'를 그에게 입혀준 장면은 상징적이었다. '카타르 월드컵의 왕'이 된 그는 특별한 망토를 입고 꿈에 그리던 월드컵 우승 트로피에 입맞춤한 뒤 번쩍 들어 올렸다. 7골 3도움을 올리며 대회 최우수 선수에 해당하는 골든 볼도 차지했다. 월드컵 트로피를 끝으로 소속 프로팀과 대표팀에서 모든 트로피를 들어 올렸다. 한마디로 역대 최고 선수(GOAT)가

된 것이다.

같은 시각 아르헨티나 수도 부에노스아이레스의 오벨리스크 주변 대로에는 수백만 명이 쏟아져 나와 대표팀이 가장 좋아한다는 라모스카 그룹의 '무차초스Muchachos'라는 응원가를 부르며 "메시"를 연호했다. 그가 19세 때인 2006년 독일 월드컵부터 2018년 러시아 월드컵까지 네 차례나 번번이 실패할 때마다 실망했던 아르헨티나 팬들은 이제 그를 전설로 인정한 것처럼 보였다. 36년 전인 1986년 멕시코 월드컵에서 자국에 우승을 안긴 '원조 축구 영웅' 디에고 마라도나와 메시의 얼굴을 큼지막하게 그린 플래카드를 치켜든 팬들도 많았다.

마라도나와 메시를 동일시하는 분위기였다. 단순히 메시가 월드컵 우승을 안겼다고 해서 마라도나와 같은 레벨로 두는 것이 아니라 그가 마라도나와 같은 면모를 보여 국민들의 감정을 터치했기에 나온 현상이라는 의견이 많다.

삶에 대한 열정이 큰 것으로 유명한 아르헨티나인들은 마라도나가 생전 현역 시절 선보인 직설적인 플레이 스타일만큼이나 눈치 보지 않고 할 말을 하는 직설적인 화법을 사랑했다. 한데 어릴 적부터 스페인에서 자란 메시는 매사 조용하고 나서지 않으며 극도로 차분해 '마라도나와는 다르다'고 깎아내리는 평가를 받았다. 그런 메시가 카타르 월드컵을 앞두고 '위대한 꿈을 이룰 마지막 기회'라며 전의를 불태우고 네덜란드와의 8강전에서는 자신도 옐로카드를 받으며 극적인 승리를 이끌어내자 아르헨티나인들은 그에 대한 의심을 접고 '진짜 아르헨티나인'이 됐다며 환호하는 모습을 보였다.

그는 8강전 후반에 득점했을 때 루이 판할 네덜란드 감독을 향해 두 귀 옆에 손바닥을 활짝 펴는 동작을 해 불편한 감정을 여과 없이 드러냈다. 경기 전날 기자회견에서 판할 감독이 "메시는 많이 뛰지 않는다"고 혹평을 가한 점을 두고 마치 '더 떠들어보라'는 듯한 제스처로 자신의 감정을 표출한 것이었다. 그는 승부차기 끝에 4강 진출을 확정 지은 뒤 판할에게 달려가 "당신은 말이 너무 많다"며 직격탄을 날리기도 했다. 이게 끝이 아니었다. 경기를 마치고 방송사 인터뷰를 하는 도중 근처에서 자신을 보는 네덜란드 선수를 발견하고 "뭘 봐, 저리 꺼져"라는 욕설을 내뱉기도 했다. 이런 모습이 생방송으로 전파를 탔을 때 아르헨티나는 '메시가 열정적인 아르헨티나인이 됐다'며 열광했다.

여기에 35세라는 나이가 무색할 정도의 경기력을 보이자 아르헨티나는 흥분할 수밖에 없었다. 특히 조별리그 C조 1차전에서 사우디아라비아에 1-2로 패해 덜미를 잡힌 뒤 다음 경기인 멕시코와의 2차전에서 '메시아'가 됐다. 메시는 0-0으로 맞선 후반 19분 왼발 중거리 슛을 성공시켰는데 이 골의 기대 득점(xG·expected goals)은 0.02에 불과했다. 슈팅 위치와 골문까지의 거리, 슈팅 각도, 패스 유형 등 데이터를 분석해 뽑은 수치로 0.02는 100번 찰때 2번 들어갈 정도의 어려운 골이라는 뜻이다.

조별리그를 통과하고 치른 토너먼트에서는 단연 최고였다. 16강

호주전에서 선제골, 8강 네덜란드전에서 1골 1도움, 4강 크로아티아전에서 1골 1도움, 결승 프랑스전에서 2골 등 월드컵 사상 처음으로 '토너먼트 전 경기 득점'을 기록했다. 프랑스와의 결승전에서는 자신이 잘 쓰지 않는 오른발로 슈팅해 득점하는 등 갖가지 퍼포먼스를 선보였다.

남미 선수 최초로 월드컵과 유럽 챔피언스리그 결승전에서 모두 득점하는 진기록도 세웠다. 최다 공격 포인트(13골 8도움), 최다 경기 출장(26경기), 최장 시간 출장(2314분) 기록을 모두 경신하며 '월드컵의 사나이'로 공인받았다. 그는 "신이 내게 그것을 주시리라는 걸 알고 있었다. 이 컵을 보라. 아름답다"며 "내가 평생 원했던 트로피가 여기 있다. 우리는 많은 고통을 겪었지만 해냈다"고 뜨거운 감격을 토했다.

메시는 언급했듯이 이제 '아르헨티나의 사나이'로 우뚝 섰는지도 모른다. 마라도나가 1986년 멕시코 월드컵에서 우승할 때 동료의 목마를 타고 트로피를 드는 장면은 유명한데, 이와 메시가 마라도나의 전 사위인 세르히오 아궤로의 목마를 타고 트로피를 드는 장면은 묘하게 오버랩된다. 메시는 마라도나가 36년 전 아르헨티나의 월드컵 우승을 이끈 이듬해인 1987년에 태어났다. 우리로 치면 '월드컵 우승둥이'와 비슷한데 그 자신도 우승을 이끌면서 다음 세대의 '우승둥이'가 태어나는 모습까지 지켜볼 것이라 한다.

아르헨티나 현지 언론들은 "메시의 고향인 로사리오 지역에서 출산율이 일곱 배 늘어날 전망"이라며 "월드컵 우승을 확정한

12월에 태어난 아기들의 상당수는 메시의 이름인 리오넬 혹은 리오넬라라는 이름을 가졌다"고 보도했다. "마라도나가 천국에서 우리를 지켜보고 있다. 그가 우리를 이끌어주는 힘이 끝까지 한결같기를 소망한다"는 말을 실현시킨 그는 이제 아르헨티나 축구의 새 시대를 대표할 것이다.

**QATAR 2022
백승호**

시속 89킬로미터 강슛, 브라질 뚫은 '바르샤 유학생'

　브라질과의 16강전 후반 20분. 대회 내내 그라운드 라인 밖에서 몸을 풀던 백승호는 마지막 경기가 돼서야 벤투로부터 호출을 받았다. 한국이 0-4로 뒤지고 있는 데다 뾰족한 해법도 없는 상황이었다. 대회 기간 벤투에게서 틈틈이 "훈련 태도가 좋고 전술 이해도도 높다"는 칭찬을 들은 그는 경기에 투입되기 전 감독으로부터 "다들 급하게 하니까 들어가서는 최대한 차분히 할 수 있는 걸 보여줘라. 최대한 차분히 네가 할 수 있는 것을 보여줘라"는 주문을 받았다.

　이윽고 맹활약한 황인범이 힘을 다 써 '방전'되어 나오고 그동안 경기를 지켜보기만 하던 백승호가 그라운드로 힘차게 뛰어 들어갔다. 처음 5분은 큰 무대에 나서고 오랜만에 경기하기 때문인지 브라질의 경기 템포를 따라가는 데 애를 먹는 듯 보였다. 패스 미스도 몇 차례 했다. 그러다 차츰 시간이 흐름에 따라 호흡이 트이면서 빠르게 경기에 녹아드는 모습이 보였다.

투입된 지 11분쯤 드디어 대회 내내, 아니 평생 꿈꾸고 상상했던 순간이 찾아왔다. 후반 31분, 한국의 프리킥 기회. 페널티 아크 주변에서 호시탐탐 기회를 노린 그는 이강인의 프리킥을 브라질의 수비가 걷어내자 먹이를 포착한 맹수처럼 본능적으로 낙하지점에 정확히 자리 잡고는 힘차게 왼발로 논스톱 하프 발리슛을 쐈다. 먼 거리에서 힘차게 때린 공은 브라질의 수비수를 스치고 미사일처럼 날아가 그대로 골망을 흔들었다. 시속 89킬로미터의 강슛에 브라질의 세계적 골키퍼 알리송 베케르가 몸을 날려봤지만 속수무책이었다.

대패의 기운을 걷어내는 환상적인 골이었다. 예상치 못한 강렬한 득점 장면에 경기장 내 한국 팬들은 순간 믿기지 않는다는 듯한 표정을 짓다가 한 박자 늦게 모두가 얼싸안고 환호성을 질렀다.

그는 제자리에서 포효하며 아주 짧은 시간 '꿈의 무대'에서 쏘아 올린 득점을 즐겼다. 뒤이어 동료의 축하에 무덤덤한 표정으로 하이파이브를 하며 다시 경기 재개를 위해 센터서클로 뛰어갔다. 월드컵 데뷔전에서 데뷔골을 넣어 감정이 끓어오를 법하지만 억누르고 경기에 집중하려는 모습이었다. 그는 경기 후 방송 인터뷰에서 "승리에 기여했으면 더 좋았을 것 같다"며 "(경기에) 들어갈 기회가 된다면 최선을 다하려고 했다"며 득점 상황을 되돌아봤다. 스브스뉴스 인터뷰(2022.12.23.)에서는 "세리머니를 해야겠다는 생각이 전혀 들지 않았다. 세리머니를 하는 스타일도 아니어서 '빨리 다시 시작해야겠구나' '0-4라 좀 더 빨리 들어갔으면 좋았을 텐데' 이런 생각이 들었다"고 되돌아봤다.

축구 통계 업체 '풋몹'에 따르면 이 골의 기대 득점은 0.04에 불과했다고 분석했다. 해당 위치에서 100번 찼을 때 4골이 들어갈 정도로 득점 가능성이 희박했지만 그가 이 어려운 걸 해냈다는 뜻이다. 프리미어리그 득점왕 출신인 크리스 서튼 영국 BBC 해설위원은 "엄청난 골이었다. 25야드(23미터) 밖에서 때린 슛이었는데, (브라질 골키퍼) 알리송조차 막을 수 없었다"라고 평가했다.

다른 기록을 봐도 진귀한 골이었다. 축구 통계 전문 업체 '옵타'에 따르면 이번 대회 16강전까지 56경기에서 나온 총 146골 중 페널티 지역 밖에서 터트린 득점은 11골에 그쳤는데 그의 득점이 그 중 하나였다. 중거리 슈팅 득점 비율이 7.5퍼센트에 불과해서 페널티 지역 안에서 확률 높은 슈팅을 때리는 게 대세였지만, 그는 아랑곳하지 않고 마치 기다렸다는 듯 과감히 중거리 슛을 시도해 성공시켰다. 워낙 강렬한 골이었기에 FIFA는 이번 대회 172골 중 '베스트 골'을 선정할 때 후보 10골에 이 골을 올리기도 했다. 최종 '베스트 골'은 세르비아와의 조별리그 1차전에서 득점에 성공한 브라질 히샤를리송의 아크로바틱 같은 골이 선정됐다.

인내하고 또 인내한 끝에 터트린 득점이기에 그에게는 의미가 남달랐다. 그는 대회가 끝난 뒤 소속 팀 전북 현대의 미디어데이에서 "월드컵에 간 것만으로도 영광스러웠다. 조별리그 3경기에서 뛰지 못하면서 월드컵에 참가했으니 출전을 목표로 삼았다. 하루하루 훈련에 최선을 다하고 준비를 잘했다. 기회가 왔을 때 골을 넣어서 감사했다"고 말했다.

기회는 준비된 자에게

꿈꾸던 월드컵에 참가하고도 출전하지 못하고 벤치에서 경기를 지켜보는 것만큼 괴로운 일도 없다. 불만이 쌓일 법도 한데 그는 묵묵히 훈련에 참가해 동료를 돕고 기회를 엿봤다. 자신이 할 수 있는 것에 최선을 다할 뿐이었다. 준비가 됐을 때 기회가 주어졌고, 준비가 됐기에 기회를 멋지게 살릴 수 있었다.

"처음에는 경기를 뛰지 못하니까 여기까지 온 것은 감사하지만 '아, 뛰고 싶다'는 마음이 정말 컸다. 밤마다 '진짜 여기까지 왔는데 못 뛸 수도 있겠구나' 하는 생각이 들었다. 하지만 포기하지 않고 '혹시 모르니 준비를 잘하자'고 마음을 고쳐먹었다. 마지막 경기에 나가 골도 넣으면서 대회 중간중간 그런 생각을 하고 출전 준비를 해온 게 결국에는 '맞다'는 생각이 들었다. 브라질전은 결과는 아쉽지만 그래도 정말 감사했던 경기였던 것 같다."(스브스뉴스 2022.12.23.)

기다림에 지칠 수도 있었지만 대표팀 동료들과 매일같이 수다를 떠는 가운데 현실의 어려움을 이겨냈다. 사랑방과도 같은 '나상호 방'에서였다. 1997년생인 그는 한 살 위인 김민재, 황희찬, 황인범, 나상호, 조유민과 붙어 다니며 때로는 시답잖은 농담을 주고받고 때로는 진지한 얘기도 나누며 위로받고 단단해졌다.

"매 경기 끝날 때마다 친한 형들이랑 모여서 다음 경기는 어떻게 할지, 운동은 어떤지, 생활은 어떤지 얘기하고 장난도 쳤다. 민재형은 정말 웃기다. 뭔가 타고난 것 같다. 유민이형은 성대모사를 정말 잘한다. TV 예능 프로그램에 나가면 1시간 동안 해도 될 것 같다. 벤투 감독님을 흉내 내는데 표정과 제스처 모두 정말 똑같다. 희찬이형도 웃길 때는 엄청 웃기다. 안 웃길 때는 안 웃긴데…."(스브스뉴스)

그는 SNS에서 황희찬과 티격태격하며 선을 넘나드는 농담을 주고받지만 대회를 앞두고 '첫 골을 넣을 것 같은 주인공을 꼽아달라'는 질문에 "모두 월드컵을 얼마나 열심히 준비했는지 잘 안다. 그중에서도 희찬이형이 넣어줬으면 한다. 골을 넣는 멋진 모습을 기대한다"며 깊은 애정을 드러낸 바 있다. 그의 기대대로 황희찬은 포르투갈전에서 득점하고 강렬한 세리머니를 펼쳤다.

또래뿐만이 아니다. 소속 팀 선배인 김진수의 격려는 특히 크게 와 닿았다. 김진수는 앞선 두 차례 월드컵에서 직전 부상으로 낙마해 세 번째 도전 만에 월드컵 무대를 밟을 수 있었던 선수다. 백승호는 YTN과의 인터뷰(2022.12.10.)에서 "언제 투입될지 모르는 상황이라 '들어가면 (대표팀에) 도움이 되자'고 생각하며 시간을 보내고 있었다. 브라질전을 앞두고 진수형이 조언했다. '못 뛰는 마음은 알지만 준비를 잘해서 기회가 오면 좋은 모습을 보여라'라고. 운동하면서 '기회가 오면 잘할 수 있는 걸 보여주자'고 했는데 운 좋게 출전하고 득점도 한 것 같다"고 말했다. 무엇보다도 그는 그 한 번의 결정적 슈팅을 위해 그동안 치열히 갈고닦아왔다.

"(브라질전 득점에는) 훈련의 효과가 컸다. 소속 팀인 전북 현대에서도 팀 훈련이 끝나면 마무리 훈련 삼아 슛을 많이 연습했다. 하루 수십 차례의 연습조차 부족하다고 느꼈지만 월드컵을 앞두고 영점 조정은 거의 완벽히 돼 있었다."(스포츠동아 2022.12.13.)

출전하지 못하는 아쉬움에도 기회가 올 때까지 동료들을 거들고 도우며 자신은 만반의 준비를 했기에 놀라운 득점이 가능했다. '기회는 준비된 자에게 온다'는 격언은 바로 그에게 해당하는 말이었다.

'부모님을 위해' 인내를 담은 슈팅

그는 브라질전에서 득점한 뒤 믹스트 존에서 "축구를 시작한 게 2002년 월드컵을 본 뒤였다. 딱 20년이 지난 올해 월드컵에 데뷔를 하고 골도 넣었다. 힘들었던 시간이 스쳐 지나가고 부모님께 감사한 마음도 컸다"고 말했다. 많은 선수가 큰 무대에서 뛰고 나서 부모에게 감사 인사를 전하곤 하지만 그에게는 그 깊이와 크기가 달랐다. 어느 인터뷰에서나 부모에 대한 고마움을 잊지 않았고 그때마다 진심을 듬뿍 담아냈다.

"아버지가 기회가 나면 슈팅하라고 하셨다. 찬스가 나서 슈팅했는데 운 좋게 들어갔을 때 (득점 상황에서) 아버지 말씀이 기억났다. 처음 든 생각은 세리머니가 아니라 가족이었다. 감격스럽고 행복했다. 부모님은 힘들 때나 좋을 때나 같이하며 희생을 많이 하셨는데, (앞으로) 행복하셨으면 좋겠다. 아버지는 '항상 즐기라'는 말씀을 하셨다."(YTN 2022.12.10.)

"부모님밖에 생각나지 않았다. 힘들 때 옆에서 항상 힘이 돼 준 이들이 가족이니까 가족밖에 생각나지 않았다."(스브스뉴스 2022.12.23.)

"정신이 하나도 없었다. 들어갔을 때 그냥 '들어갔구나' 하는 생각만 들었다. 부모님 생각밖에 안 났던 것 같다."(전북 현대 국가대표팀 토크콘서트 2023.1.13.)

온통 '부모님' 얘기밖에 하지 않은 데는 사연이 있다. 축구 신동으로 불린 그는 열세 살에 스페인 명문 FC 바르셀로나 13세 이하 팀에 입단해 성인이 된 스무 살까지 뛰었다. 이후 같은 스페인의 CF 페랄라다, 지로나 FC, 독일의 SV 다름슈타트에서 2021년까지 몸담았다. 11년간 유럽에서 뛰다가 2021년 전북 현대로 이적하면서 긴 해외 생활을 마감했다.

11년간의 해외 생활은 분명 축구가 즐거워서 했던 것이다. 다만 그 외의 생활은 외롭고 단조로울 수밖에 없는 자신과의 싸움의 연속이었을 것이다. 그런 생활을 이겨내게 도운 이들이 부모인 백일영 연세대 체육교육학과 교수와 김미희 씨였다. 부모의 열성적인 뒷바라지는 '아들 백승호'가 '선수 백승호'로 성장하는 데 큰 버팀목이 됐다. 아버지는 안식년과 방학 때마다 아들을 찾아 함께 지냈다. 특히 어머니는 줄곧 유럽에 함께 체류하며 자신을 희생했을 정도로 아들을 정성껏 돌봤다. 그는 지로나 시절 부모에게 진심을 담아 고마움을 전한 바 있다.

"힘들 때마다 부모님의 조언이 의지가 많이 됐다. 어머니는 나를 위해 많은 것을 희생했다. 여섯 살에 축구를 시작했는데 열여덟, 열아홉 살까지는 훈련과 경기를 한 번도 빠지지 않고 보러 오셨다. 어머니가 안 오셨을 때 전화해보면 주차장에서 사고가 났거나 하는 이유가 꼭 있었다. 어머니는 스페인에 혼자 계시면서 친구도 없고 한국 친지도 없어서 따로 하실 수 있는 게 없었다. 너무 힘들어하셨다. 그래서 올해는 '한국에 가시라'고, '혼자 살겠다'고 했다. 그런데 팀을 옮긴 나를 돕겠다며 계속 같이 생활하고 나보다 더 고생하고 계시다. 장 보시고, 혼자 계실 때는 아버지와 통화하시는 게 하루 일과의 전부다. 음식도 다 직접 해주시는데, 아침에 나 때문에 일찍 일어나 밥해주고 다시 주무신다. 이제 좀 쉬셨으면 좋겠다. 아버지랑 같이 즐기고 하고 싶은 것 하셨으면 좋겠다. 10년 넘게 하고 싶은 것도 못 하고 이렇게 고생하시니까. 아니면 내가 빨리 성공해서 어머니를 편하게 해드려야겠다. 어머니가 재미있게 하고 싶은 것 하셨으면 좋겠다, 이제 그만 걱정하시고. 사랑한다는 말씀밖에 드릴 게 없다." (골닷컴 2018.2.18.)

그는 2019년 6월 11일 벤투의 부름을 받아 이란과의 A매치에서 데뷔전을 치른 뒤 취재진에게 소감을 말하는 도중 어머니 얘기를 하면서 눈물을 왈칵 쏟기도 했다.

"(경기 전에) 엄마에게 선발 라인업을 알려주는데 '너무 기쁘다'

며 우시더라. 그동안 힘든 일이 많았다. 시즌 동안 어머니가 함께 해주셨다. 어머니의 반응을 보고 미안한 마음이 들어서 더 잘해야 겠다고 생각했다."

사실 브라질전에서 과감히 슈팅할 수 있었던 데에는 아버지의 조언이 결정적이었다.

"월드컵에 나가기 전부터 아빠가 '언제 뛸지 모르니 혹시 기회가 생기면 슈팅 좀 해봐라'고 하셔서 프리킥이 났을 때 혹시 (세컨드 볼이) 떨어지면 '진짜 한번 (슈팅) 해보자'고 생각했다. 운 좋게 공도 딱 떨어지고 공도 잘 맞는 등 여러 상황이 잘 맞아떨어진 것 같다."(슛포러브 2023.1.27.)

10대 초반 축구 하나만 보고 낯선 바르셀로나 지도자와 선수들 사이에 뛰어든 어린 그가 경쟁이 심하기로 소문난 세계적 팀에서 살아남기 위해 얼마나 힘든 과정을 겪었을지는 겪지 않은 사람이라면 상상도 하기 힘들 것이다. 그런 아들에게 친구가 되어주고 조언도 하고 입맛에 맞게 식사도 챙겼던 부모, 특히 어머니에 대한 은혜를 훌쩍 자란 그는 잘 알고 있었다. 브라질전에서 득점한 순간에 가족밖에 떠오르지 않은 건 어쩌면 당연했다.

부모와 두 누나 등 가족에게는 그동안의 보살핌에 대한 큰 선물이었고, 브라질전에서의 30분은 온 가족이 앞으로 30년, 아니 평생 잊을 수 없는 추억이 됐다. 그는 스브스뉴스 인터뷰에서 "가족은 계속 (골) 얘기를 한다. 밥 먹을 때마다 '아직도 기억난다' '자랑스럽다' 이런 말씀을 하신다"고 얘기했다.

부모의 극진한 뒷바라지애 힘입어 청소년기에 세계적인 명문 클럽 FC 바르셀로나에서 활약한 그는 월드컵을 바라보는 스케일이 다른 선수와는 조금 달랐다. 개막 전 믹스트 존에 나선 그는 '우승 팀을 예상해보라'는 질문에 "우리가 하면 좋겠지만 (어렵다면) 스페인이 하기를 바란다. 바르셀로나에서 같이 뛰었던 선수도 많이 있다. (바르셀로나에서 지휘봉을 잡았던) 루이스 엔리케 감독님도 안다. 스페인이 우승했으면 한다"고 말했다. '득점왕을 예상해달라'는 질문에는 "리오넬 메시가 했으면 한다"고 했다. 바르셀로나 유스팀 시절 바르셀로나 1군에서 뛰던 메시와 함께 훈련했던 '인연'도 작용했을 것 같다.

그의 롤 모델 역시 바르셀로나에서 뛰는 세계적인 미드필더 세르히오 부스케츠였다. 그는 "부스케츠를 정말 보고 싶다. 정말 존경한다. 훈련도 같이 해봤다. 이번이 (그의) 마지막 월드컵일 것"이라며 '바르셀로나 선배'에게 행운을 빌기도 했다.

그만 '친정 팀'이라고 할 수 있는 바르셀로나를 기억하는 것은 아니었다. 스페인의 스포츠 신문 '스포르트'는 개막을 앞두고 바르셀로나의 유소년 시스템 '라마시아'(카탈루냐어로 농장을 뜻함) 출신들로 월드컵 베스트 11을 선정해 발표했는데 여기에 그를 포함시켰다. 그가 아쉽게 1군 데뷔는 하지 못했지만 바르셀로나B(2군)에서 프로에 데뷔한 것을 잊지 않았다. 스포르트는 앞서 인터뷰에서 언급한 메시와 부스케츠를 비롯해 조르디 알바 등 세계적 선수들을 꼽았다. '라마시아 졸업생'인 그가 소속 팀 전북 현대와 한국 대표팀에서 활약을 이어가는 것을 알아봤다. 그는 스타플레이어들과 함께 이름이 올랐다는 소식에 뿌듯했을 것이다.

월드컵 직전까지 중앙 미드필더에서 정우영, 손준호와 함께 주전 경쟁을 벌였지만 결국 마지막 경기에야 기회를 얻을 수 있었던 그는 그동안 보살펴준 가족을 위해서라도 청소년 시절부터 꿈꿔온 무대를 포기하지 않았고, 낙담하지 않고 꿋꿋이 준비한 끝에 마침내 성취했다. 그 1골에는 100골과 같은 의미가 담겼고 그 30분에는 30년 동안 공유할 추억이 담겼다. 연어처럼 다시 유럽으로 돌아가 거대한 도전을 하겠다는 바람이 이뤄질 수 있을지 기대를 모은다.

펠레가 인정하고 떠났다,
'차기 축구 황제' 음바페

영국 방송 BBC는 '카타르 월드컵 결승전은 역대 최고의 피날레였다'고 평가했다. 해설로 나선 영국 축구의 전설 리오 퍼디낸드는 "다시는 이런 결승을 볼 수 없을 것이다. 두 위대한 팀이 맞붙었고, 아무도 뒤로 물러서지 않는 이런 결승은 상상조차 할 수 없었다"고 말했다.

정규 시간과 연장전에서 3-3으로 비기고 이어진 승부차기 끝에 아르헨티나가 우승 트로피를 들어 올렸다. 프랑스의 에이스 킬리안 음바페가 해트트릭, 즉 3골을 기록하며 한 치 앞을 모르는 박빙의 승부를 이끌었는데도 결과적으로 그는 '위대한 조연'으로 남게 됐다.

프랑스가 예상 밖으로 아무것도 하지 못한 채 0-2로 뒤져 패색이 짙던 후반 35분 그는 페널티킥으로 만회 골을 넣었고 1분 뒤 그림 같은 발리슛으로 2-2를 만드는 동점골까지 성공시켰다. 눈 깜짝할 사이에 벌어진 일이었다. 루사일 스타디움에서 지켜본 8만 8966명은 물론 전 세계 15억 명 시청자들까지 흥분을 감추지 못했다. 현장에서 관전한 에마뉘엘 마크롱 프랑스 대통령은 "음바페와 팀 전체가 함께 아주 특별한 방식으로 해낸 일이다. 간절함을 되찾는 모습을 보고 우리가 해내리라 믿었다. 정말 기적 같은 후반전을 치렀다"며 놀라워했다.

어린 나이에도 전반을 마치고 하프타임 때 라커룸에서 선배들을 향해 "이건 월드컵이다. 일생일대의 경기인데 우리는 지금 최악이다. 더 격렬히 싸워야 한다. 지금까지와는 다르게 해야 한다"고 목청을 높여 동료들의 분발을 끄집어냈다.

그의 이런 활약을 두고 메시와 호날두를 잇는 '차세대 축구 황제'를 결정짓는 상징적인 장면이라는 분석이 줄을 이었다. 그는 메시와 호날두의 장점을 섞어놓은 유형으로 꼽힌다. 어느 수비수도 따라갈 수 없는 돌파 속도와 날렵한 순간 움직임, 번뜩이는 드리블과 정확한 슈팅은 타의 추종을 불허한다. 특히 30미터 단거리만 놓고 보면 남자 육상 100미터 세계 기록 보유자인 우사인 볼트(자메이카)보다도 빠른, 순간 최고 시속 38킬로미터를 가졌다는 분석도 있다. 여기에 결승전 중요한 순간에 결정적인 두 방을 때려 넣으며 강심장에 승부사적 기질까지 보여줬다.

이게 끝이 아니었다. 소속 팀 파리 생제르맹의 팀 동료인 메시가 연장 후반 다시 도망가는 득점을 넣자 음바페는 곧바로 또다시 페널티킥으로 동점골을 넣어 균형을 맞췄다. 세계에서 가장 큰 무대인 월드컵, 그것도 결승전에서 3골을 넣은 건 1966년 잉글랜드의 제프 허스트 이후 56년 만에 나온 대기록이다. 스무 살이던 2018년 러시아 월드컵 결승전에서도 프랑스의 우승을 확정 짓는 쐐기골을 넣었으니 이로써 그는 두 대회 결승전에서 4골을 넣은 역대 5번째 선수가 됐다.

카타르 월드컵 직후 작고한 세계 축구계의 전설 펠레는 "내 친구 음바페는 결승에서 4골을 넣었는데 이런 엄청난 우리 종목(축구)의 미래를 보는 것은 대단한 선물"이라는 격려를 남겼다. 4년 전 러시아 월드컵에서 4골을 넣은 음바페는 카타르 월드컵에서 8골을 추가해 총 12골을 기록했다. '24세 기준 월드컵 12골'은 펠레를 뛰어넘는 통산 최다 득점 기록이다.

프랑스는 아르헨티나에 석패해 준우승했지만 음바페는 대회 통산 8골을 기록해 메시를 1골 차로 제치고 득점왕(골든 부트)의 영예를 안았다. 굳이 따지자면 팀은 졌지만 선수로서는 이긴 것이다. 2002년 브라질의 호나우두에 이어 20년 만에 8골 득점왕에 오를 정도로 대단한 득점력이었다. 만일 프랑스가 승부차기에서 이겨 우승했다면 프랑스는 1962년의 브라질에 이어 60년 만에 사상 세 번째로 '2회 연속 월드컵 우승'을 달성할 수 있었다. 그렇게 되면 메시가 아니라 음바페를 위한 축구 황제 대관식이 열릴 수 있었다.

어린 나이에 많은 것을 이뤘고 앞으로도 이룰 것이 많은 그는 "아르헨티나의 우승이 확정된 뒤 메시에게 축하를 건넸다. 나와 메시 모두 월드컵 우승을 원했지만 결과적으로 내가 패한 것"이라며 준우승을 받아들이고 다시 다음 목표를 위해 뛰겠다고 밝혔다. 그는 앞으로 월드컵 본선에서 5골을 추가하면 16골을 기록한 미로슬라프 클로제(독일)를 넘어 월드컵 통산 최다 득점자가 된다. 현재의 나이와 페이스라면 차기 월드컵에서 이를 달성할 가능성이 매우 높아 보인다.

카메룬 출신 아버지와 알제리 출신 어머니를 둔 그는 프랑스에서 나고 자라 국가대표에 선발된 뒤 각종 대표팀 기록을 새로 써왔다. 프랑스 대표팀 역대 월드컵 본선 최연소 출전(19세 178일), 프랑스 역대 월드컵 본선 최연소 득점자(19세 183일), 프랑스 역대 월드컵 결승전 최연소 출전(19세 207일) 등이다. 그는 2022년 파리 생제르맹의 파격적인 조건을 받아들여 재계약했는데 연봉만 해도 당시 세계 최고였던 1억 276만 유로(1400억 원)에 달하는 것으로 알려졌다.

**QATAR 2022
나상호**

세상의 의심을
뒤집었다

　이재성이 맡은 '그라운드의 빛과 소금' 역할은 나상호에게도 맡겨졌다. 그런데 나상호는 1996년생 동기들인 황희찬, 김민재와 달리 대표팀에서 유난히 거센 비판에 시달렸다. 비슷한 시기에 대표팀에 발탁된 동기 황인범보다도 더 심하게 시달렸다. 활동량이 많고 저돌적인 돌파가 강점이지만 골 결정력과 기술적 부분 등이 상대적으로 부족하다는 지적이 계속 나왔다. 특히 대표팀이 답답한 경기를 할 때마다 비난의 화살을 맞는 '욕받이'가 됐다.

　심지어 소속 팀인 FC 서울이 K리그에서 순위가 하락할 때도 홈 팬들의 질타를 받았다. 필자가 월드컵을 한 달여 앞둔 2022년 10월 서울월드컵경기장을 찾았을 때 2부 강등이 확정된 성남 FC에 0-1로 패했는데, 급기야 팬들이 선수단 버스를 가로막았다. 팬들의 요구에 따라 버스에서 내린 FC 서울의 주장 나상호는 "(남은 경기는) 죽을힘을 다해 뛰겠다"고 약속했고 그제야 팬들이 길을 터 줘 빠져나갈 수 있었다.

숨이 넘어가도록 뛴 2경기

그런 그가 우루과이전에 오른쪽 공격수로 선발 출전한다고 발표되자 걱정이 쏟아졌다. 허벅지를 다친 황희찬의 자리였기에 공백을 메울 수 있을지 불안감이 엄습한 것이 사실이다. 그는 경기장으로 출발하기 직전 갑자기 선발 통보를 받아 더욱 긴장할 법했다. 실제로는 오히려 정반대였다. 자신이 잘하는 것을 펼쳐 보이면 되는 것이라고 생각했기 때문이다. 그는 "상대 윙백(마티아스 올리베라)이 공격적인 성향이라 내가 기용됐다. 상대가 앞으로 나오면 (뒤쪽) 공간으로 침투하라는 주문을 받았다. 그것만 생각하고 싸웠다"고 설명했다.

"내가 멘털은 약해도 큰 경기에는 강한 편"이라고 말하던 그는 우려와 달리 경기 시작과 함께 우루과이 오른쪽 진영을 헤집어놓으며 '강심장'임을 증명해 보였다. 마치 황희찬이 뛰는 듯 성난 황소처럼 거칠고 저돌적으로 움직였다. 한국이 공을 잡으면 때로는 돌파로, 때로는 동료와의 2대 1 패스를 통해 우루과이 측면을 집요히 파고들었다. 공을 빼앗기면 곧바로 달려들어 탈취했다. 후방에서 롱패스가 날아들면 끝까지 달려들어 우루과이 수비진을 당황하게 만들거나 예측 불허의 드리블로 상대의 혼을 쏙 빼놓았다. 순간 최고 시속 34킬로미터로 질주하기도 했는데 이는 팀 내 최고 기록이었다. 상대 미드필드와 수비진 사이에서 공을 받은 횟수는 20회로 양 팀을 통틀어 최다 기록이었다. 사람들이 자신의 단점을 부각하며 의심할 때 그는 자신의 장점을 앞세워 정면 돌파했다. 그렇게 드러나지 않는 곳에서 대표팀에 큰 이득을 줬다.

"이 비판을 바꿀 수 있는 방법은 무엇일까. 100퍼센트 최선을 다하면 (비판은) 한순간에 바뀌리라 생각하고 '내가 생각한 대로 해보자' '즐겨보자'고 마음먹고 뛰었다. 비판에 위축되면 소극적인 플레이를 하고 다음 플레이를 준비하지 못하니까 (차라리) '마음대로 하자'고 생각하니 실수도 빨리 잊고 그다음 플레이도 좋았던 것 같다."(이스타TV 2022.12.13.)

또 한국의 오른쪽 풀백인 김문환과 번갈아 가며 오르락내리락 교차 플레이를 통해 왼쪽 측면 공격수 다르윈 누녜스와 왼쪽 측면 수비수 올리베라가 버틴 우루과이의 왼쪽 라인을 집중 공략했다. 갑작스러운 출전일지 몰라도 코칭스태프 미팅 때 상대방에 대한 분석 내용과 공략 지점을 정확히 숙지하고 나온 상태였다.

"누녜스에 대해선 왼쪽 윙으로 나온다는 걸 미팅 때 확인했고, 올리베라에 대해선 소속 팀(나폴리)이 같은 민재로부터 아주 공격적이라는 것과 장점이 무엇인지를 들었다. 그래서 문환이형을 도우며 공격적으로 많이 뛰어 '얘(올리베라)를 죽여야겠다'는 생각을 품고 (경기 전에) 이미지 트레이닝을 했다. 경기 초반 몸이 무거웠는데 빨리 가벼워져서 많이 뛸 수 있었다."(이스타TV)

그에 대한 고정관념을 뒤집어놓는 데 걸린 시간은 10분이면 족

했다. 자신의 장점인 활동량과 투지를 통해 세상의 의심을 믿음으로 돌려놓았다.

"세계적인 팀에서 뛰는 우루과이 선수들이 (한국의 압박에) 말도 안 되는 패스를 하기에 '얘네들이 긴장했구나' 하는 게 느껴지면서 자신감을 얻었다. 혼자 웃음도 났다. '내가 상대를 요리하며 지배하고 있구나' 하는 흐뭇함도 생겼다. 그러면서 상대의 가랑이 사이로 패스를 하려는 시도를 통해 '내가 얘를 갖고 놀려 하는구나' '내 플레이를 하는구나' 하는 생각을 하며 자신감을 더 얻었다."(이스타TV)

이후부터 그는 구름 위를 걸었다. 가나전에서는 0-2로 뒤진 후반 시작과 함께 투입돼 대표팀이 동점골을 넣는 데 에너지를 보탰다. 다만 후반 23분 가나가 미드필드 지역에서 역습을 펼칠 때 토마스 파티의 지능적인 움직임을 막아내지 못하고 돌파를 허용했다. 이는 다음 상황에서 가나의 3-2 결승골로 이어졌다. 상대가 워낙 잘한 플레이라 누구의 실수라고 할 수는 않지만 이때의 일이 계속 그의 머릿속에 맴돌았다.

"'세계적인 선수는 짧은 순간 이렇게 공략하는구나' '나 때문에 실점했다'는 자책을 하게 되더라. 실점한 뒤에도 분위기상 따라갈 수 있다고 생각하며 계속 공격을 밀어붙였지만, 1차전에 이어 2차전도 결과는 아쉬웠다."(이스타TV)

그는 경기를 마치고 믹스트 존에서 "비판 여론은 바뀌었지만 아직 부족한 선수"라며 자신을 낮췄다. "나상호라는 선수를 알릴 수 있게 좋은 퍼포먼스를 보여주겠다"고도 했지만 팀 승리가 먼저라며 포르투갈전에는 황희찬이 출전해 활약을 펼칠 것임을 강조했다. 한두 번 잘했다고 으스대기는커녕 비록 후배라도 자신보다 위협적이면 그 선수가 출전하는 게 맞다고 판단한 것이다.

"희찬이가 측면 공격수 중에서는 나보다 더 파괴적인 모습을 보여줄 수 있다. 서로 다른 역할을 수행하더라도 희찬이가 공격 포인트를 올렸으면 한다."

물론 황희찬은 동료들의 응원과 바람에 부응하며 포르투갈전 막판에 기적 같은 결승골을 넣었다.

이렇게 그의 월드컵은 가나전까지였다. 단 2경기였지만 "공을 뺏기면 숨이 넘어갈 때까지 상대를 쫓아가야 한다는 생각만 했다"(일간스포츠 2023.1.6.)고 말할 정도로 이를 악물고 뛰었다. 어떻게 보면 그가 외부의 비판을 돌리기 위해 부단히 애쓰고 맹활약을 한 덕에 긴장감이 가득했던 우루과이전이 술술 풀린 게 아닐까. 황인범이 그랬던 것처럼 말이다.

후회 없이 뛰면서 의심의 눈초리를 지웠지만 한편으로는 아쉬움도 남았다. 2022시즌 K리그에서 8골을 넣을 정도로 슈팅이 강점인 그가 월드컵에서는 시도조차 못 했기 때문이다.

"내 장점이 슈팅인데, 하나도 못 해서 부끄럽다. 슈팅을 했으면 들어갔을 것 같다는 생각도 든다. 훈련할 때도 감이 좋았다."

그가 비판을 이겨낼 수 있었던 요인 중에는 황인범처럼 자신을 믿어준 벤투에게 보답하려는 마음도 있었다. 그는 벤투의 부름을 받고 A매치 26경기(2득점)에 출전했다. 그런 벤투에게 어떻게든 응답하기 위해 기량을 갈고닦았다.

"(벤투가) 나를 계속 차출한 것을 보고 나에 대한 믿음이 있다는 걸 알았다. 차출만으로도 신뢰 관계가 생기고, 나도 믿음을 심어주려 노력했던 것 같다. 이런 신뢰 속에 대표팀이 단단해진 것 같다."

그는 동료들과도 살뜰하게 지내며 용기도 얻고 힘도 냈다. 그가 묵는 방은 '나상호 방'으로 불리며 대표팀의 사랑방 구실을 했다. 오른쪽 측면을 함께 책임지던 형 김문환을 비롯해 친구들인 황희찬, 황인범, 김민재, 조유민, 그리고 동생 백승호까지 취침과 훈련 시간을 빼고는 늘 함께하며 기대 반 우려 반인 월드컵을 즐길 수 있었다. 그 안에서 소속감을 챙기며 마음의 안정도 얻고 축구 얘기도 마음껏 할 수 있었을 것이다.

"우리 선수들 대부분은 2002년 한일 월드컵 4강 진출을 보면서 꿈을 키운 이들이다. 대표팀이 처음 모였을 때부터 '우리가 다 꿈을 목표로 이뤘으니 이제 보여주자'고 이야기하곤 했다. 또 또래끼리는 서로를 항상 격려하고 응원했다."(스포츠경향 2022.12.28.)

힘들 때 동료의 말 한마디와 격려만큼 힘이 나는 것도 없는 법이다. 그런 방식으로 그는 잊을 수 없는 터닝 포인트가 될 월드컵을 치러냈다.

'록키 같았다',
식민지 모로코의 반란

카타르 월드컵은 언더독(경기에서 질 것 같은 사람이나 팀)의 반란이 1958년 스웨덴 월드컵 이후 64년 만에 가장 많이 일어난 대회였다. 영국 BBC가 스포츠 정보 분석 업체 '그레이스노트'의 자료에 근거해 보도한 데 따르면 이번 월드컵 전체 64경기 중 23퍼센트에 해당하는 15경기에서 반란이 일어났다.

15경기 중 2경기는 대회 4강에 진출해 최대 이변을 일으킨 모로코의 경기들이었다. 16강전에서 스페인을, 8강전에서 포르투갈을 꺾은 경기였다. 특히 8강에서 포르투갈을 꺾은 건 영국의 시사주간지 이코노미스트가 2002년 한일 월드컵부터 카타르 월드컵까지 6차례 대회에 걸쳐 나온 10대 이변 중 하나로 꼽을 정도로 강렬했다.

대다수 언론들이 '한 몸처럼 움직이는 모로코의 강력한 수비는 벽과 같았고 상대 팀들은 아무리 두드려도 뚫리지 않았다'고 모로코 축구를 표현했듯이 반란의 핵심은 수비였다. F조에서 크로아티아와 벨기에, 캐나다를 상대한 모로코는 탄탄한 수비를 내세워 자책골로만 1골을 내줬을 뿐, 조 최하위를 다투리라는 예상을 깨고 2승 1무를 기록해 조 1위로 16강에 오르는 기염을 토했다.

16강에서는 스페인을 승부차기 끝에 꺾고 아랍 국가 최초로 8강에 올랐다. 8강에서는 포르투갈을 1-0으로 눌러 아프리카 국가 최초로 4강 신화를 썼다. 특히나 스페인과 포르투갈은 과거 모로코의 식민 지배국이었다. 중동·북아프리카(MENA·Middle East North Africa) 지역에 위치한 모로코를 보면 최대 도시인 카사블랑카는 포르투갈이 16세기 무역 거점으로 삼기 위해 만든 곳이고, 1860년 맺은 불평등 조약으로 스페인에 점령된 바 있다.

두 나라에 통쾌한 승리를 거둔 모로코는 응어리 진 한을 풀 수 있었다. 이런 배경이 더해지며 아프리카와 아랍권을 넘어 유럽, 북미의 팬들까지 모로코의 반란에 열광적인 응원을 보냈다. 왈리드 라크라키 모로코 감독은 "모로코는 이번 월드컵의 '록키 발보아'(영화 '록키'의 주인공)다. 누구에게나 사랑받는 팀이 되고 있다. 재능은 많지 않아도 의욕이나 신념으로 이룰 수 있다는 걸 보여주기 때문"이라고 말했다.

어디까지 갈지 몰랐던 모로코의 전진은 4강전에서 마찬가지로 식민 지배를 받았던 프랑스에 막혀 멈춰 섰다. 0-2 패배였다. 그럼에도 찬사는 이어졌다. 모로코 일간지 '르마탱'은 "아틀라스 사자들은 디펜딩 챔피언 프랑스를 상대로 기죽지 않았다. 전·후반 믿을 수 없을 정도로 활약했다"고 자국 축구 대표팀을 평가했다. 모로코 축구 대표팀을 지칭하는 '아틀라스 사자들'은 모로코 서쪽 대서양 해안부터 동쪽 튀니지까지 2500킬로미터 뻗어 있는 아틀라스 산맥을 본떠 붙인 별명이다. 모로코 축구는 이번 월드컵 내내 아틀라스 산맥을 그라운드에 옮겨놓은 듯 수비벽을 쳤다.

결승 진출이 좌절되고 일종의 '보너스 게임'으로 주어진 크로아티아와의 3·4위전에서는 후회 없이 일진일퇴 공방전을 벌였다. 여기서 1-2로 아쉽게 패해 위대한 여정을 마쳤다.

모로코가 애초에 월드컵 역사에 남을 이변의 주인공이 되리라 예상한 이는 많지 않았다. 특히 월드컵 개막 석 달 전에, 본선 진출을 이끈 바히드 할리호지치 감독을 갑작스럽게 경질하고 카타르 리그에서 우승 경험이 있는 47세의 다소 젊은 라크라키 감독을 선임한 영향이 컸다. 모로코 언론들은 갑자기 나타난 라크라키 감독을 그의 민머리에 빗대 '아보카도'라고 부르며 조롱했다. 새 감독과 선수들이 호흡을 맞출 시간이 절대적으로 부족할 것으로 예상되면서 모로코의 월드컵은 시작도 하기 전에 끝장난 것처럼 보였는데 결과적으로 이게 '신의 한 수'로 작용했다.

라크라키 감독은 영리했다. 먼저 강력한 수비를 구축하는 한편 세계적인 미드필더 하킴 지야시(첼시), 아슈라프 하키미(파리 생제르맹) 등을 불러들여 이들을 필두로 짜임새 있는 조직력을 갖췄다. 8강까지 모로코가 상대 팀에 가장 많은 압박(1648회)을 가했다는 통계가 나왔을 정도로 빠르게 일사분란한 팀으로 변모시켰다. 또 선수 가족을 도하로 초청해 선수들이 숙소에서 가족과 함께 생활하며 정서적 안정을 찾게 함으로써 팀 조직력을 높였다. 선수단 26명 중 14명이 이민 가정 출신이라는 점에 착안해 타향살이의 어려움 속에서 어린 시절을 보냈던 선수들을 배려한 것이었다.

라크라키 감독은 대회를 마치며 "짧은 시간 안에 많은 경험을 쌓았다. 예상보다 멀리 나아갔지만 충분치 않다. 미래 (세대)에 모범을 보일 필요가 있다. 우리는 앞으로도 멋진 미래를 갖고 있으므로 계속 나아갈 것"이라고 말했다.

모하메드 6세 모로코 국왕은 대회를 마치고 선수들과 그들의 어머니를 왕실에 초청해 훈장을 주고 기념 촬영을 하며 노력을 치하했다.

QATAR 2022
정우영

유니폼이 가장 더러운 '살림꾼'

우루과이와의 1차전이 열리기 전날, 메인 미디어센터 기자회견장에 벤투와 함께 등장한 선수 대표는 주장 손흥민이 아니라 대표팀 내 최고참인 1989년생 33세의 정우영이었다. 단순히 나이뿐 아니라 팀 내 위상과 기질까지 고려돼 낙점된 것으로 보인다.

실제로도 그랬다. 우루과이의 한 기자가 "한국은 우루과이에 비해 장신 선수가 적은데 불리하지 않을까"라고 도발하자 그는 "장신 선수는 우리도 많다. 크게 걱정되지 않는다. 축구는 장신에게만 장점이 있는 스포츠가 아니다"고 받아쳤다. 대표팀에도 김민재(190센티미터)나 조규성(189센티미터), 권경원(188센티미터) 등 장신 선수들이 있음을 설명하면서 사실 '다 덤벼보라'는 투로 이른바 깡다구를 보여준 것이다. 우루과이의 세계적인 미드필드진과 '맞짱을 떠보겠다'는 자세였다.

말뿐이 아니었다. 실제 경기에서는 미친 듯이 우루과이 선수들과 몸으로 부딪쳤다. 아마도 상대 선수와 가장 많이 직접적으로 접촉한 이는 그였을 것이다. 황인범과 함께 우루과이 미드필드진을 상대로 전투적으로 싸웠다. 이들이 중간중간 우루과이의 패스 줄기를 잘 차단했기 때문인지 상대는 압박을 피해 롱패스로 일관하는 모습도 보였다. 그는 클리어링 7회, 태클 3회, 볼 가로채기 2회로 '그림자 역할'을 충실히 해냈다.

이탈리아 신문 '가제타 델로 스포르트'가 공격수도 수비수도 아니고 수비형 미드필더인 그에게 한국 선수 중 가장 높은 평점 7점을 줬을 정도였다. 그는 믹스트 존 인터뷰에서 "내가 흔들리면 팀 전체가 흔들린다. 죽을 만큼 뛰었다. 그래서 후회는 없다"고 말했다. 대표팀의 맏형이지만 그라운드에서는 온갖 궂은일을 마다하지 않는 또 한 명의 '언성 히어로'로 꼽힌다.

대표팀의 엔진 역할을 맡은 황인범이 공을 잡을 때 주변에서 늘 어슬렁거리는 선수가 바로 정우영이었다. 대표팀 내 두 명의 정우영 중에서 큰형, '큰 우영'이라 불리는 선수다. 공격시에는 황인범 주변에서 공을 전달하고 수비시에는 중앙 수비수 둘을 보호하는 1차 저지 역할을 맡았다. 자신이 뚫리면 곧장 부담이 수비진에게 가므로 그는 온몸을 던져 막아내는 플레이를 펼쳤다.

이런 장면이 중계 카메라에 유독 많이 포착되면서 태클이나 슬라이딩, 몸싸움 전문으로 비치기도 했다. 몸을 던지다 보니 유니폼 하의가 잔디에 쓸려 말려 올라가는 장면도 여러 번 보였다. 경기가 끝나고 유니폼이 가장 더러워진 선수를 찾아보면 십중팔구 그였다.

돌이켜보면 4년 전 러시아 월드컵에서도 같은 역할을 맡았다. 그때는 아무래도 투박했다면 이번에는 좀 더 성숙하고 정제된 '거친 플레이'를 펼쳤다고 표현하는 게 맞을 것 같다. 구자철과 기성용이 은퇴한 뒤 그 자리를 이어받아 지금껏 살림꾼 역할을 도맡아 왔다.

포지션상 투지를 빼놓고 그를 설명할 수는 없다. 우루과이전 전반 15분, 동료에게 횡패스를 한 게 빼앗기자 곧장 상대와 공을 한동안 뒤쫓기 시작하더니 다시 빼앗아 오는 근성을 보였다. 6분 뒤에도 다리를 쭉 뻗어 상대의 볼을 빼앗았지만 주심이 반칙 휘슬을 불었다. 이를 지켜보던 벤투가 펄쩍 뛰며 판정에 불만을 드러내기도 했다. 구자철은 당시 장면을 두고 "(정우영은) 상대에게 엄청난 압박을 주는 플레이를 했다. 절대로 자기 뒤로 공이 지나가지 않게 하겠다는 의지가 보인다"고 해설했다. 전반 막판에는 60미터나 전력 질주해 우루과이의 공격수 루이스 수아레스에게 연결되는 패스를 발을 죽 뻗어 넘어지며 걷어내는 등 인상 깊은 활약을 펼쳤다.

가나와의 2차전에서 2-3으로 패한 뒤에는 '제 역할을 못한 것 아니냐'는 비난도 받았다. 사전에 위기관리를 하지 못해 가나에 세트피스로 2점을 실점하는 결과를 초래한 것 아니냐는 말이지만 사실 어떤 장면에서 어떤 실수를 했다고 특정하기는 힘들다. 팬들이 화풀이 대상으로 늘 이름을 올리는 그에게 비난의 화난을 돌렸다고 보는 게 옳다.

이렇듯 큰 실수를 저지른 것도 아니니 벤투는 포르투갈전에도 당연히 그를 선발 출전시켰다. 오히려 더 큰 역할을 맡겼다. 김민재가 종아리 부상으로 결장한 가운데 후반 36분 김영권마저 허벅지 통증을 호소해 교체돼 나온 뒤 그는 수비형 미드필더에서 한 칸 내려가 중앙 수비수를 맡았다. 결론적으로 안정적인 수비를 이끌어 2-1 역전승을 이끌었다. 주목받지는 못했어도 보이지 않는 곳에서 '주연 같은 조연'을 맡았던 셈이다. 그는 나중에 이렇게 돌아봤다.

"경기 도중 중앙 수비수로 내려갈 때는 체력적으로 힘들어 걱정했지만 일단 버텨보자는 생각이었다. 특히 (왼발잡이인) 권경원이 익숙하지 않은 오른쪽 (중앙 수비)에서 정말 잘해줬다. 뒤에서도 그랬지만 앞에서도 잘 버텼다. (…) 선수들은 라커룸에서부터 정말 '서로 믿고 자신감을 가지면 할 수 있다'고 생각했다. 다들 열심히, 간절히 뛰었다. 그래서 상대편의 결과도 우리를 도와주지 않았나 생각한다."

그는 이렇게 벤투의 신뢰를 받아 황인범과 함께 브라질과의 16강전까지 4경기 연속으로 선발 출전했다. 브라질전에서는 의도치 않게 전반 13분 페널티킥을 허용하는 아픔도 맛봤다. 페널티 지역에서 공을 걷어내려고 킥을 하는 순간 브라질의 히샤를리송이 뒤에서 치고 나와 발을 내밀었는데, 그만 이 발을 차서 넘어뜨리고 말았다. 억울한 상황이었지만 주심은 경고와 함께 페널티킥을 선언했다. 영국 BBC 방송은 "당혹스럽다. 정우영은 단지 공을 걷어내고 있었을 뿐이고 뒤에서 달려오는 히샤를리송을 볼 수 없었다" 고 의아해했다. 반대로 '접촉은 최소한이었지만 페널티킥을 선언 하기에 충분했다'는 주장도 나왔다.

당시 페널티킥을 네이마르가 성공시키면서 한국은 1-4로 패했 다. 그는 SPOTV와의 인터뷰(2022.12.15)에서 "일단 내 판단이 늦 었던 것 같다. 원 터치로 처리했어야 하는데 짧은 순간 많은 고민 을 했다. 아주 살짝이지만 히샤를리송의 발이 내 발에 닿는 느낌이 났다. VAR을 체크하리라고 생각했고 바뀌지 않기에 '페널티킥 이 맞구나' 하고 생각했다"면서 "무엇보다 팀원들에게 미안했다. 나중에 영상으로 봤을 때는 애매한 부분이 있어 아쉽기는 했지만 히샤를리송의 플레이가 영리했다고 인정했다"고 돌아봤다.

대회를 마친 그는 후련해 보였다. 그는 "개인적으로 '더 이상 뛸 수 없겠다'는 생각이 들 정도로 모든 걸 쏟아냈다. 그랬기 때문에 잘하고 못하고를 떠나 후회는 없다. 우리가 준비한 걸 보여줄 수 있었던 것, 그리고 다음 대표팀이 준비를 잘하면 월드컵에서 또 싸워볼 수 있지 않을까라는 메시지를 줬다면 그걸로 만족한다"며 "브라질은 솔직히 정말 강했지만 절대 깰 수 없는 벽이라고는 생각 하지 않는다. 우리가 준비를 잘하면 또 한 번 싸워볼 수 있지 않을 까 생각한다"고 말했다.

월드컵 개최지인 카타르의 프로축구팀 알사드에서 뛰는 그는 나이상 자신의 마지막 월드컵이 될 수 있다는 생각에 하루도 허투 루 쓰지 않았다.

'티키타카'의 종말,
'실리 축구'의 역습

"북아프리카 팀이 스페인의 티키타카 사기꾼들을 상대로 승리를 거뒀다."

영국 매체 '데일리 메일'은 16강전에서 모로코가 스페인을 꺾자 이렇게 표현했다. 짧은 패스를 바탕으로 높은 점유율을 추구하는 축구 전술인 '티키타카(탁구를 치듯 짧고 빠른 패스 플레이)'를 쓰는 스페인을 박살 냈다는 뜻이다. 모로코는 스페인에 77퍼센트라는 압도적인 점유율을 내주고 패스도 세 배 이상 많은 1041회를 허용했지만 간단히 무실점으로 막아낸 뒤 승부차기에서 3-0으로 이겨 8강에 진출했다.

미국 뉴욕 타임스도 '패스에 빠진 스페인, 슛을 해야 할 때 고개를 숙였다'는 기사 제목을 내며 비슷한 보도를 했다. 스페인이 과감히 슛을 해야 할 때에도 패스하기에 급급했다는 말인데, 여기에는 유로 2008, 2010년 남아공 월드컵, 유로 2012 등 메이저 대회 3연속 우승을 일궈낸 스페인의 점유율 축구가 한계에 봉착했고 좀 더 극단적으로는 종말을 맞았다는 의미도 내포돼 있다. 점유율 축구의 상징이었던 스페인이 2014년 브라질 월드컵 조별리그에서 탈락한 데 이어 2018년 러시아 월드컵과 2022년 카타르 월드컵에서도 각각 16강전에서 지면서 이런 축구는 이제 상대에게 읽히고 결국에는 막을 내리게 됐다는 것이다. 스페인 스포츠지 '엘 문도'는 "(스페인은) 좋은 팀이었다. 그러나 성공하지 못한다면 별로 가치가 없다"고 일갈했다.

비단 스페인뿐 아니라 이번 대회에서 매 경기 50퍼센트가 넘는 점유율을 기록한 15개 팀 중 9개 팀만 16강에 진출했다. 6개 팀은 탈락했다는 얘기다. 평균 점유율 60퍼센트가량을 기록한 독일과 덴마크도 여기에 해당한다. 4년 전, 같은 조건을 가진 12개국 중 3개국만 탈락했다는 점에 비춰보면 두 배나 늘었다. 10년여 전 인기가 높았던 점유율 축구의 실효성이 빠르게 퇴보하고 있다는 점을 알 수 있다.

반대로 점유율은 낮아도 강력한 수비를 앞세우다 역습을 노리는 이른바 '실리 축구'를 펼치는 팀들은 날개를 달았다. 대표적인 팀은 스페인과 유사하게 '티키타카'를 펼쳐오다가 이번엔 완전히 '실리 축구'로 탈바꿈한 일본이다. 일본과 스페인 간의 조별리그 3차전은 상징적이었다. 일본의 점유율은 14퍼센트에 불과하고 스페인은 무려 78퍼센트에 달했지만 결과는 일본의 2-1

승리로 끝났다. 역대 월드컵에서 승리한 팀 중 가장 낮은 점유율을 가진 경우였다. 일본은 앞서 독일전에서도 비슷한 스타일로 이겨 모두를 놀라게 한 바 있다. '죽음의 조'에 속한 강팀들과 이른바 맞장을 뜨기보다는 '선수비 후역습'이라는 실리를 택해 효과를 본 것이다. 일본이 수십 년간 지향해온 스페인식 축구를 고집했다면 결과가 어떻게 됐을지 자못 궁금하다.

이건 일본만의 경우가 아니어서 이번 대회에서 경기당 평균 점유율이 38퍼센트 미만인 6개 팀 중 4개 팀(일본·모로코·폴란드·호주)이 16강에 진출했다. 특히 4강 진출에 성공한 모로코는 모든 경기에서 점유율이 20~40퍼센트 정도에 머물고도 이런 축구로 8강에 오르기까지 단 1골밖에 허용하지 않았다. 이 외에도 약팀 사우디아라비아가 점유율에서 아르헨티나에 25퍼센트 대 65퍼센트로 밀리고도 승리하는 이변을 일으켰다.

강팀들도 실리 축구를 펼치기는 마찬가지였다. 점유율에서 아르헨티나는 크로아티아에 34퍼센트 대 54퍼센트로, 프랑스는 모로코에 34퍼센트 대 55퍼센트로 밀렸지만 모두 4강에서 승리를 따냈다. 상대를 경기 내내 압도하지 않아도 효과적인 수비와 효율적인 공격으로 충분히 승리할 수 있음을 증명한 셈이다.

사실 약팀들이 생존 전략으로서 그동안 실리 축구를 펼쳐왔지만 이번 대회에서 특히 효과를 본 건 좀 더 많은 활동량과 세밀한 전술, 선수층이 뒷받침됐기 때문으로 보인다. 일본은 전반에 많이 뛰어 상대를 지치게 만든 다음 후반에 승부수를 띄웠다. 양 측면에 빠른 주력을 갖추고 직접적인 돌파가 가능한 선수를 투입해 상대를 흔든 다음 간결한 방식으로 득점하는 패턴을 보였다.

미국 ESPN은 "공을 많이 가지지 않는 팀이 예전에 비해 더 좋은 성과를 내고 있는 것은 분명하다"며 "약팀도 재능 있는 선수들이 모인 강팀을 무너뜨릴 기회가 더 늘어난다는 뜻"이라고 분석했다.

한편으로는 이번 월드컵이 사상 처음으로 유럽 축구 시즌이 한창인 11월에 열리면서 대회 준비 기간이 부족해 상대적으로 손발을 오래 맞춰야 하는 점유율 축구가 제대로 작동하기 어려웠다는 분석도 나왔다. 다음 월드컵에서는 다른 양상이 나타날 여지가 있다는 것이다.

3부

수비

QATAR 2022
김영권

'킹영권' 절망의 순간 또 나타났다

한국의 왼쪽 코너킥 찬스. 키커로 나선 이강인의 왼발 크로스가 크리스티아누 호날두의 등에 맞고 김영권의 발 앞에 툭 떨어졌다. 바로 직전에 포르투갈이 수비 라인을 올리자 중앙 수비수인 김영권이 빈 공간을 찾아 상대편 깊숙이 들어간 상황이었다. 끝까지 공을 주시한 그는 슬라이딩하며 왼발 발리슛으로 골망을 흔들었다.

포르투갈과의 3차전, 전반 27분에 터진 득점 장면이다. 킥오프 5분 만에 선제골을 내준 한국이 역전의 발판을 마련할 동점골을 터트린 순간이다. 그는 두 팔을 벌리고 내달렸다. 자신의 왼쪽 손에 키스한 데 이어 오른 팔뚝에 입맞춤하는 골 세리머니를 펼쳤다. 그의 오른 팔뚝에는 프랑스어 글귀 'Tu es toujours dans mon coeur(항상 가슴속에 새기고 다니겠다)'와 함께 아내와 첫째 딸의 영문명 'Sejin P & Baby Ria'가 타투로 새겨져 있다. 그는 카타르로 떠나기 전날 딸 리아에게 한 가지 약속을 했다. 만약 골을 넣는다면 딸 이름이 새겨진 팔뚝에 입맞춤하는 세리머니를 하겠다고. 그러고는 포르투갈전에서 동점골을 터트린 뒤 그 약속을 지켰다. 리아는 아빠를 응원하기 위해 카타르에 왔다. 관중석에서 아빠의 세리머니를 본 딸은 방방 뛰며 기뻐했다.

반드시 승리가 필요했던 포르투갈과의 경기. 한국의 핵심 수비수 김민재는 부상으로 결장했다. 어깨가 무거운 중에도 그는 발을 쭉 뻗고 몸을 내던져가며 포르투갈의 공세를 막아냈다. 그의 육탄 방어에 특히 포르투갈 공격수 호날두가 고전했다. 호날두는 경기 중 고개를 절레절레 흔들며 계속 혼잣말을 했다. 한국 대표팀에는 벤투를 비롯해 포르투갈 코치진이 많아서 그도 그 정도는 알아들을 수 있었다. 포르투갈어 심한 욕설인 '까랄류^{Caralho}' 같았다. 나중에 포르투갈 언론이 호날두의 입 모양을 분석했는데 욕설이 맞았다.

그만큼 호날두는 경기가 뜻대로 풀리지 않는 듯 보였다. 전반 42분 포르투갈의 미드필더 비티냐의 슈팅이 한국 골키퍼의 손에 맞고 흘렀을 때도 호날두가 다이빙 헤딩슛을 시도했지만 골포스트 옆으로 완전히 벗어났다. 마치 호날두가 한국 수비수를 대신해 공을 걷어낸 것처럼 보였다.

앞서 호날두는 2019년 유벤투스 방한 경기 때 벤치에 앉아 나타나지 않으면서 '날강두'라 불렸는데, 한국 네티즌들은 이번에는 그가 대한민국에 도움을 줬다며 '한받두(한반도+호날두)'라는 새 별명을 붙였다. 급기야 재외국민 주민등록증 합성 사진과 한국 대표팀 유니폼을 입은 합성 사진까지 등장했다.

사실 김영권은 동점골 과정에서 공이 호날두의 등에 맞고 흐른 것을 경기 후에야 영상을 보고 알았다. 이강인이 코너킥을 올렸을 때 공이 잘 안 보여 빈 공간을 찾아 들어가는데 마침 그 위치에 떨어져 슈팅을 때렸다. 그는 경기가 끝나고 친동생과 친구들로부터 "득점 장면 때 왜 네가 거기 있었냐"는 카카오톡 메시지를 받았다. 옆에서 뛰는 측면 수비수 김진수는 김영권에게 "도대체 무슨 운이 있기에 형한테 또 그런 찬스가 난 거냐. 진짜 '될놈될'(될 사람은 된다)"이라고 농담했다.

그는 후반전 막판에 그라운드에 드러누워 거친 숨을 몰아쉬었다. 의무팀이 달려 나왔는데 허벅지 통증 탓에 더는 뛸 수 없었다. 그만큼 혼신의 힘을 다해 모든 걸 쏟아냈다. 결국 후반 36분 교체 아웃됐다. 한국은 후반 추가시간에 터진 황희찬의 역전골로 2-1 승리를 거둬 극적으로 16강에 진출했다.

"날두형, 어시스트 고마워"

김영권은 기적의 사나이라 불린다. 2018년 러시아 월드컵 독일전에서 일어난 '카잔의 기적'에 이어 카타르 월드컵의 '도하의 기적'도 그의 발끝에서 시작됐기 때문이다. 4년 전 러시아 월드컵 조별리그 독일과의 3차전에서 후반 추가시간까지 왔을 때다. 손흥민의 코너킥이 독일 미드필더 토니 크로스의 발에 맞고 자신의 발 앞에 떨어진 것을 그가 문전에서 오른발 슛으로 골망을 흔들었고 비디오 판독 끝에 득점이 인정됐다. 그렇게 그가 선제골을 터트리고 손흥민이 폭풍 질주해 추가 골을 뽑아내면서 당시 FIFA 랭킹 1위 독일을 2-0으로 무너뜨렸다.

4년이 흘러 비슷한 장면이 연출됐다. 카타르 월드컵 포르투갈전에서는 손흥민이 득점한 대신 황희찬의 골을 어시스트한 정도만 달랐다. 김영권이 팔뚝에 입을 맞추는 세리머니까지 판박이였다.

포르투갈전에서 승리한 뒤 믹스트 존에서 만난 '3차전의 사나이'는 "4년 전 독일전보다 지금이 훨씬 좋다. 이번에는 골도 넣고 16강에도 진출했기 때문"이라며 환하게 웃었다.

'김영권은 토니 크로스와 호날두의 패스를 받아 월드컵에서 골을 넣은 선수'라는 재미있는 말까지 생겨났다. 카타르 월드컵이 끝난 뒤 서울에서 만난 그는 중앙일보와 MBN을 통해 재미있는 뒷얘기를 들려줬다.

"우연치 않게 세계 최고의 축구 선수들한테 어시스트 아닌 어시스트를 받았다. 나한테는 영광이다. 호날두한테 어시스트를 받는 게 내 축구 인생에 다시 없을 일이다. (호)날두형, 의도치 않았겠지만 어시스트가 된 것에 고맙다는 말을 전하고 싶고 앞으로도 열심히 응원하겠다. 파이팅!"

그는 앞선 우루과이전에서 무실점 수비를 펼쳤다. '왼발잡이 센터백'인 그는 김민재와 함께 든든한 수비를 펼쳤다. 특히 우루과이의 공격수 다르윈 누녜스가 왼쪽 측면으로 돌파하려 할 때 열중쉬어 자세로 막아섰다. 행여 팔에라도 맞으면 핸드볼 파울이 돼 페널티킥을 내줄 수 있어서다. 누녜스가 엔드라인 쪽으로 돌파하려 해서 또 이를 악물고 쫓아가 방어했다. 경기 도중 김민재가 종아리를 다친 뒤에는 한 발 더 뛰며 커버했다.

우루과이전에서는 철벽 수비를 자랑했지만 그다음 가나전에서는 패배를 받아들여야 했다. 패배 후 믹스트 존으로 내려온 구자철 KBS 해설위원은 김영권과 정우영을 만나 어깨를 두드려줬다.

"너희 둘이 정말 고생 많다. 선배들이 다 나가고 너희 둘이서 대표팀을 지킨 거잖아."

2019년 카타르 아시안컵이 끝난 뒤 기성용과 구자철은 태극마크를 반납했다. 대표팀에는 1992년생 캡틴 손흥민도 있지만 1990년생 김영권과 1989년생 정우영이 고참으로서 대표팀의 중심을 잡아왔다. 벤투는 선수단 운영과 관련해 긴밀히 상의할 일이 있으면 김영권과 따로 대화를 나눴다. 벤투가 한국에서 A매치 57경기를 치르는 동안 그는 그중 가장 많은 44경기를 뛰어 척하면 알아듣는 선수가 됐다. 영화로 치면 봉준호 감독과 송강호 배우 사이처럼 감독의 속뜻을 가장 잘 파악하는 페르소나였다.

16강 진출이 결정되는 포르투갈전을 앞두고 공식 기자회견에 선수 대표로 참석한 이도 그였다. 출사표에서는 비장함이 느껴졌다.

"4년 전 독일전 때와 비슷한 심정이다. 뒤로 갈 곳이 없고 앞으로만 나아가야 하는 상황이다. 간절히 한 팀으로 똘똘 뭉친다면 막을 수 있을 것이다. 끝까지 포기하지 않겠다."

포르투갈전이 끝난 뒤 화제로 떠오른 '중요한 것은 꺾이지 않는 마음'이라는 문구는 그를 달리게 만든 원동력이었다.

"선수들도 '중꺾마' 얘기를 듣고 포르투갈전에서 꺾이지 않는 마음을 보여주자고 다짐했다. (…) 선수 대다수가 헛구역질을 하고 경기 후에는 밥도 잘 못 먹었다. 머리에 출혈이 발생한 인범이는 붕대를 벗어 던지고 뛰었다. 흥민이도 뼈가 잘 붙지도 않은 데다 안면 보호 마스크를 써서 답답한 상황에서도 뛰었다. '이렇게까지 했는데 16강에 못 가면 말이 안 되지 않나'라는 생각이 들었다."

브라질과의 16강전은 그의 개인 통산 A매치 100번째 경기였다. 2010년 8월 나이지리아전에서 A매치 데뷔전을 치른 뒤 한국 선수 중 15번째로 '센추리 클럽(A매치 100경기 이상 출전 선수)'에 가입했다.

FIFA 랭킹 1위 팀과 100번째 경기를 치르는 건 영광스러웠지만 결과는 아쉬웠다. 그는 골대 안까지 몸을 던져가며 수비했지만 1-4 패배를 막지는 못했다. 이런 한국의 투혼에도 브라질은 4골을 넣고 네 차례 모두 댄스 세리머니를 펼쳐 한국의 속을 긁었다.

그는 "나이와 경험도 쌓인 네이마르는 그냥 공을 차는 게 다르더라"며 "(브라질의 댄스 세리머니는) 상대편 입장에서 기분이 좋지는 않았지만 세리머니도 축구의 일부이고 브라질 선수들의 문화라면 받아들여야 한다고 생각한다"고 했다. 이어 "지난 두 번의 월드컵에선 허무하게 조별리그에서 탈락했는데, 이번에는 한국이 대등한 경기를 펼치며 16강에 오르는 경쟁력을 갖춘 팀으로 성장했음을 보여줬다. 앞으로 토너먼트에서도 이기는 방법을 배우면 좋겠다"고 말했다.

4년 만에 다시 획득한 '까방권'

카타르 월드컵을 마치고 귀국한 한국 대표팀을 보기 위해 인천국제공항에는 환영 인파 천여 명이 몰렸다. 입국장을 나온 김영권은 손을 번쩍 들어 휴대폰으로 팬들의 모습을 사진과 동영상에 담았다. 그는 "지난 두 번의 월드컵 때는 꾸중을 들었는데 이번에는 환대를 받았다. 처음이자 마지막일 수 있어 그 순간을 남기고 싶었다"고 이유를 설명했다.

8년 전인 2014년 브라질 월드컵을 마치고 귀국했을 때 대표팀 선수들은 팬들에게 엿 세례를 받았다. 특히 그는 조별리그 2차전 알제리와의 경기에서 4점이나 실점하며 2-4 참패를 막지 못했다. 1무 2패로 탈락했을 때는 '자동문'이라는 오명을 들어야 했다. 자동으로 열리는 문처럼 상대 공격수에게 너무 쉽게 뚫린다는, 비난이 섞인 의미였다.

그때부터 롤러코스터 같은 축구 인생이 이어졌다. 절치부심해 2015년 호주 아시안컵에서 준우승에 힘을 보탰고 동아시안컵에서는 주장 완장을 차고 우승을 이끌었다. 그해 손흥민과 기성용을 제치고 대한축구협회가 주는 '올해의 선수상'도 받았다. 당시 소속팀인 중국 광저우 헝다에서 뛰면서는 아시아 챔피언스리그 우승에

수비
239

도 일조했다. 2006년 독일 월드컵에서 이탈리아의 우승을 이끈 마르첼로 리피 전 광저우 헝다 감독은 그를 양아들처럼 아꼈다.

직진만 할 것 같던 축구 인생에 또다시 암운이 드리웠다. 2017년 8월 축구 인생의 밑바닥을 경험하게 된다. 이란과의 홈경기에서 0-0 무승부를 거둔 뒤 "관중들의 소리가 크다 보니 소통하기 힘들었다"고 말했다. 팬들은 '목이 터져라 응원하는 팬들에게 할 소리냐'며 분노했다. 선수들끼리 소통이 안 됐다는 걸 자책하다가 그만 실언을 했다. 전혀 그럴 의도가 아니었지만 나중에 자신의 인터뷰 영상을 확인하고 '팬들이 못 받아들일 수 있겠구나'라는 생각이 들어 깊이 반성했다.

이후 태극 마크와도 한동안 멀어졌다. 그런데 러시아 월드컵을 앞두고 2018년 5월 대표팀 수비수 김민재가 부상으로 낙마했다. 영영 인연이 없을 것 같던 태극 마크를 다시 달았다. 김민재 대체 요원으로 러시아 월드컵에 승선했고, 조별리그 1차전 스웨덴과의 경기에서 육탄 방어로 팬들의 마음을 누그러뜨렸다. 독일과의 3차전에서도 상대가 슛할 때마다 몸을 날렸다. 그는 0-0으로 끝날 것 같던 독일전 후반 추가시간에 왼발 슛으로 골망을 흔들었다.

그의 러시아 월드컵 출사표는 '필사즉생 필생즉사'였다. 말 그대로 죽기 살기로 싸웠다. 당시 믹스트 존에서 만난 그의 눈은 붉게 충혈돼 있었다.

축구 팬들은 그가 최고의 활약을 펼쳤다며 '킹영권', 수비가 눈부셨다며 '빛영권'이라고 찬사를 보냈다. "항상 그때를 잊지 않고 이를 악물고 축구하겠다"고 다짐했던 그는 4년이 흘러 카타르 월드컵에서 또 한 번 기적을 만들어냈다.

돌이켜보면 그는 한국 축구가 절망에 빠져 있던 순간마다 기적을 연출했다. 2018년 러시아 월드컵 독일전이 그랬고, 2022년 카타르 월드컵 포르투갈전도 그랬다. 그는 "과거의 힘듦이 나를 강하게 만들었다. 부모님이 힘들어하시는 걸 보고 싶지 않았다. 내가 성공에 가깝게 다가서지 못하면 가족을 지킬 수 없다는 생각에 이를 악물고 축구했다"고 고백했다.

그는 학창 시절 가세가 기울어 축구를 중단할 뻔했다. IMF 외환위기 때 아버지의 사업이 부도가 났다. 당시 전주해성중 2학년이던 그는 전주에 홀로 남았다. 좋아하는 축구를 포기할 수 없었다. 나머지 가족과 경기도 부천으로 이사한 아버지는 빚을 내 트럭을 사서 식당에 식재료를 납품하는 일을 했다. 하지만 가정 형편은 더 나빠졌다. 아버지 김성태 씨는 이런 고백을 했다.

"트럭째 몰고 한강에 빠져버릴 생각마저 했다. 영권이에게 '형편이 안 되니 축구를 그만두면 안 되겠느냐'고 한 뒤 서로 안고 펑펑 울었다. 하루는 영권이에게 '축구화를 사기 위해 공사장에서 막노동을 하고 왔다'는 얘기를 들었다. 결국 계속 축구하게 했고 나 역시 아들을 보며 일어섰다."

김영권은 전주공고 3학년 때 금요일까지 축구를 하고 토요일에는 돈을 벌러 막노동 일을 나갔다. 일당 7만 원에서 수수료를 떼고 6만 3000원을 받았다. 그 돈으로 한 주를 보내면서 한 푼 두 푼 모아 축구화도 샀다. 동료들이 다 잘 때 홀로 나가 연습했다. 그런 노력 덕분에 왼발잡이인 데도 양발을 잘 쓰게 됐다. 또 풋살 국가대표까지 병행하며 누구보다 간절히 축구했다. 지금도 힘들었던 시기를 잊지 않는다. 카타르를 다녀오고 나서는 모교인 전주공고를 찾아가 후배들을 만났다.

그의 왼팔에는 'Only I can change my life. No one can do it for me(오직 나만 내 인생을 바꿀 수 있어. 누구도 대신 해줄 수 없어)'라는 글귀가 새겨져 있는데 문신처럼 자신의 힘으로 인생을 바꿨다.

좌절의 순간에도 뛰게 만드는 건 '가족'이다. 그는 2013년 괌으로 여행을 가던 도중 비행기에서 승무원이었던 아내 박세진 씨를 보고 첫눈에 반했다. 대표팀 동료인 김보경의 아내가 승무원 출신이라 도움을 얻어 박씨를 다시 만나는 데 성공했다. 대시 끝에 2014년 12월 결혼했다. 이후 세 아이가 태어나면서 책임감이 더욱 강해졌다. 2015년생 딸 리아, 2017년생 아들 리현, 2020년생 아들 리재까지 '리리리 삼남매'를 뒀다. 포르투갈전에서 골을 넣고 아내와 리아 이름이 새겨진 팔뚝에 입맞춤하는 세리머니를 했다.

2018년 러시아 월드컵 독일전에서 이영표 해설위원은 중계 도중 "김영권에게 5년짜리 '까방권(까임방지권의 준말·잘못해도 용서를 받을 수 있는 권리)'을 줘야 하는 것 아니냐"고 했다. 4년이 흘러 카타르 월드컵 포르투갈전을 통해 '까방권'을 또 한 장 획득한 셈이 됐다. 그는 "(까방권) 2장이면 은퇴할 때까지는 충분히 쓸 수 있겠다"며 웃었다.

1990년생인 그는 36세가 되는 2026년 북중미 월드컵까지 뛸 수 있을까. 출전을 장담할 수 없지만 한국 수비수 최진철이 35세에 2006년 독일 월드컵에서 뛴 사례가 있다. 카타르 월드컵에서 포르투갈의 페프와 브라질의 다니 아우베스가 39세 수비수였던 점을 감안하면 불가능하지도 않다. 김영권의 풍부한 국제 대회 경험, 특히 토너먼트 및 각종 우승 경험은 대표팀에 농도와 무게를 더해줄 수 있다. 물론 기량을 유지한다는 전제에서다. 그는 속마음을 털어놓았다.

"4년 후는 너무 먼 이야기이고, 내가 그때 할 수 있을지 모르겠지만 앞으로 1년, 1년이 중요할 것 같다. 요즘 시대는 선수 생명이 길어졌는데 4년간 몸 관리를 잘해서 도전해보고 싶다. 아이들에게 아빠가 계속 축구하는 모습을 보여주고 싶은 마음도 크다. 물론 몸이 안 좋으면 못 가는 거다. 기량이 떨어져놓고 억지로 욕심을 내지는 않을 것이다."

차기 월드컵으로 가는 길목에는 카타르 아시안컵이 있다. 2023년 6월 개최될 예정이었지만 2024년 1월로 변경됐다. 대표팀의 전력을 중간 점검하는 한편 아시아 정상에 도전해야 하는 대회인데, 과거 대표팀 베테랑 선수들이 은퇴 무대로 삼아왔기에 그에게도 의미심장하게 다가온다. 박지성과 이영표는 2011년 카타르 대회, 차두리는 2015년 호주 대회, 기성용과 구자철은 2019년 아랍에미리트 대회를 마치고 태극 마크를 반납했다.

아시안컵 우승이 없는 그는 우승을 정조준한다. 일단 우승을 목표로 뛰고 나서 태극 마크를 지속할지 결정할 계획이다. 그는 "리그와 아시아 챔피언스리그 우승을 해봤지만 아시안컵은 2015년에 거둔 준우승이 최고 성적이다. 아시안컵 우승 트로피가 없는 게 아쉬워서 꼭 우승하고 싶다. 돌아오는 카타르 아시안컵이 기회가 되지 않을까 싶다. 카타르에서 '어게인 2022' 해야 하지 않을까"라고 했다. '카타르 아시안컵에서 우승하면 은퇴하는 것 아니냐'고 묻자 "그럴 가능성이 없지는 않지만 그래도 도전해보고 싶다. 월드컵 3회 출전과 4회 출전은 또 다른 얘기다. 그래서 (다음 월드컵 출전) 기대는 하고 있다"고 답했다.

그는 광저우에서 7년간 활약하며 리그 8회 우승, 아시아 챔피언스리그 2회 우승 등을 했고, 일본에서는 5년간 활약하며 FC 도쿄와 오미야 아르디자, 감바 오사카 등에서 뛰었다. 2022년 국내로 돌아와 울산 현대에 17년 만의 우승을 안겼다. 23세 이하 대표팀으로는 2010년 광저우 아시안게임 동메달, 2012년 런던올림픽 동메달, 국가대표팀으로는 동아시안컵에서 2015년과 2019년 우승을 경험했다.

수비가 침착하고 감각 있고 발 기술이 좋다는 평가를 받는다. 안정감은 켜켜이 쌓인 경험에서 비롯된다. 경험이 기적을 만든 게 아닐까 싶다. 한국 축구의 자산으로서 경험을 전수하고 롱런하기를 바란다.

월드컵 판이 바뀌었다,
2000년대생이 대세

필자는 칼리파 인터내셔널 스타디움에서 열린 조별리그 B조 잉글랜드와 이란의 경기를 직접 관람했다. 잉글랜드가 6-2 대승을 거둔 중심에는 2003년생 19세 미드필더 주드 벨링엄이 있었다. 벨링엄은 전반 35분 올라온 크로스를 머리로 방향만 바꿔놓으며 월드컵 데뷔전에서 데뷔골을 뽑아냈다. 19세 145일 나이의 그는 1998년 프랑스 월드컵 당시 18세 190일 나이에 골을 터트린 마이클 오언에 이어 '잉글랜드 월드컵 최연소 득점' 2위에 등극했다. 더불어 2000년대생 최초로 월드컵에서 골을 기록한 선수가 됐다.

영국 언론들은 '헤이 주드'라고 열광했는데 그의 이름 주드와 비틀즈의 노래 'Hey Jude'를 합한 표현이다. 그는 세네갈과의 16강전에서 헤딩으로 볼을 따낸 뒤 드리블을 치고 들어가 추가 골을 이끌어냈다. 잉글랜드의 전설적인 미드필더 스티븐 제라드와 프랭크

램퍼드를 합한 것 같았다. 첫 월드컵에서 8강행을 이뤄낸 벨링엄은 다음 2026년 북중미 월드컵 때 나이가 23세에 불과하다.

카타르 월드컵에서는 2000년 전후에 태어난 샛별들이 찬란히 빛났다. 현장에서 관전한 또 다른 경기 C조 아르헨티나와 멕시코의 경기에서는 리오넬 메시보다 14살이나 어린 2001년생 21세 미드필더 엔소 페르난데스가 눈에 확 띄었다. 메시의 패스를 받아 오른발 감아 차기로 쐐기골을 뽑아냈다. '중원 사령관'인 페르난데스는 프랑스와의 결승전에서는 태클을 10차례나 성공했다. 메시와 함께 아르헨티나의 우승을 이끈 그는 영플레이어상을 수상하며 몸값이 폭등했다. 대회 후 프리미어리그 역대 최고 이적료인 1619억 원에 벤피카(포르투갈)를 떠나 첼시 유니폼을 입었다.

크로아티아의 2002년생 20세 '마스크맨' 요슈코 그바르디올은 대회 전에 코뼈가 부러져 손흥민처럼 검은색 안면 보호 마스크를 쓰고 나섰지만 철벽 수비를 펼쳤다. 크로아티아는 단 1승만 거두고도 4강까지 진출했다. 16강과 8강 모두에서 승부차기로 이겼는데 승부차기에 대한 공식 기록은 무승부이기 때문이다. 사람들은 좀비처럼 되살아나는 이른바 '좀비 축구'를 펼쳤다고 말했다. 그바르디올이 후방을 든든히 지켜준 덕분에 플레이 메이커 루카 모드리치가 자유롭게 움직일 수 있었다. 네덜란드의 1999년생 23세 공격수 코디 학포는 조별리그 세네갈전, 에콰도르전, 카타르전에서 3경기 연속으로 골을 뽑아냈다.

'뜨는 별'이 있었다면 '지는 별'도 있었다. 세대교체 바람과 함께

내로라하는 스타들이 쓸쓸히 퇴장했다. 월드컵이 4년에 한 번 열리는 만큼 다음 대회를 기약하기 어려운 노장들이 나왔다. 우루과이의 1987년생 공격수 루이스 수아레스는 한국에 밀려 조별리그에서 탈락한 뒤 눈물을 쏟았다. 포르투갈의 1985년생 공격수 크리스티아누 호날두도 월드컵 5회 연속 득점을 올렸지만 숱한 논란만 남긴 채 8강전에서 초라하게 퇴장했다.

카타르 월드컵 개막을 앞두고 부상을 당한 프랑스 공격수 카림 벤제마(1987년생)와 프랑스 골키퍼 위고 요리스(1986년생)는 대회 후 국가대표 은퇴를 선언했다. 독일 노장 골키퍼 마누엘 노이어(1986년생)는 '2회 연속 월드컵 조별리그 탈락'을 막지 못하며 쓸쓸히 물러났다.

'라스트 댄스'를 거부한 노장 스타들도 있다. 아르헨티나 우승을 이끌며 골든볼을 수상한 1987년생 메시는 "세계 챔피언으로 경기를 뛰고 싶다"는 의지를 드러냈다. 그는 "나이 때문에 2026년 월드컵 출전은 어려울 것 같다"면서도 "건강하다면 계속 국가대표로 뛰겠다. 다음 월드컵까지 시간이 많이 남았지만 내 경력이 어떻게 되냐에 달려 있다"며 가능성을 열어뒀다.

크로아티아를 카타르 월드컵 3위로 이끈 1985년생 미드필더 모드리치 역시 2023년 유럽 네이션스리그에 나서겠다는 뜻을 내비쳤다. 2018년 러시아 월드컵에서 준우승을 이뤄낸 모드리치는 이번 대회에 37세 나이에도 7경기 656분을 뛰며 선장 역할을 했다.

폴란드의 1988년생 공격수 '득점 기계' 로베르트 레반도프스키는 조별리그 사우디아라비아전에서 월드컵 데뷔골을 넣고 감격의 눈물을 쏟았다. 프랑스와의 16강전에서 패해 탈락한 그는 "신체적으로 문제가 없어서 다음 대회 출전이 두렵지 않다"며 의지를 내비쳤다.

브라질의 공격수 네이마르는 8강에서 크로아티아에 충격적인 패배를 당한 뒤 "대표팀 문을 닫지 않겠지만 돌아오리라고 100퍼센트 보장하기도 어렵다"며 대표팀 은퇴 가능성을 열어뒀다. 다만 1992년생 손흥민과 동갑인 만큼 2026년 월드컵을 '라스트 댄스' 무대로 삼을 수 있다. 많은 축구 팬이 바라는 모습이다.

| QATAR 2022 |
| 김민재 |

'괴물 수비수' 몸이 부서져도 뛴다

우루과이와의 1차전 전반 1분. 중앙 수비수 둘 중 오른쪽에 있던 김민재가 뒷걸음치다가 김영권으로부터 볼을 건네받았다. 곧바로 우루과이의 공격수 루이스 수아레스가 압박해 왔다. 이런 상황이라면 보통 골키퍼에게 백패스를 하기 마련이지만 김민재는 뒤가 아니라 앞을 선택했다. 전방을 주시하더니 곧바로 긴 패스를 찔러 넣었다. 걷어낸 게 아니라 오른쪽으로 뛰어 들어가던 나상호를 향한 패스였다. 나상호가 공을 향해 치고 들어가자 우루과이 수비수가 황급히 밖으로 차내면서 한국의 첫 코너킥으로 연결됐다.

경기 해설에 나선 구자철은 "김민재가 우루과이 진영 깊숙이 잘 연결해 5대 5로 싸울 수 있는 경합 상황을 만들었고, 나상호에게 이어지는 코너킥까지 만들어냈다"고 평가했다. 경기 초반 우루과이를 당황스럽게 만든 인상적인 장면 중 하나다. 압박을 받으면 뒤로 물러서기 마련인 수비수가 거꾸로 치고 나오는 플레이를 펼치자 우루과이는 점점 꼬이기 시작했다. 한국은 자신감을 갖고 경기를 주도해갈 수 있었다.

유럽 축구에서 주목받는 가운데 월드컵에 처음 출전한 김민재가 어떤 선수인지 잘 보여주는 장면이었다. 벤투 축구의 시작이 곧 그의 발에서 시작된다는 의미다. 한국 축구 수비수들은 그동안 앞선 월드컵에서 안전한 경기 운영을 펼쳤다. 항상 그런 것은 아니었지만 상대 공격수들이 달라붙으면 대체로 옆이나 뒤로 패스했다. 쉽게 말해 공을 위험 지역 밖으로 걷어내는 경우가 많았다. 도전적인 패스를 했다가 빼앗기면 곧장 역습을 맞아 실점할 우려가 생기므로 의식적으로 실수를 줄이려는 플레이를 해왔다.

그런 면에서 그는 중앙 수비수로서 새로운 유형의 축구를 펼쳐 보였는데 그 첫째가 바로 공격적인 패스 운영이다. 튀르키예 페네르바체를 거쳐 이탈리아 나폴리로 이적한 첫 시즌부터 이런 공격적인 플레이가 농익어갔고 대표팀에서는 벤투와 부단히 의견을 나누며 기량이 완성 단계에 이르고 있었다. 그는 tvN '유퀴즈온더블럭'에 출연해 "내가 튀어 나가는 걸 좋아해서 처음에 (벤투에게) 되게 많이 혼났다. 내가 나가려고 하면 (벤투가) 리액션을 하면서 (막았다). 뉴스에는 '김민재와 벤투 감독이 (훈련 중에) 따로 얘기한다'고 나오는데, (실제로는 벤투가) '앞으로 나가지 말고' '나대지 마라' 그런 느낌으로 얘기한다"고 웃으며 설명했다.

그는 첫 번째 코너킥 상황에 가담해 손흥민이 올린 코너킥을 헤딩슛으로 연결하기도 했다. 월드컵 전까지 나폴리에서 머리로 2골을 넣은 바 있는 그로서는 아쉽게도 빗나갔다. 키가 190센티미터인 그가 초반부터 공격 재능을 유감없이 보여주면서 우루과이는 육체와 정신 모두에서 압박을 받을 수밖에 없었다.

그가 공격 성향을 보일 수 있는 건 경기를 읽는 운영과 시야가 좋기 때문이다. 전방 패스를 해야 할 때와 드리블로 상대 중앙 지역을 치고 들어가야 할 때, 템포를 늦춰 횡패스나 백패스를 해야 할 때를 선택하는 능력이 탁월하다. 우루과이전 전반 33분에 나왔던 전환 패스, 이른바 대지를 가르는 패스처럼 답답한 상황에서 상대 진영으로 빠르게 찔러 넣는 패스를 통해 단번에 경기 분위기를 바꾸기도 한다.

패스 성공률도 90퍼센트에 육박한다. 이런 플레이를 펼치는 그를 보면 가끔은 키 큰 미드필더가 중앙 수비수로 뛰고 있다는 느낌마저 든다. 때로 드리블 돌파를 할 때 상대 수비수가 막지 않으면 상대 진영 깊숙한 곳까지 침투하는 예측 불허의 플레이를 펼치다 보니 상대로선 여간 상대하기가 쉽지 않다.

그의 공격 성향에 대한 얘기를 먼저 꺼낸 것은 수비는 기본적으로 훌륭하기 때문이다. 김민재 하면 '키가 큰데 빠르기까지 하다'는 생각이 먼저 든다. 여기에 순간 판단력이 좋아 상대방 패스를 길목에서 차단하거나 걷어내는 능력이 뛰어나다. 주력이 어지간히 빠르지 않은 이상 김민재라는 수비수를 일대일로 뚫는 건 쉽지 않다. 외신이 앞다퉈 맨체스터 유나이티드 같은 유럽 빅클럽들이 주목하는 선수로 그를 거론하는 게 낯설지 않을 정도로 높은 수준의 기술을 월드컵에서 보여줬다.

피지컬에 축구 지능까지 갖춘 영리한 선수이자 한국 축구 역대 최고의 수비수가 될 자질을 갖춘 선수라는 얘기가 나오는 것도 당연하다. 공격과 수비 양쪽 모두 갖췄기에 이미 오래전에 '괴물 수비수'라는 별명이 붙었다. 그와 같은 1996년생으로 대회 내내 붙어 다닌 황인범이 '유퀴즈온더블럭'에서 '김민재를 상대로 만나면 버겁지 않은가'라는 질문에 이내 진지하게 "그쪽(김민재)으로 가지 않는다"고 대답할 정도다.

불의의 부상, 불굴의 투지

한국 선수들이 우루과이전 하프타임을 마치고 후반전 준비를 위해 그라운드에 어깨동무를 한 채 둥글게 모여 섰다. 주장 손흥민과 베테랑 김영권, 김진수 등이 한마디씩 하며 승리를 위해 전의를 불태웠다. 이들보다 중계 카메라에 더 많이 잡힌 선수가 있었는데 바로 김민재였다. 손을 들었다 내렸다 하며 여러 차례 발언하는 장면이었다. 유럽 축구 무대에서 뛰며 얻은 자신의 기량에 대한 자신감, 우루과이전 전반을 뛰며 얻은 확신에 대한 경험을 동료들에게 전파하는 듯 보였다.

그라운드 위에서는 선후배가 없다. 실력이 있으면 누구나 리더가 될 수 있는 법이다. 선수들 모두 마찬가지였겠지만 그는 오로지 하나의 목표, 즉 승리를 위한 방법을 찾고 공유하는 데 집중하고 매달렸다.

그는 경기 자체에 집중할 것을 강조하기도 했다. 네 살 위인 손흥민이 주심에게 계속 항의하는 것을 보고 "빨리 가라고, 그냥 가라고"라고 호통 치는 모습이 포착되기도 했다. 손흥민은 그제야 주심 곁을 떠나 경기에 집중하는 모습을 보였다. 이런 그라운드 안팎의 모습을 통해 대표팀 차기 주장감으로 손색없다는 얘기도 나왔다. 그는 '유퀴즈온더블럭'에서 웃으면서 "일부 팬들이 그 모습을 보며 싸가지 없다고 하시는데, 경기장에서는 그렇지 않다"고 말했다.

다크호스를 넘어 우승 후보로까지 거론된 우루과이는 전반에 애를 먹었지만 후반은 달랐다. 우루과이의 세계적 선수들이 한국이 놓은 덫을 점차 풀고 나오면서 경기를 이끌어 갔다. 그도 역습 상황에서 우루과이 선수를 놓치곤 했다. 상대가 워낙 스타플레이어들이 즐비하고 위협적이었기 때문이다. 후반 5분에도 역습을 허용할 뻔한 상황을 맞았지만 그는 프리미어리그 리버풀에서 뛰는 다르윈 누녜스를 순간 몸싸움으로 밀어내고 공을 되찾아내면서 유럽의 톱클래스 수비수임을 증명했다. 그는 큰 키에 균형 잡힌 체형, 떡 벌어진 어깨로 웬만해선 밀리지 않는 피지컬을 갖췄다.

그러다 후반 18분 불의의 부상을 당했다. 우루과이가 긴 패스를 시도하면서 한국 진영 왼쪽 측면에서 누녜스와 경합하는 상황이 벌어졌다. 누녜스가 공을 치고 돌파하는 순간 그는 오른발을 잘못 디뎌 미끄러지는 바람에 크게 넘어졌다. 누녜스가 한국 골문으로 단독 돌파하는 위기의 순간 그는 불편해 보이는 자세로 일어서더니 다시 뛰어 골문 앞에 도달했다. 그 사이 한국의 실점 위기를 김승규 골키퍼가 막아냈다. 상황이 종료되자 그는 그제야 그라운드에 털썩 누워 고통을 호소했다. 넘어지는 과정에서 오른쪽 종아리를 다친 것이다.

황급히 뛰어 들어간 의무팀에 그는 인상을 쓰며 종아리의 상태가 좋지 않음을 알렸다. 대표팀은 일순간 불안감에 휩싸였다. 그가 뛸 수 없다면 누가 대체할지 상상이 되지 않았다. 다행히 치료를 받고 일어서 재투입을 위해 그라운드 밖에서 대기했지만 계속 신경이 쓰이는지 종아리를 매만졌다. 재개된 경기에 다시 들어갔지만 몸 상태가 온전치 않아 보였다. 자연히 그 전까지 보여준 최고 수준의 경기력을 재연하는 건 버거워 보였다. 어쩔 수 없이 이후부터는 소극적인 모습이 눈에 띄었다. 대표팀도 그만큼 활력을 잃은 것처럼 보였다. 그렇지만 남아 있는 2차전과 3차전을 위해 '보물 수비수'를 아껴야 했다.

그렇게 한국도 우루과이도 득점하지 못하면서 경기는 0-0으로 끝났다. 부상을 안고도 경기를 끝까지 마친 그는 안도하는 표정이었다. 경기 후 나폴리 팀 동료인 마티아스 올리베라와 밝은 표정으로 인사를 나누고 유니폼을 교환했다. 그는 믹스트 존에서 부상에 대해 "근육을 다친 게 처음이지만 심한 건 아닌 것 같다"고 대수롭지 않게 말했다. 말은 그렇게 해도 상황이 녹록지 않아서 종아리 부상은 한동안 그를 괴롭혔다.

또 처음 월드컵 무대를 밟은 소감을 묻는 질문에 "경기를 뛰면서 긴장한 적이 없었는데 처음으로 긴장해 땀이 많이 나고 심장도 두근거렸다"고 했다. 본인은 긴장했을지 몰라도 적어도 밖에서 보기에는 한 수 위라고 평가받던 우루과이를 긴장하게 만든 주역으로 평가받기에 충분했다. 평소 선수 개인에 대한 평가를 꺼리는 벤투도 경기를 마치고 가진 기자회견에서 '김민재가 수아레스와 누녜스 등 세계적인 공격수들을 잘 막았다'는 질문을 받고 "아주 기량이 뛰어났다. 그리고 우리가 전체 경기 조직이나 전략에서 도움을 받았다"고 칭찬했다.

김민재 본인은 별일 아닌 듯이 넘겼지만 부상 상태는 생각보다 심했다. 이에 따라 가나와의 2차전을 앞두고 이틀간 훈련에 참여하지 못하고 회복에 전념했다. 당시 취재한 바에 따르면 그의 출전은 경기 전날까지도 확정되지 않았다. 벤투 감독 역시 가나전을 앞두고 가진 기자회견에서 "김민재는 (출전 여부는) 아직 모른다. 회복 중이며, 내일 상황을 보고 오전에 결정할 것이다"고 말했다.

단기간 재활에 매달린 그는 가나전 당일 출전하겠다고 벤투에게 말했고 벤투도 선수의 의지를 존중해 선발 출전을 결정했다. 16강 진출을 위해선 가나전 승리가 필요했던 만큼 벤투 입장에선 핵심 수비수의 그런 결정이 반가웠을 것이다.

하지만 가나전은 결과적으로 우루과이전처럼 단단하지 못했다. 그는 가나전 전반 25분에 생긴 프리킥 상황에서 공이 한국 진영의 골문 앞으로 깊숙이 날아들었을 때 필사적으로 머리로 맞췄다. 하지만 운이 없게도 공은 문전 바로 앞에 떨어졌고 가나의 수비수 모하메드 살리수가 차 넣어 선제골 실점으로 이어졌다. 전반 34분에도 가나에 공중 볼에 이어 헤딩 추가 골을 내줬다. 그가 특별히 실수한 건 없지만 한국의 단단한 수비진은 우루과이전과 달리 크게 흔들려 아쉬움이 남았다.

한국은 맹렬한 기세로 밀어붙여 2-2 동점을 만들었지만 후반 23분 왼쪽 측면이 허물어진 끝에 다시 한 번 수비 조직력이 흔들리며 통한의 결승골을 내줬다. '철벽'이라 불리는 그가 버틴 수비였기에 충격이 컸다. 아프리카 특유의 개인플레이와 부분 전술에 맥없이 무너졌다.

그는 후반 23분 결승골을 허용한 장면에 대해 크게 자책했다. 구자철 KBS 해설위원은 유튜브 '이스타TV'(2022.11.30.)에서 후배인 김민재가 '내 (수비) 위치가 잘못됐기 때문에 세 번째 실점을 허용한 것 아니냐. 이 부분에 대해 냉정히 얘기해줬으면 좋겠다'는 내용의 문자메시지를 보내 왔다고 공개했다. 사실 세 번째 실점 장면에서 가나의 이냐키 윌리엄스가 슈팅하려고 하자 그가 앞에서 막으려고 수비 동작을 취했는데 해당 공격수가 헛발질하면서 공이 옆으로 흘러갔다. 후속 상황에서 가나의 모하메드 쿠두스가 결승골로 연결한 것이라 그의 잘못은 크게 없었다. 그럼에도 그는 애초에 자신이 좀 더 앞쪽에서 수비했더라면 윌리엄스로 향하는 볼을 차단할 수 있지 않았을까 자책한 것으로 보인다. 그가 평소에 얼마나 수비에 완벽을 기하는지를 단적으로 보여주는 사례다. 구자철은 힘들어하고 있을 그를 떠올리고 "너무 슬프지 않느냐"며 고개를 저었다.

한편으로는 한국 수비진이 우루과이전에 비해 뒤로 물러선 것도 패인으로 꼽힌다. 특히 첫 번째와 두 번째 실점 상황에서 수비진이 지나치게 골대 쪽으로 가깝게 붙다 보니 골키퍼 김승규가 활동하는 반경이 그만큼 줄어들고 적극적으로 전진해 공중 볼을 처리하기 힘들었다는 지적이 나왔다. 한국 수비진과 상대 공격수들이 좁게 밀집한 상황에서 골키퍼 입장에서는 이들과 부딪칠 것이 염려되어 적극적으로 뛰어나오기 힘들었다는 의견이다.

이에 대해 후보 골키퍼였던 조현우는 '리춘수'(2023.1.13.)에서 "월드컵 첫 경기를 앞두고 일주일 전쯤 벤투 감독과 선수단이 얘기해서 며칠 동안 미팅을 통해 수비 라인을 맞췄다. 벤투 감독이 '너희들이 편하고 안전한 걸 상의해서 얘기해주면 우리가 거기에 맞춰 훈련하겠다'고 해서 (수비 라인이 물러서는) 훈련을 했다"면서 "골키퍼와 수비진이 충분히 대화를 나눴다. 어차피 공이 우리 문전으로 넘어오니 우리가 내려와서 존(지역 수비)으로 서서 (가나 공격진에) 갖다 박아버리자는 거였다. 연습할 때는 실점이 거의 없었다. (하지만) '우리가 좀 더 미리 준비했더라면' (하는 아쉬움이 있었다). 준비하는 시간이 너무 짧았다"고 말했다. 개인이 아니라 팀 차원에서 문제가 발생했고 가나가 빈틈을 절묘하게 파고든 것이라고밖에 볼 수 없는 부분이다.

벤투는 가나전을 마치고 기자회견에서 김민재의 포르투갈전 출전 여부를 묻는 취재진의 질문에 비교적 상세히 상황을 전했다.

"김민재는 소속 팀에서 많은 경기를 소화했다. 유럽 챔피언스리그와 세리에A에서 모든 경기를 뛰었다. 대표팀에 와서 부상을 당하고 회복하는 중에도, 훈련하는 중에도 희생 정신과 팀을 도우려는 의지를 보여줬다. 가나전에서도 본인이 경기에 최대한 나가고 싶다고 했다."

김민재는 16강 진출이 달린 포르투갈전에 결국 출전하지 못했다. 부상 악화가 우려돼서다. 쓰러지지 않는 전사처럼 보인 그가 이번에는 스스로 내려놓았다. 한 경기에 모든 걸 걸 수는 없는 노릇이었다. 측면 수비수인 김진수는 SBS '주영진의 뉴스브리핑'(2022.12.9.)에서 "(김민재가) 내 방에 찾아왔기에 내 경험을 얘기해줬다. '4년 동안 준비를 잘한 것을 알고 있고 월드컵도 월드컵이지만, 네 몸이 먼저'라고 얘기했다. (그러고 나서) 민재가 선택했다. 그게 잘못된 선택이라고는 생각하지 않는다. 왜냐하면 (결과적으로) 민재에게도 이득이 됐고 팀도 승리했기 때문이다. (김민재가) 중요한 선수이지만 다른 선수(권경원)가 100퍼센트 해주면서 대표팀에 믿음이 더 생긴 것 같다. 어떤 선수가 경기에 나가도 우리는 해낼 수 있다는 것이었다"고 설명했다.

그는 그렇게 벤치에서 한국이 포르투갈을 꺾고 16강에 진출하는 모습을 지켜봤다. 부담을 내려놓고 한번 쉬어가면서 한 뼘 더 성장할 수 있었다.

"벤치 밖에서 보니까 더 잘 보이더라. 다들 죽도록 뛰고. (황)희찬이도 밖에서 보고 있었는데, 내가 희찬이한테 (교체) 들어가기 전에 '네가 한 골 넣을 것 같다, 한 골 넣어줘'라고 했는데, 희찬이가 정말 마지막에 골을 넣었다. (벤치에서) 나도 팬이 돼서 '와' 이러고 있었다."(tvN '유퀴즈온더블럭')

그는 포르투갈전이 끝난 뒤 "16강전 출전 여부는 지켜봐야 하지만 뛸 수 있을 것 같다. (근육이) 찢어지더라도 뛰겠다"며 의지를 드러냈다. FIFA 랭킹 1위인 브라질과의 16강전을 앞두고 훈련장에서 러닝 훈련을 시작했다.

브라질전에 다시 복귀해 선발 출전했지만 한계를 절감했다. 1-4 패배. 빡빡한 경기 일정 때문에 휴식을 취하지 못해 체력이 바닥나 있던 점은 차치하더라도 한국은 선수 개개인으로서나 팀으로서나 실력에서 뒤졌다. "통증을 참고 뛰었다"는 그는 경기를 마치고 "개인 능력 차이가 솔직히 많이 났다"며 패배를 인정했다.

"우리가 실력이 모자라서 진 것이다. 내가 지금까지 상대한 팀 가운데 가장 잘하는 팀이다. 선수 11명이 다 월드 클래스인데, 이런 스쿼드를 갖춘 팀은 세리에A나 유럽 챔피언스리그 무대에서도 찾아보기 어렵다."

브라질의 에이스 네이마르에 대해서는 "솔직히 100퍼센트 플레이를 한 것 같지도 않은데, 잘한다는 말밖에 할 말이 없다"고 혀를 내둘렀다. 또 "이번 대회의 모든 경기가 쉽지 않았다. 개선할 점을 찾아 앞으로 실수하지 않게, 잘한 점은 더 잘할 수 있게 하겠다. 더 발전하는 계기가 될 것"이라며 스스로를 채찍질할 것이라고 강조

수비

했다.

그는 월드컵을 마치고 귀국하고 나서 이탈리아 무대로 돌아가기 전, 공항에서 가진 인터뷰에서 한국 축구의 발전을 위해 쓴소리를 했다.

"유럽파가 많은 일본이 부럽다. 이제 경쟁력이 우리보다 훨씬 유리한 위치에 있고 비교가 안 되는 것 같다. 사실 한국에서는 유럽에 진출하기가 힘들다. 구단과 풀어야 할 게 많고 이적료도 비싸다. 감히 한마디를 하자면 한국 선수들에게 유럽 팀의 제안이 온다면 (구단이) 좋게 잘 보내줬으면 좋겠다."

카타르 월드컵에서 일본은 우승 후보이던 스페인과 독일을 연파하며 파란을 일으켰는데, 월드컵 최종 명단 26명 중 19명이 유럽에서 뛰는 선수들이었다. 그에 비해 한국은 유럽파가 8명으로 그들의 절반에도 못 미쳤다. 그는 유럽파가 곧 경쟁력이라고 판단한 것이다. 자신도 유럽에 나가 실력을 키우고 증명한 만큼 대표팀이 앞으로 더욱 발전하려면 K리그 팀들이 대승적 차원에서 여건이 된다면 많은 선수가 유럽에 진출하도록 배려해달라는 뜻이다. 일각에서는 'K리그 팀들이 자선 단체도 아니고 선수들을 제대로 활용할 시점에 왜 유럽 진출을 도와야 하냐'는 의견을 내놓는다. 한국 축구의 미래를 위해 무엇을 해야 하는지 머리를 맞대고 고민해야 할 부분이다.

그는 이번 첫 월드컵에서 3경기에 나가 총 269분을 소화하는 동안 14차례 경합에서 13번을 이겼다. 공중 볼 경합은 11번 중 10번,

지상 볼 경합은 3번 모두 승리했다. 성공률은 각각 90.91퍼센트, 100퍼센트를 기록하며 훌륭한 수비력을 보여줬다.

도전을 거듭한 '철기둥'

김민재가 이렇듯 월드컵과 대표팀에 열성적인 이유를 알려면 4년 전 러시아 월드컵으로 거슬러 올라가야 한다. 2017년 전북 현대를 통해 K리그에 데뷔한 그는 그해 곧장 K리그 대상 시상식에서 신인왕을 거머쥐었다. 그해 러시아 월드컵 아시아 지역 최종 예선에서도 대표팀의 주축 수비수로 활약하며 안정된 경기력으로 대표팀의 '9회 연속 월드컵 본선 진출'에 기여했다. 그때부터 유럽 팀으로 이적하리라는 소문이 돌았다. '괴물 수비수'라는 별명도 그 시기에 생겼다.

그런데 러시아 월드컵 본선을 불과 한 달 앞두고 다쳤다. 2018년 5월 2일 전주월드컵경기장에서 열린 대구 FC와의 경기에서 문전에서 상대 슈팅을 막으려 오른발을 뻗었다가 정강이뼈 골절 부상을 입은 것이다. 정밀 검사 결과 회복하려면 8~10주 소요되리라는 진단이 나오면서 월드컵 출전의 꿈을 접어야 했다. 그로부터 12일 뒤 러시아 월드컵 최종 출전 선수 명단에서 낙마했다.

"어느 때보다 더 많이 준비했지만 아직 부족하기에 다음을 준비하는 시간을 주신 것 같다. 이번 러시아 월드컵은 함께하지 못하지만 좌절하지 않겠다. 응원하는 팬들을 위해 열심히 재활해서 복귀해 더 좋은 모습, 강해진 모습을 보여드리겠다."

이를 악물고 정진한 끝에 '더 강해진 모습'으로 2019년 해외에 진출했다. 먼저 중국 슈퍼리그 베이징 궈안으로 이적해 3시즌간 활약했다. 당시 슈퍼리그에는 유럽 주요 리그 출신의 수준급 외국인 선수들이 꽤 많았는데 그는 이들을 상대하면서 배우고 성장해 나갔다. 이 무렵 '파이터형 수비수'에서 '커맨더형 수비수'로 탈바꿈했다.

2021년 페네르바체, 2022년 나폴리로 한 단계씩 올려 이적하면서 단숨에 유럽 무대에 자신의 이름을 알렸다. 나폴리에서는 프리미어리그 첼시로 이적한 세계적인 수비수 칼리두 쿨리발리의 공백을 메울 적임자로 선택됐는데, 반 시즌도 되지 않아 완벽히 대체했다. 나폴리를 리그 선두에 올려놓으며 2022년 9월 아시아 선수 최초로 세리에A '이달의 선수'에 선정됐다. 이탈리아 최대 스포츠지인 '가제타 델로 스포르트'가 매기는 평점에선 수비수 중 가장 높은 점수를 유지했다.

현지 팬들은 구단에 처음인 동양인 수비수의 활약에 환호했다. 나폴리 시내에는 김민재의 활약 장면이 벽화에 그려졌다. 마라도나 같은 전설적인 선수나 팬들의 뇌리에 강렬한 인상이 박힌 선수만 그려지는데, 입단한 지 반년도 채 되지 않는 선수에게 이례적인 일이 벌어진 것이다. 또 팬들은 한글 '철기둥'이라고 적은 플래카드를 들고 와 그의 철벽 수비에 엄지를 치켜들었다. 나폴리의 레전드 수비수 주세페 브루스콜로티가 자신의 별명 'Pal e fierr(철기둥)'를 김민재한테 붙여도 좋다고 하자 팬들이 곧바로 행동으로 옮긴 것이다.

이렇게 좌절하지 않겠다는 각오로 4년 동안 발전에 발전을 거듭한 그는 FIFA가 주목하는 선수로 성장했다. 월드컵을 한 달 앞두고 FIFA는 소셜 미디어 계정에 '대한민국과 나폴리는 김민재라는 보석을 보유했다'는 설명과 함께 나폴리와 한국 대표팀의 유니폼을 반반 섞어 입은 그의 모습을 실었다. 그는 그렇게 4년간 3개국을 넘나들며 도전을 멈추지 않은 결실을 카타르 월드컵에서 맺었다. 월드컵을 한 달 앞두고 가진 이탈리아 신문 '라레푸블리카'와의 인터뷰(2022.10.27.)에서는 "4년 전 부상 탓에 러시아 월드컵에 나서지 못한 게 끔찍한 트라우마가 됐다"며 "마침내 이번 대회에서는 한국 대표로 출전할 기회를 얻을 것 같다. 내겐 큰 성취"라고 했다.

우루과이전을 마치고 나폴리 팀 동료인 올리베라와 유니폼을 교환하고 갈아입는 과정에서는 그의 가슴팍 문신이 드러났다. 가슴에 길고 큼지막하게 'Carpe Diem'이라고 적혀 있다. 라틴어로 '현재를 즐겨라'라는 뜻이다. 이와 관련해 이탈리아 신문 '코리엘레 델로 스포르트'가 과거 인터뷰를 전한 바 있다.

"나는 경기장에서 항상 그 순간을 잡으려 한다. 특히 상대와 경합할 때 그렇다. 카르페 디엠은 한국에서도 널리 쓰이는 문구다. 내 축구 인생을 가장 잘 표현한 문장이기도 하다. 이게 내 삶과 축구에 적용하려는 모토다. 나폴리의 이적 제안을 받아들이면서도 그렇게 했다."

그는 이 밖에도 왼팔에 'CAN'T STOP TO DREAM, TEMPUS FUGIT(꿈꾸기를 멈추지 말라, 시간은 기다려주지 않는다)'라는 영어와 라틴어 문구를 새겨 넣었다. 모두 지금의 그가 있기까지 가슴속 깊은 곳에 새기고 뛰어온 여정을 나타내는 말이다. 카타르 월드컵은 그에게 이런 의미였다. 몸을 사리지 않고 플레이하고 경기가 끝나면 아쉬워도 웃으면서 자신을 증명할 수 있었음에 감사해했다.

활달하면서도 할 때는 하는 성격인 경남 통영 출신의 그를 두고 친구인 대표팀 수비수 조유민은 '숯포러브'(2023.1.27.)에서 김민재의 얼굴을 그리고는 "회복 운동하는 날 민재가 나와서 '운동장이 와 이리 조용하노. 백승호, 파이팅해라. 와 이리 조용하노'(라고 말하는 사진)"이라고 설명해 웃음을 자아내기도 했다. 평소 훈련장에서 그의 성격이 어떻게 나타나는지 알 수 있는 에피소드다.

그는 나폴리에 입단할 때 열린 환영식에서 동료들 앞에서 가수 싸이의 '강남 스타일' 춤을 춰서 화제가 되기도 했다. '라레푸블리카'와의 인터뷰에서는 "난 모든 라커룸 동료를 웃게 만들었다. 정말 재미있었다. 그 노래를 부른 건 내가 케이팝을 좋아하기 때문이다"고 말해 타지에서 팀과 융화되기 위해 사교적 노력도 게을리 하지 않고 있음을 전했다.

월드컵에 4회 출전하며 아시아 최초로 월드컵 브론즈볼을 수상한 홍명보 울산 현대 감독은 스포츠서울과의 인터뷰(2021.10.26.)에서 "나는 상대의 움직임을 예측하고 대응하는 스타일이었지만 피지컬 면에선 좋지 못했다"면서 "하지만 김민재는 유럽의 큰 선수들과 맞설 수 있는 피지컬에 기술과 시야, 패스 능력까지 갖췄다. 그런 점에서 나보다 더 좋은 선수라고 본다"고 평가했다. 한국 역대 최고 수비수라 불리는 홍명보로부터 극찬을 받은 김민재가 어디까지 올라갈지 기대된다.

안정환 "메시는 '메신',
월드컵은 '카타르'시스"

안정환 MBC 해설위원은 카타르 월드컵을 중계한 지상파 3사 간의 시청률 경쟁에서 1위를 차지했다. 한국과 가나의 경기에서 가장 높은 시청률 21.6퍼센트를 기록했다. 다음은 선수와 해설자로 여섯 차례 월드컵 무대를 밟은 안위원의 대회 관전평이다.

*

난 카타르 월드컵 개막을 앞두고 "리오넬 메시의 아르헨티나가 우승 한번 했으면 좋겠다. 메시가 유일하게 못 들어본 월드컵 우승 트로피를 고 디에고 마라도나에게 바친다면? 카타르에서 '카타르시스'를 느낄 것"이라고 했다. 개인적으로 내가 그린 스토리대로 됐다. 메시가 우승 트로피를 2년 전 세상을 떠난 마라도나에게 선물하는, 월드컵 역사상 가장 멋진 스토리가 완성됐다.

메시는 결승전에서 페널티킥 선제골을 터트린 데 이어 연장 후반 3분 3-2를 만들었다. 프랑스의 킬리안 음바페에 해트트릭을 내줘 승부차기에 돌입했지만, 메시가 골문을 아르헨티나 관중석 앞으로 정한 건 잘한 것 같다. 승부차기도 노련하게 찼다.

메시 이름에 'ㄴ'을 하나 붙이고 싶다. '메신'. '축구의 신'이라는 별명이 잘 어울린다. 메시도 잘했지만 이번 우승은 아르헨티나라는 '팀'의 승리다. 앞서 4강에서 아르헨티나는 크로아티아를 3-0으로 이기면서도 죽도록 뛰었다. 메시의 '라스트 댄스'를 위한 동료들의 마음이 느껴졌다.

월드컵은 축구 트렌드를 선도한다. 2010년 남아공 월드컵의 우승국 스페인은 '티키타카'를 유행시켰다. 하지만 스페인은 이번 대회에서 한 경기 1000개 패스를 성공하고도 16강에서 탈락했다. 8강전(4경기)과 4강전(2경기)에서는 볼 소유가 더 적었던 5개 팀이 승리했다. 스피드와 활동량이 동반되지 않는 볼 소유는 비생산적이다. 점유율 축구와 빌드업 축구는 '효율 축구'의 상대가 안 됐다.

한국은 12년 만에 월드컵 16강에 올랐다. 포르투갈전(2-1 승)을 마친 우리 선수들은 속된 말로 '너덜너덜'해졌을 거다. 모든 걸 쏟아부었다는 얘기다. 손흥민은 경기 막판에 안면 보호 마스크를 벗어 손에 들고 뛰었다. 그의 헌신은 무조건 인정해야 한다.

코너킥이 포르투갈의 크리스티아누 호날두 등에 맞아 어시스트가 된 셈이지만 그가 그렇게 하고 싶어서 한 건 아니다. 중요한 건 우리나라의 16강행 가능성이 9퍼센트에 불과했지만 선수와 코치진, 국민들이 함께 뛰며 나머지 91퍼센트를 채웠다는 점이다. 호날두가 경기 도중 조규성에게 포르투갈어로 욕했다고 하던데 뭐가 중요한가. 우리는 호날두를 이긴 게 아니라 포르투갈을 이긴 거다.

16강 상대인 브라질은 워낙 강했다. 선수들도 느끼고 국민들도 느꼈을 거다. 월드컵에는 정말 잘하는 나라가 많다는 걸. 인정할 건 인정해야 한다. 실력 차가 나서 진 거다. 브라질이 축구가 재미없게끔 만들었어야 했는데 그러지 못했다.

그래도 선수들은 인간이 할 수 있는 이상을 해냈고 인간의 한계를 뛰어넘을 정도로 최선을 다했다. 조별리그가 너무 힘들어 체력이 소진됐다. 손흥민도, 김민재도, 이재성도 모두 아프고 힘든데도 리스크를 참고 뛰었다.

손흥민이 '결과가 죄송하다'며 고개를 숙였는데, 손흥민이 죄송할 게 아니라 내가 죄송하다. 아무것도 해줄 수 없고 바라볼 수밖에 없어 선배로서 너무 미안했다.

벤투는 한국 축구와의 4년 동행을 마무리했다. 떠나는 사람한테 못했던 걸 얘기할 필요는 없다. 대표팀에 도움을 준 게 많다. 다음에 누가 오든지 관계없이 벤투의 결정을 존중할 뿐이다. 평가는 팬들이 할 것이다. 패싱 축구를 접목했기 때문에 여기에 새로운 걸 보태면 더 좋은 팀이 될 거다.

한국과 일본, 호주 등 아시아축구연맹(AFC) 소속 3개국이 16강에 올랐다. 많은 아시아 선수가 유럽 리그에서 뛰고 있어 겁먹지 않았다. 김민재가 '유럽파가 많은 일본이 부럽다'고 인터뷰했더라.

다시, 카타르

우리 선수들도 기회가 된다면 유럽에 가서 뛰고 배우는 게 좋다.

우리나라는 목표인 16강에 진출했으니 잘한 거다. 다만 일본은 2050년 월드컵 우승을 목표로 장기간 준비한다. 우리도 4년 앞만 보지 말고 더 멀리 보면 좋겠다.

아르헨티나 우승을 보며 '죽기 전에 대한민국이 월드컵 결승에서 뛰는 걸 봤으면 좋겠다'는 생각이 들었다. 카타르에서 한 달 넘게 지냈다. 추운 겨울밤 길거리 응원을 해주신 축구 팬과 붉은악마가 생각난다. 축구가 뜨거운 겨울을 만들었고 월드컵이 '카타르시스'를 선물했다.

QATAR 2022
김진수

8년의 기다림, 집념의 크로스

카타르 월드컵에서는 눈에 띄는 전술 트렌드가 있었다. 측면 수비수가 공격에 적극 가담해 공격진 수를 늘렸을 때 결정적 장면들이 많이 나왔다. 아르헨티나의 나우엘 몰리나는 측면 수비인데도 스트라이커 영역까지 높이 올라갔고 모로코의 측면 수비수 아슈라프 하키미도 공격적으로 나섰다. '공격도 잘하는 측면 수비수'와 '포지션에 구애받지 않은 선수'가 돋보였다.

벤투의 빌드업 축구에서도 양쪽 풀백의 오버래핑과 대각선 침투, 크로스가 무척 중요했다. 전술의 절반 정도는 측면 수비수들이 어떻게 기여하냐에 따라 달라졌다. 그래서 벤투는 부상에서 회복하던 왼쪽 풀백 김진수를 끝까지 기다렸고 오른쪽 풀백을 오래 고민한 끝에 3명이나 뽑았다.

한국의 좌우 풀백 김진수와 김문환은 공수에서 제 몫을 다하며

16강 진출에 기여했다. 김진수는 가나전에서 '택배 크로스'를 올려 조규성의 헤딩 동점골을 어시스트했다. 김문환은 포르투갈전에서 상대의 코너킥을 머리로 걷어냄으로써 이후 손흥민과 황희찬으로 이어지는 결승골의 출발점 역할을 했다. 둘 다 조별리그와 16강까지 4경기 모두 선발 출전했다.

2전 3기 월드컵

포르투갈과의 3차전이 끝난 뒤 믹스트 존. 미드필더 손준호가 인터뷰하는 중간에 반대편 라커룸 쪽에서 "으악"이라는 괴성이 들렸다. 누구냐는 물음에 손준호는 "진수인 것 같다"며 웃었다. 손준호도 "이얍"이라고 크게 외쳤다.

뒤이어 믹스트 존으로 나온 김진수는 "16강에 올라 너무 기쁜 나머지 소리를 질렀다"며 환하게 웃었다. 한국이 포르투갈에 2-1 역전승을 거두고 16강에 진출했을 때 그는 지난 8년간 기다려온 감정이 폭발한 것처럼 보였다.

그는 2013년부터 10년 넘게 한국 대표팀에서 부동의 왼쪽 풀백으로 활약했다. 하지만 지난 8년간 두 차례나 월드컵 최종 명단에 들고도 대회 직전에 부상을 입어 낙마하는 불운에 시달렸다. 월드컵 단복을 세 차례나 받았지만 그중 두 벌은 단 한 번도 입지 못했다.

2014년 브라질 월드컵을 한 달 앞두고 J리그 알비렉스 니가타 소속으로 나선 경기에서 후반 추가시간인 93분 상대 팀 신인 선수에게 눌려 발목 인대가 파열됐다. 2018년 러시아 월드컵을 석 달 앞두고 열린 북아일랜드와의 평가전에서도 다쳤다. 무릎뼈가 덜렁거릴 정도로 큰 부상이었다. 그렇게 '불운의 아이콘'으로 불리던 그는 8년 만에 생애 처음으로 월드컵 무대를 밟았다.

가나전에서 1-2로 뒤지던 후반 15분. 손흥민의 패스가 다소 길었지만 그는 미친 듯이 쫓아가 엔드라인을 나가기 직전에 집념의 왼발 크로스로 공을 골대 앞으로 띄웠다. 문전에서 공격수 조규성이 슈퍼맨처럼 날아올라 헤딩 동점골을 터트렸다. 그는 SBS '주영진의 뉴스브리핑'(2022.12.9.)에 출연해 "크로스를 올린 순간 조규성의 득점을 예감했다"고 했다.

"같은 소속 팀(전북 현대) 선수라서 어떤 크로스를 올려야 하는지 알고 있었다. (최전방 공격수인) (황)의조는 뒤쪽 공간을 파고드는 움직임이 많다 보니 낮고 빠른 크로스를 올려줘야 하는 반면, 규성이는 키가 크고 체공 시간이 길어 빠른 크로스보다는 시간을 두고 높이 올리는 크로스가 잘 맞는다. 가나전을 준비하면서 (상대 팀) 센터백과 사이드 사이에 공간이 많이 난다는 걸 분석을 통해 알고 있었다. 기회가 오면 그 위치에 크로스를 올려야 한다고 생각했는데 규성이가 잘했다. 홍민이의 패스가 조금 길게 오기는 했지만 공이 (엔드라인 밖으로) 나가리라고는 생각하지 않았다."

그는 또 SBS 라디오 '두시탈출 컬투쇼'(2022.12.15.)에서 "체공 시간이 긴 규성이가 시간을 벌 수 있게 붕 띄워 높이 올렸다. 사실 얻어 걸린 거다. 크로스를 올릴 때 그런 궤적을 생각했지만 그곳에

규성이가 있는 줄은 몰랐다. 차기 전에 살짝 고개를 돌렸을 때 우리 팀의 빨간색 유니폼을 입은 선수가 보이기는 했는데 규성인 줄은 몰랐다. 규성이가 고맙다고 말할 줄 알았는데 안 하더라. 월드컵에서 2골을 넣으면서 정신이 없었던 것 같다"며 웃었다.

그는 카타르 월드컵이 열린 해인 2022년 강행군을 펼쳤다. 소속팀과 대표팀에서 60경기 이상을 뛰었다. 시즌 막판 햄스트링 부상을 입어 카타르행이 불투명해졌다. 햄스트링은 완벽히 회복되지 않으면 재발 가능성이 큰 예민한 부위다. 지난 두 차례 불운이 떠올랐지만, 다행히 몸 상태가 나아져 최종 명단에 뽑힐 수 있었다. 벤투는 카타르에 도착한 뒤에도 무리시키지 않고 그가 치료와 재활을 거쳐 몸 상태를 끌어올리게 도왔다.

출국하기 전 전북 현대의 클럽하우스에서 만난 그는 "계속 부상에 신경 쓰다 보니 나도 모르게 발을 뺄 때도 있었다"고 고백했다. 벤투는 2022년 들어 소속 팀에서 몸을 사리던 그에게 "왜 네 축구를 하지 않느냐. 부상이 두렵나? 만약 또다시 다쳐 월드컵에 갈 수 없게 되면 운명"이라고 말했다. 그 말을 듣고 고개를 끄덕인 그는 필사적으로 공격하고 수비하던 본연의 모습을 되찾았다.

월드컵에서 크리스티아누 호날두(포르투갈)와 페데리코 발베르데(우루과이) 같은 세계적 선수들을 어떻게 막을지를 묻는 질문에 그는 이렇게 대답했다.

"한국의 스쿼드를 보면 토트넘의 손흥민이 있고 나폴리의 김민재가 있다. 이반 페리시치(토트넘의 왼쪽 윙백)보다 내가 홍민이와

더 친하고 함께한 시간이 길어서 얘기하지 않아도 뭘 원하는지 안다. 공격수들이 드리블하거나 오버래핑을 나갈 때 장점을 살려주기 위해 노력하겠다."

대표팀은 우루과이전을 하루 앞두고 결전지인 알라이얀으로 가서 에듀케이션 시티 스타디움 그라운드를 둘러봤다. 그는 천천히 걸음을 옮기며 혼자만의 생각에 잠긴 모습이었다.

다음 날 알에글라에서 열린 사전 기자회견에 참석한 그는 "8년 동안 월드컵에 오기 위해 준비한 것들, 부상을 당해 겪었던 아픔, 고생한 가족들 생각을 했다. 집과 병원에서 월드컵을 지켜봤던 순간들을 다시 한 번 생각했다"며 "전에 있었던 일은 다 추억이라고 생각한다. 그동안의 경험 덕분에 축구 선수로서 사람으로서 더 발전할 수 있었다. 경기에 나서면 어떤 느낌일지 좀 궁금하다. 울지, 안 울지는 그때 감정에 따라 솔직히 표현하겠다"고 했다. 이어 "사우디아라비아가 아르헨티나를 이기는 것을 보면서 우리에게도 희망이 있다고 생각했다. 축구에선 강팀이 지고 약팀이 이길 수 있다"고 했다. 이날 조별리그 C조 경기에서 사우디아라비아가 리오넬 메시가 이끄는 아르헨티나에 2-1 역전승을 거두는 대이변을 일으킨 걸 언급했다.

우루과이전 당일 그는 일종의 의식처럼 경기장을 천천히 한 바퀴 돌며 생각에 잠겼다. 베스트 11에 이름을 올려 2전 3기 만에 월드컵 무대에서 뛰기 직전이었다. 경기 전에 애국가를 부르는 그는 울컥하지만 눈물을 참으려는 모습이었다.

김진수와 김영권, 김민재, 김문환이 포백을 이루고 그 뒤를 골키퍼 김승규가 받쳤다. 우루과이 선수단의 몸값(이적료 가치)은 5360억 원으로 한국(1857억 원)보다 세 배 더 많았다. 특히 오른쪽 공격수 파쿤도 펠리스트리의 측면 침투는 날카로웠다. 김진수는 몸을 던져가며 막아냈다. 평소보다 오버래핑 횟수가 적었지만 그는 왼쪽 공격수 손흥민의 수비 부담을 덜어주려 부단히 움직였다. 후반부터는 좀 더 적극적으로 공격에 가담했고 풀타임 활약하며 0-0 무승부에 기여했다.

그에게는 첫 월드컵이지만 평소 전북 현대에서 경기하던 것과 똑같이 임했다. 압박과 부담, 긴장은 느껴지지 않았다. 미국 매체 디 애슬레틱은 "무득점 무승부 경기에서 가장 눈에 띄는 선수는 한국의 왼쪽 수비수 김진수였다. 베테랑 수비수인 그는 경기 내내 공수에서 안정적인 모습을 보였다"고 칭찬했다.

월드컵 데뷔전을 마친 그는 믹스트 존에서 이렇게 감회를 밝혔다.

"어떻게 표현해야 할지 모르겠다. 너무나 기다린 시간이었다. 경기가 끝나고 나니 이제야 월드컵을 뛰었다는 생각이 든다. (…) 잘했지만 결과를 가져오지 못해 아쉽기도 하다. 그래도 강팀을 상대로 우리 흐름대로 경기를 주도했다. 수비수로서 무실점이 가장 의미가 있다. (…) 진통제를 먹고 뛰고 있다. 나뿐 아니라 팀의 많은 선수가 진통제를 먹고 뛴다. 안 아픈 선수가 없다."

그는 본인 몸도 추스르기 힘들 텐데 후배까지 챙겼다. 골이 터지지 않는 조규성에게 "형이 많이 도와줄게. 옆에서 크로스를 많이 올려줄게"라고 말했다. 대회 중 부상을 당한 수비수 김민재가 방에 찾아왔을 때도 조언을 해줬다.

그다음 경기인 가나전에도 변함없이 왼쪽 풀백으로 선발 출전했다. 자주 상대 골라인까지 전진해 크로스를 올렸다. 앞서 언급한 대로 후반 15분 조규성의 2-2 헤딩 동점골을 어시스트했다. 더 공격적으로, 페널티 지역 안으로 침투하라는 벤투의 주문을 이행한 것이다. 한국은 그날 크로스를 35회 시도했고 그중 동료에게 전달된 게 15회였다.

하지만 그는 수비에서는 다소 아쉬운 모습을 보였다. 특히 후반 23분 세 번째 실점 장면에서 위치 선정이 잘못됐다. 뒤에 있던 가나의 모하메드 쿠두스를 견제하지 못했다. 물론 앞서 가나 선수의 헛발질에 따라 공이 예측하지 못한 방향으로 흐르는 등 어쩔 수 없는 부분도 있었다.

결국 한국이 2-3으로 패한 뒤 믹스트 존에서 만난 그는 "실점 장면에서 판단을 잘못했다. 상당히 마음이 무겁다. 팀에 도움이 되지 않았다는 생각에 속상하다"며 아쉬워했다.

그럼에도 헌신은 인정받을 만했다. 최고는 아니었지만 최선을 다해 뛰었다. 후반 5분 상대 선수와 부딪쳐 입에서 피가 나는데도 참고 뛰었다. 안정환 MBC 해설위원이 중계하는 중간 "대신 피를 흘려주고 싶다"며 안타까워할 정도였다. 경기 도중 발목이 살짝 꺾이기도 했지만 쉬지 않고 달렸다.

유럽 통계 사이트 '후스코어드닷컴'은 이런 그에게 한국에서 두 번째로 높은 평점 7.6점을 매겼다. 그는 "언제 다시 올지 모르는 기회라서 정말 간절히 뛰려고 했다. 힘들고 아파도 기회를 받으면 한 몸을 바쳐 뛸 준비가 돼 있다"고 했다.

그는 포르투갈전까지 3경기 연속으로 선발 출전했다. 하지만 킥 오프한 지 5분 만에 디오구 달로트에게 왼쪽 측면을 뚫려 크로스를 허용했다. 결국 히카르두 오르타에게 선제 실점을 내주는 데 빌미를 제공했다. 달로트가 치고 나가는 드리블이 길기는 했지만 기다려야 했던 상황이었다. 절치부심한 그는 호날두 등 다른 포르투갈 공격진을 막아내며 추가 실점을 허용하지 않았다. 전반 17분 문전에서 혼전 상황이 벌어졌을 때 공격에 가담해 공을 밀어 넣었지만 아쉽게 오프사이드가 선언됐다.

그는 KBS 라디오 '박명수의 라디오쇼'(2023.1.9.)에 출연해 "처음에 (5분 만에) 실점했을 때 맥이 빠졌다. 그런데 선수들과 나중에 얘기해보니까 다들 '경기를 질 것 같지 않다'고 생각했다더라. 홍민이도 마찬가지여서 어시스트까지 했다"며 "경기 도중 (같은 조) 가나와 우루과이의 경기를 물어봤다. 특히 난 사이드에서 스로인을 하는 선수라서 공을 받으러 갈 때 '지금 몇 대 몇이냐'고 욕하며 물어봤다"며 웃었다.

이강인의 코너킥이 호날두의 등에 맞고 흐른 것을 김영권이 1-1 동점골로 연결한 장면에 대해서는 "나였다면 공에 맞는 한이 있더라도 몸을 수그리지 않고 뭔가 했을 것 같은데, (호날두가) 수그려서 좋은 찬스가 생겼다. 경기 후 영권이형이 '호날두가 나한테 어시스트한 것 같다'고 했다. 호날두형, 어시스트해줘서 고마워요"라며 웃었다.

부상을 딛고 결승골을 터트린 황희찬에 대해선 "(나도 부상을 겪어봐서) 희찬이의 아픔을 알았다. '경기장에 들어서면 몇 분을 뛰든 하고 싶은 대로 하라'고 했다"고 했다. 1992년생 동갑내기인 손흥민에 대해서는 "열네 살 때부터 친구 사이였다. 한 나라를 대표하는 국가대표, 거기에 주장까지 맡고 있는 그는 존경하는 선수다. 친구로 봤을 때는 좋은 사람이기도 하다"고 했다.

경기가 끝나고 믹스트 존에서 '호날두와의 대결'에 대해 묻자 그는 "크게 문제되지 않았다. 위협적인 장면이 있었는지 잘 모르겠고 기억이 잘 나지 않는다"고 답하기도 했다. 또 "내 인생에 스토리 하나가 만들어졌다. 난 좀 다른 스토리가 있어서 중요하고 좋은 기억으로 남을 것 같다"고 했다.

그는 조별리그 3경기에서만 크로스를 14회나 올렸다. 우루과이전 3회, 가나전 8회, 포르투갈전 3회를 기록하며 한국의 16강 진출에 힘을 보탰다.

나의 월드컵, 이게 끝이 아니다

그는 브라질과의 16강전을 하루 앞두고 가진 사전 기자회견에 선수 대표로 참석해 "월드컵을 8년이나 기다렸기 때문에 1분, 10분, 45분, 90분이 너무나 간절하다"고 했다. 통계 업체 '옵타'는 한국이 브라질을 꺾고 8강에 오를 확률을 8.2퍼센트로 낮게 책정하면서 한국의 키 플레이어로 그를 꼽았다.

모두의 예상대로 브라질전에도 선발 출전했다. 관중석은 브라질을 응원하는 노란색 유니폼을 입은 팬들로 가득했다. 브라질의 현란한 플레이를 막지 못한 한국 수비진은 전반에만 4골을 내줬다. 그는 하프타임 때 교체 아웃됐다. 불과 사흘, 즉 76시간 만에 경기를 치른 탓에 체력이 고갈됐다.

믹스트 존에서 만난 그는 "솔직히 말하면 머리로는 생각하는데 몸이 안 움직이더라. 더 뛰고 싶고 어떻게든 막아보려고 노력했지만 몸이 안 움직였다. 오래 기다렸던 대회인데 내가 원하는 몸 상태로 출전하지 못했다"며 아쉬워했다. '박명수의 라디오쇼'에서 "한 경기에서 2시간 뛰고 나면 몸무게가 이삼 킬로그램 빠진다. 너무 배고파서 숟가락을 들 힘 정도만 남는다. 그 대신 흥분된 상태가 되어 잠을 자지 못한다. 저녁 경기를 뛰면 새벽 4시쯤 잠이 든다"고 사투를 펼쳐온 내력을 고백하기도 했다.

그래도 8년간의 기다림 끝에 맞이한 첫 월드컵에서 그는 모든 걸 쏟아부었다. 유럽 통계 업체 '풋몹'에 따르면 한국 선수단에 대한 평점에서 황희찬(7.18점), 손흥민(6.97점), 조규성(6.96점)에 이어 그가 6.91점으로 네 번째로 높았다.

사실 그는 2021년 여름 원 소속 팀인 사우디 프로리그 알나스르로 돌아갈 수도 있었지만 월드컵에 집중하려고 전북 현대에 남았다. 여섯 살 연상인 아내 김정아 씨가 "월드컵에 한번 나가봐야 하지 않겠어?"라고 조언한 데 따른 결정이었다. 그는 중앙일보와의 인터뷰에서 "누나(아내) 말을 잘 들어야겠다고 살면서 느끼고 있다. 2전 3기인데 월드컵에 못 나가면 책 한 권을 써야 한다는 얘기도 나눴다. 딸을 위해 월드컵에 나가고 싶었다. 아빠가 어떤 선수인지 보여주고 싶었는데 그게 이뤄져 가장 기쁘다"고 말했다.

그의 오른 팔뚝에는 '百折不屈(백절불굴)'이라는 글귀가 새겨져 있었다. 백 번 꺾여도 절대 굽히지 않는다는 뜻의 사자성어다. 그는 2019년 필자에게 "문신을 지우려고 생각하고 있다. 이 글귀 때문인지 축구 인생이 계속 꺾이는 것 같다"며 웃었다. 그런데 카타르 월드컵에서 '중꺾마'라는 문장에 가장 잘 어울리는 선수가 됐다. 어떻게 보면 한국 선수단 26명 중 가장 절실하고 꺾이지 않은 선수였다.

2020년 아킬레스건 부상을 입은 뒤 9개월 만에 복귀한 그는 SBS '동상이몽'(2023.1.6.)에서 "당시 폭탄이 터지는 것처럼 큰 소리가 났다. 발뒤꿈치 힘줄이 완전히 끊어졌다. '김진수는 이제 끝났다'는 얘기를 많이 들었다. 축구 선수로서 시한부 선고를 받은 셈이다. 그런 경험들이 있었기에 내가 있었다고 생각한다"고 말하기도 했다.

그는 2026년 북중미 월드컵에서 34세가 된다. 카타르를 다녀온 뒤 전북 현대의 클럽하우스에서 만난 그는 "어떤 선수가 '월드컵은 한 번 나가면 두 번, 세 번 나가고 싶어진다'고 말하는 인터뷰를 봤다. 막상 나가보니 그 선수의 마음을 알 것 같다. 다시 한 번 월드컵에 나갈 수 있게 잘 준비해볼 생각"이라고 말했다.

2701호에서 무슨 일이…
트레이너 논란이 남긴 것

12년 만에 월드컵 16강에 진출한 경사도 잠시, 한국 축구 대표팀은 대회 직후 이른바 '2701호 논란'에 휩싸였다. 선수단과 같은 숙소 호텔에 머물며 일부 선수들의 몸 관리를 했던 손흥민의 개인 트레이너가 소셜 미디어에 "(축구 대표팀 숙소 호텔) 2701호에서 많은 일들이 있었다. 2701호가 왜 생겼는지를 기자님들 연락을 주시면 상상을 초월한 상식 밖의 일들 자세히 알 수 있을 것"이라고 적어 파문을 일으켰다. 하지만 이후 해당 트레이너는 누구와도 연락이 닿지 않았고 꼬리에 꼬리를 문 소문은 삽시간에 퍼져 나가 16강 진출의 노력과 결실이 의심받고 대한축구협회는 졸지에 무책임한 집단으로 폄훼되는 지경에 이르렀다.

내용은 이랬다. 한국 선수들은 그들 사이에서 최고로 꼽히는 해당 트레이너를 과거부터 따로 고용해 몸 관리를 받으면서 효험을 봤기에 월드컵을 앞두고 대한축구협회에 그를 정식 채용해달라고 수차례 제안했다. 이에 협회는 선수들을 통해 해당 트레이너에게 협회 의무 트레이너 지원서를 내라고 요청했지만 협회가 인정하는 자격증을 보유하지 않았던 트레이너는 지원하지 않았다. 안와 골절 등으로 몸이 성치 않은 손흥민은 결국 최상의 몸 상태를 만들기 위해 사비를 들여 해당 트레이너를 카타르에 데려와 대표팀 숙소 호텔에 묵게 하며 치료를 받았다.

물론 협회로부터 승인을 받았다. 손흥민과 10여 명 선수들은 해당 트레이너를 자주 찾아 치료를 받았고 그는 매일 새벽까지 손이 퉁퉁 부르트도록 그들의 몸을 주무르며 돌봤다. 그곳이 숙소 호텔 2701호였다.

일부 선수들은 그에게 전적으로 의지하는 가운데 협회의 정식 의무 트레이너들을 불신했고 결국 대회 중간에 또다시 협회 임원에게 그를 정식 채용해달라고 제안했다. 협회는 엄연히 무자격자인 트레이너를 편법으로 고용할 수 없기에 거절했다. 이 과정에서 선수들과 일부 협회 임직원 및 의무 스태프들의 사이가 멀어졌다. 해당 트레이너는 대회 중간과 종료 시점에 협회 의무 스태프들을 향해 날선 비판과 불만을 터트리기에 이르렀다. 대표팀 사상 초유의 일이었다.

연락을 달라던 해당 트레이너는 귀국한 뒤에도 묵묵부답이었고 일부 언론을 통해 관계자의 입을 빌리는 방식으로 여러 주장이 보도될 뿐이었다. 협회는 개인의 주장에 대해 '입장이 없는 게 입장'

이라며 한 달간 침묵하다가 비판이 이어지자 장문의 입장문을 발표해 해명했다. 협회는 "(해당 트레이너가) 선수들을 위해 수고했다는 사실은 협회도 잘 알고 있지만, 결과적으로 협회 의무진에 대한 불신을 초래하고 선수와 팀에 큰 혼란을 줬다"고 했다.

그러면서 "협회도 선수들이 불만을 갖고 있다면 그 원인이 무엇이고 어떻게 해결해야 할지 심도 있는 고민을 하고 대책을 세워야 했는데 그러지 못했다"고 반성했다. 선수들을 향해선 "합법적인 채용 절차를 인정하지 않고 요구를 관철시키려는 태도는 온당치 못했다" "극히 일부이기는 해도 의무 스태프와 협회 직원을 향해 부적절한 발언을 한 것도 사려 깊지 못한 행동"이라고 지적했다. 당시 분위기가 생각보다 심각했음을 알려주는 대목이다.

협회는 대안을 마련하겠다는 뜻도 밝혔다. "협회 공식 의무 스태프와 개인 의무 트레이너 간의 관계를 어떻게 설정할지, 개인 트레이너의 동행이 불가피하다면 어떻게 협력 관계를 조성할지 확실한 대안을 마련해나가고자 한다. 의무 트레이너의 능력 향상을 위해 무엇이 필요한지도 연구하겠다"고 했다.

축구계 일각에서는 이번 일을 계기로 선수의 개인 트레이너 고용이 국제적 대세인 만큼 조직(프로팀이나 대표팀)도 이런 흐름을 인정하고 이들을 제도권 안으로 받아들이는 시스템을 구축해야 한다고 조언했다. 개인 트레이너도 경험에 의존한 '손맛'보다는 조직이 요구하는 의학적 소양, 즉 일정한 자격증을 갖춰야 한다는 목소리가 나왔다.

대한선수트레이너협회(KATA) 자격증을 갖고 메이저리거 류현진의 개인 트레이너이자 토론토 블루제이스의 정식 직원으로 활동하는 장세홍 씨는 스포츠경향과의 인터뷰(2022.12.28.)에서 "미국에서는 국가 자격증 또는 공신력이 높은 트레이너협회 자격증이 없으면 구단에서 일할 수 없다"며 "감독도 트레이너 영역을 침범하지 못한다"고 말했다. 스포츠경향은 "정상급 자격증과 풍부한 경력을 겸비한 트레이너가 구단의 의사 결정 시스템에 들어가 구단 방침에 맞춰 지원하는 게 개인 트레이너와 팀이 공생하는 길"이라고 해법을 제시했다.

협회는 오랜 고민 끝에 2023년 3월 방지책을 내놓았다. 선수의 요청에 따라 암묵적으로 자격증이 없는 트레이너의 치료 행위를 허용해왔지만, 국민체육진흥법을 엄격히 준수하는 취지에서 이제 무자격자의 대표 선수 치료 활동을 금지하겠다고 밝혔다. 다만 선수의 개인 트레이너 중 자격증이 있다면 일정 인원을 뽑아 소집 기간 활용하기로 했다고 설명했다. 자격증은 물리치료사, 건강운동관리사, 선수 트레이너(Athletic Trainer) 자격증만 공식 인정한다고 했다.

| QATAR 2022
김문환 | **네이마르에게 알까기,
모두가 놀랐다** |

김진수의 반대편인 오른쪽 수비로 배치된 김문환은 카타르 월드컵을 통해 재발견된 선수 중 한 명이다. '반짝' 활약이 아니라 대회 내내 400여 분가량 꾸준하고 일관된 기량을 펼쳤다. 이번 월드컵에서 뛴 필드 플레이어 중 손흥민과 함께 '유이'하게 4경기 모두에서 풀타임 활약했다.

특히 우루과이전에서는 후방과 전방을 안 가리며 종횡무진 활약했다. 왼쪽 라인에서 김진수와 손흥민이 듬직한 호흡을 보여줬다면 오른쪽 라인에서는 김문환과 나상호가 든든한 스위칭 플레이를 펼쳤다. 앞에 배치된 나상호와 앞서거니 뒤서거니 하며 우루과이 진영에 돌진하거나 함께 공격에 가담해 우루과이를 물러서게 하는 등 상대를 당황하게 만들었다. 공격 상황 대부분에 수비수인 그가 깊숙이 자리하니 한국 공격진의 수가 그만큼 늘어나고 자연히 공격 기회가 생겨나 상대는 버거울 수밖에 없었다. 그가 많이 움직이고 날카로운 역량을 발휘했기에 가능한 일이었다.

수비에서는 전반 9분 우루과이 에이스이자 빠른 발과 큰 키(187센티미터)를 가진 다르윈 누녜스가 모처럼 역습을 펼치려 했을 때 그(173센티미터)가 한 발 앞서 볼을 걷어낸 장면이 인상적이었다. 언뜻 평범한 장면처럼 보이지만 그의 순간적인 상황 판단과 폭넓은 활동량, 빠른 주력이 없었다면 한국은 큰 위기를 맞을 수 있었다. 그는 "누녜스 같은 세계적 선수를 처음 상대해보는데 감독님이나 (김)민재에게 워낙 얘기를 많이 들었다. 그 선수에게 뚫리기 싫어서 나 역시 많이 준비했다. 골을 먹기가 싫어서 최선을 다해 막았다"고 말했다.

전반 34분에는 정점을 찍었다. 상대편 페널티 지역에 침투해 골대 앞에 있던 황의조에게 재빨리 땅볼 크로스 패스를 건넸다. 무인지경에서 황의조의 슈팅이 크로스바 위로 살짝 빗나가 아쉽게 득점으로 연결되지 못했지만 김문환의 공격 본능과 패스가 빛을 발한 순간이었다.

여기에 밀집 상황에서 동료들과 쇼트 패스를 주고받으며 풀어나가는 모습, 안정적으로 볼을 돌리는 장면, 수준급의 발재간으로 돌파하는 플레이는 경기를 거듭하며 매 순간 진화한다는 인상마저 들게 했다. 그는 "우루과이의 세계적인 공격진과 미드필드진을 상대하면서 경험이 많이 쌓이고 많이 배웠다. 발전할 것이라고 생각한다"고 했다.

그는 월드컵 데뷔전인 우루과이전에서 활동량 10.73킬로미터를 기록해 황인범에 이어 팀 내 2위를 기록했다. 수비에서 공격으로, 반대로 공격에서 수비로 쉴 새 없이 오르내리며 공수 전환을 했다는 얘기다. 적당히 왕복한 것이 아니라 짧은 거리라도 전력 질주하기를 반복했다. 최다 스프린트 58회를 기록해 김진수(56회)와 손흥민(55회)을 제치고 팀 내 1위를 기록했다. 최고 시속도 32.3킬로미터로 나상호(34킬로미터)에 이어 2위에 올랐다. '김문환이라는 선수가 이렇게 잘할 줄 몰랐다'는 게 대체적인 반응이었다.

사실 첫 경기 전까지도 오른쪽 풀백에 누가 주전으로 나설지 불확실한 상태였다. 그를 비롯해 김태환, 윤종규 등 3명이나 선발한 것만 봐도 확실한 주전이 없다는 뜻이었다. 김문환은 활동량과 공격, 김태환은 피지컬과 수비가 강점이었다. 윤종규는 김문환과 비슷한 유형이었다. 어찌 됐든 벤투식 주도적·능동적 축구에는 월드컵에서 드러났다시피 풀백 포지션이 무척 중요한데 붙박이가 없었다는 얘기다.

자연히 오른쪽 풀백이 제일 취약한 포지션이라는 의견이 많았고, 이것은 최종 낙점을 받은 그에게 엄청난 자극제이자 동기부여가 됐다. 그는 동아일보 인터뷰(2022.12.28.)에서 "경기에서 누가 뛸지 아무도 몰랐다. 그 정도로 3명이 끝까지 경쟁했다"면서 "월드컵 전에 한국의 오른쪽 측면 수비가 약점이라고 평가받았다. 그런 얘기를 들으니 오기가 생겨 더욱 열심히 준비했다"고 말했다. 일간스포츠 인터뷰(2023.1.3.)에서는 "내가 월드컵에서 경기를 뛸지 안 뛸지 몰랐지만 경기에 나선다면 후회 없이 뛰어 (오른쪽 풀백이) 든든한 자리라는 것을 증명하고 싶었다. 비판을 들을 때마다 동기부여가 되고 오기가 생겼다. 월드컵이 끝난 뒤에는 많은 분이 좋게 봐주셔서 기쁘다"고 했다.

스프린트 1등, 롤 모델 박지성처럼 뛰었다

그는 포르투갈전에서 나온 황희찬의 기적 같은 역전골에도 관여했다. 후반 정규 시간을 다 마친 추가시간에 상대의 코너킥을 헤딩으로 걷어내 손흥민에게 공을 전달했다. 이어 손흥민이 공을 몰고 질주했고 마지막에 황희찬이 마무리했다. 한국을 16강으로 이끈 골의 시작이 그였다. 이 장면에 대해 그는 SBS 인터뷰(2022.12.13.)에서 "(코너킥이) 짧게 올 것 같다는 생각이 들었다. 흥민이형이 그쪽에 있어서 '그냥 저기다 놔야겠다'는 생각으로 헤딩을 했다"고 했다. 스포츠조선 인터뷰(2022.12.13.)에서는 "골이 들어간 걸 보고, 원래 내가 세리머니 때 항상 먼저 가 안아주는데 너무 힘들어서 가지 못하고 주저앉아 좋아했던 기억이 난다"며 웃었다. 결정적인 역할을 하고도 체력이 방전되도록 에너지를 다 쏟아낸 터라 정작 월드컵에서 가장 기뻐해야 할 시점에 선수들과 함께하지 못하는 얘기다.

동아일보 인터뷰에서는 "(경기가 끝나면) 몸무게가 2킬로그램 정도 빠졌던 것 같다"며 "롤 모델이 박지성 선배인데 포지션은 나와 달라도 그라운드 여기저기 부지런히 뛰어다니는 모습과 왕성한 활동력을 닮고 싶다"고 말했다. 적어도 자기 입으로 장점이라고 말하는 활동력만큼은 박지성에 버금갔던 것 같다.

그는 이렇게 경기를 거듭할수록 자신감을 얻었다. 기량까지 기대한 것 이상으로 100퍼센트 발휘하면서 이내 확고한 주전으로 자리 잡았다. 한국의 약점이라 평가받던 오른쪽 풀백은 어느새 강점이 돼 있었다.

세계 최강으로 꼽힌 브라질과의 16강전에서는 나중에 "전반전을 뛰고 나서 현기증을 느낄 정도였다. 호흡이 안 올라오더라. 태어나서 처음 해보는 경험이었다"고 말할 정도로 한계를 절감하기도 했다. 그때 1-4로 졌지만 플레이만큼은 자신감 있게 했다.

특히 브라질의 공격을 이끄는 드리블의 귀재 비니시우스 주니오르에게는 한 번도 돌파를 허용하지 않았다. '후스코어드닷컴'에 따르면 태클 성공 100퍼센트(5회/5회), 드리블 성공 100퍼센트(2회/2회)를 기록했다. 최고 시속은 34.8킬로미터로 팀 내에서 가장 빠른 기록을 냈다.

후반 22분에는 브라질의 에이스 네이마르를 상대로 이른바 알까기를 성공시켜 화제가 됐다. 공이 터치라인을 넘어가는 순간 다가오는 네이마르의 가랑이 사이로 통과시켜 살려낸 것이다. 네이마르는 순간 그의 어깨를 밀치며 자존심이 상한다는 듯 감정을 드러냈다. 자신감과 여유가 있어야만 가능한 플레이였다.

그가 2022년 3월까지 미국 LA FC에서 활약한 사실을 잊지 않은 미국 팬들은 미국 매체 '폭스 사커'에 올라온 해당 영상을 보고 '역시 LA FC의 전설이다' '마치 둘(김문환과 네이마르)이 바뀐 것 같다'고 칭찬했다. 네이마르가 그의 어깨를 밀치는 장면을 두고는 '만약 네이마르가 제치는 입장에서 (김문환이) 툭 밀쳤다면 (네이마르는) 다이빙을 했을 것이다'라는 댓글을 달며 대수롭지 않게 넘어간 그의 대응을 높이 샀다.

워낙 흥미로운 장면이기에 많은 관심을 받았다. 그는 SBS 인터뷰에서 "공을 뺄 수 있는 공간이 그 다리 사이밖에 없어 보였다. 확실히 의도한 게 맞다"고 했고, 스포츠조선 인터뷰에서는 "주변 사람들이 운 좋게 했다고 이야기하는데 억울하다"고 웃으며 얘기했다. 황인범은 '이스타TV'에서 "문환이형이 하나 보여주니까 선수들이 벤치에서 '좋아, 좋아' '좋아, 문환' 이렇게 말했다. 네이마르의 다리 사이로 공을 넣을 수 있는 선수가 세계에서 누가 있겠나. 문환이형이 (거기에) 지금 취해 있다"고 했다.

김민재가 "지금까지 상대한 팀 가운데 가장 잘하는 팀"이라고 말한 브라질이라고 해도 김문환이 그 에이스를 상대로 차분하고 침착하게 플레이했기에 그 안에서 계속 발전을 거듭한 것이 아닐까. 축구 선수는 단 한 장면을 위해 수백, 수천 시간 훈련에 땀을 쏟는데, 그는 그동안 연마한 기량을 거의 다 보여주고 온 것 같다. 그는 이번 대회를 통틀어 6개 크로스를 정확히 전달해 이 부문 전체 12위에 올랐다. 16강전까지 4경기만 뛰고도 상위권 기록을 냈다는 데 의미가 있다. 스프린트는 268회로 팀 내 1위를 기록했다.

지금의 그가 있기까지는 두 스승의 가르침이 컸다. 우선 K리그에 데뷔한 부산 아이파크 시절, 그의 포지션을 측면 공격수에서 수비수로 바꿔놓은 고 조진호 감독이 있다. 그는 당시 중요한 권유를 받아들여 2018년 자카르타-팔렘방 아시안게임에서 그저 그런 공격수에서 괜찮은 측면 수비수로 변신했다. 이후 승승장구하면서 이뤄지지 않을 꿈만 같던 월드컵 무대까지 밟을 수 있었다.

그는 "포지션을 바꾸고 나서 월드컵까지 나가리라곤 전혀 생각하지 못했다"며 "지금에야 하는 생각이지만 풀백으로 바꾼 게 정말 큰 도움이 됐던 것 같다"고 돌아봤다. 안타깝게도 은인인 조진호 감독은 2017년 10월 심장마비로 세상을 떠났다. 그는 스포츠조선 인터뷰에서 이렇게 돌아봤다.

"돌아보면 신인을 그토록 믿어주신 게 대단하다는 생각이 든다. 감독님이 방으로 불러 한약까지 지어주고 포지션 변경을 권유할 때는 '문환이도 월드컵에 나가서 경기를 뛰어봐야지'라고 하셨는데, 가장 먼저 그 말이 떠올랐다."

두 번째 은사는 2018년 아시안게임 직후인 9월 코스타리카와의 A매치부터 월드컵까지 26경기에서 출전 기회를 주고 줄곧 기용한 벤투다. 가능성뿐인데도 꾸준히 믿고 맡긴 덕분에 잠재력을 폭발시킬 수 있었다. 그는 스포츠조선 인터뷰에서 "솔직히 실수도 불안한 모습도 많이 보여줬는데, (감독님이) 이렇게 끝까지 끌고 가주셨다. 이런 기회를 주셔서 너무나 감사하다"고 말했다.

선수의 장점을 유심히 지켜보는 감독들을 만났을 뿐 아니라 선수 본인이 놓칠 수도 있는 기회를 끊임없는 노력으로 움켜잡은 케이스다. 지금은 공격력을 갖춘 측면 수비수가 주가를 올리는 추세인 만큼 유럽 축구가 그를 유심히 지켜볼 것으로 전망된다. 미국 무대를 밟아본 그는 "월드컵을 뛰어보니까 더 수준 높은 리그에서 부딪쳐보고 싶다는 생각이 든다. 기회가 되면 나가고 싶다"고 말했다.

2026년 월드컵 48개국으로, 중국 위한 초대장?

2026년 북중미 월드컵은 미국과 캐나다, 멕시코가 공동 개최한다. 2002년 한일 월드컵 이후 24년 만의 공동 개최이며 3개국이 월드컵을 함께 여는 건 처음이다. 멕시코는 1970년과 1986년에 이어 세 번째, 미국은 1994년에 이어 두 번째, 캐나다는 이번이 첫 개최가 된다.

중동에서 열린 카타르 월드컵은 날씨 때문에 11월과 12월에 열렸는데 2026년 월드컵은 기존 일정으로 돌아가 6월과 7월에 치러진다. 카타르 월드컵은 역대 가장 작은 나라에서 개최된 '콤팩트 월드컵'이었다. 카타르의 국토 면적은 경기도보다 조금 넓다. 총 64경기가 치러진 5개 도시의 8개 축구장은 도하 중심부에서 56킬로미터 반경 안에 위치했다. 그러나 2026년 월드컵은 '슈퍼 사이즈 월드컵'이다. 개최국인 캐나다와 미국, 멕시코는 국토 면적이 세계 2위와 3위, 13위다. 2018년 러시아 월드컵처럼 자국 내 도시로 이동할 때도 국내선을 타야 하며 시차도 존재한다.

2026년 월드컵은 총 16개 도시에서 열리는데 미국이 11곳, 멕시코가 3곳, 캐나다가 2곳이다. 미국 개최 도시는 뉴욕, 로스앤젤레스, 샌프란시스코, 보스턴, 필라델피아, 애틀랜타, 휴스턴, 댈러스, 시애틀, 마이애미, 캔자스시티다. 멕시코 개최지는 멕시코시티, 몬테레이, 과달라하라, 캐나다 개최지는 벤쿠버와 토론토다.

카타르 월드컵은 32개국이었는데 2026년 북중미 월드컵은 50퍼센트 늘어난 48개국이 참가한다. 본선 진출권은 유럽이 기존 13장에서 16장으로 늘었다. 아프리카가 5장에서 $9\frac{1}{3}$장으로, 북중미·카리브해가 3.5장에서 $6\frac{2}{3}$장으로, 남미가 4.5장에서 $6\frac{1}{3}$장으로, 오세아니아가 0.5장에서 $1\frac{1}{3}$장으로 늘었다. 한국이 속한 아시아도 4.5장에서 $8\frac{1}{3}$장으로 두 배 가까이 늘었다. 나머지는 대륙 간 플레이오프 토너먼트를 통해 결정된다.

2023년 3월, 2026년 북중미 월드컵 대회 방식이 최종 확정됐다. 4개국끼리 12개 조로 나뉘어 각조 1위와 2위가 32강에 직행하고, 3위 중 성적이 좋은 '와일드카드' 8개국까지 합류해 총 32개국이 토너먼트를 치르게 됐다.

FIFA는 애초 3개국끼리 16개 조로 나뉘어 조별리그를 치른 뒤 각조 1위와 2위가 32강에 올라 단판 승부를 펼치는 방식을 택하려 했다. 그러나 팀당 조별리그를 2경기밖에 안 치르게 되고, 또 나중에 2차전을 치르는 국가들끼리 담합할 수 있다는 치명적인 단점이 있었다. 여기에 카타르 월드컵의 기존 방식이 극적인 승부를 다수 연출하면서 FIFA는 기존 방식을 고수하기로 했다.

이에 따라 경기 수는 기존 64경기에서 104경기로 40경기 늘어나고 대회 기간도 일주일 길어졌다. 카타르 월드컵도 29일간 64경기를 치르며 일정이 빡빡하다는 지적을 받았는데 북중미 월드컵은 선수 피로도에 대한 우려가 더욱 커졌다. 여기에 48개국 '한 조 4팀'으로 확정되면서 이동 수단에 따른 탄소 배출량이 최대 25퍼센트까지 늘어나 환경에 악영향을 줄 수 있다.

FIFA가 참가국과 경기 수를 늘리려는 건 표면적으로는 더 많은 국가에게 기회를 주기 위해서다. FIFA 회원국 211개국은 '세계 최고 축제'에 나설 기회와 희망이 좀 더 높아진 건 사실이다. 그러나 가장 큰 영향을 미친 건 역시나 '돈'이다. FIFA 수입의 90퍼센트가 월드컵을 통해 나온다. FIFA는 중계권과 스폰서 계약으로 4년간 카타르 월드컵 관련 수익만 9조 8250억 원을 벌어들였다. FIFA는 2026년 월드컵에서 12조 7000억 원 흑자를 낼 것으로 보인다.

여기에는 중국을 본선에 끌어들이려는 의도도 깔려 있다. 국내 기업의 다수가 월드컵 스폰서인 데다가 14억 인구를 둔 중국은 엄청나게 큰 시장이다. 그러나 중국은 월드컵 본선 무대를 2002년에 딱 한 번 밟았을 뿐이다. 14억 중 '베스트 11' 11명을 고르지 못하는 게 중국 축구의 현실이다.

어쨌든 아시아는 본선행 티켓이 기존 4.5장에서 8.33장까지 확대됐다. 아시아 최종 예선은 6팀씩 3개 조로 나뉘어 진행될 전망이다. 아시아의 강호들인 한국과 이란, 일본, 호주뿐 아니라 중국과 베트남 등에도 기회가 열릴 수 있다.

　카타르 월드컵에서는 사우디아라비아가 아르헨티나를 꺾고 한국이 포르투갈을 잡고 일본이 독일과 스페인을 연파했다. 2026년 북중미 월드컵에서는 이런 이변이 더 자주 일어날 수 있다. 반대급부로 48개국 체제는 국가 간 차이가 더욱 벌어져 질적 하락으로 이어지고 지루한 경기가 늘어날 가능성도 있다. 카타르 월드컵에서 스페인이 코스타리카를 7-0으로 대파한 것처럼 말이다.

　한국은 본선행이 수월해져 '11회 연속 월드컵 본선 진출' 가능성이 상당히 높아졌다. 본선에서도 조 3위 중 8개국에게 주어지는 '와일드카드'가 부활하면서 조별리그를 통과할 확률도 높아졌다. 그러나 한국이 턱걸이로 32강에 오르면 다른 조 1위에 오른 강팀과 만날 수 있다. 결국 아시아 최종 예선 통과보다는 월드컵 본선에 맞춰 전술을 짜고 대비할 필요가 있다.

QATAR 2022
김승규

5김의 최후의 보루

포르투갈전이 끝난 뒤 한국 골키퍼 김승규의 유니폼은 흙 범벅이 돼 있었다. 그만큼 경기 내내 그라운드에 몸을 던지고 또 던졌다는 방증이었다.

포르투갈은 한국을 상대로 볼 점유율 62퍼센트(한국은 38퍼센트)를 가져가며 슈팅 13개를 퍼부었다. 그중에 유효슈팅이 6개였다. 그는 단 한 골만 허용하며 2-1 승리를 지켜냈다.

전반 5분 선제 실점을 허용한 건 어쩔 도리가 없었다. 포르투갈이 작정하고 한국의 양쪽 측면을 공략했다. 포르투갈의 디오구 달로트가 한국의 왼쪽 수비수 김진수를 무너뜨린 뒤 깊숙이 들어가 컷백을 내줬고 이를 문전으로 쇄도하던 히카르두 오르타가 마무리했다.

그는 속으로 이렇게 생각했다. '실점 후 이길 수 있을까? 일단

수비

잘 버텨야 한다. 0-2가 되면 힘들어진다. 우리에게 찬스가 올 것이다.'

마음을 굳게 먹은 그는 고비마다 온몸으로 실점 위기를 막아냈다. 전반 14분, 주앙 칸셀루가 측면에서 김문환을 제치고 올린 크로스를 두 주먹으로 쳐냈다. 1-1로 맞선 전반 30분, 크리스티아누 호날두와 맞닥뜨린 일대일 위기에서도 몸을 던져 막아냈다. 비록 오프사이드가 선언되기는 했지만 그가 얼마나 절실한지 느낄 수 있는 장면이었다.

4분 뒤 달로트가 때린 날카로운 왼발 중거리 슛 역시 몸을 날려 걷어냈다. 전반 41분, 비티냐의 강력한 중거리 슛도 쳐냈다. 그가 쳐낸 공을 호날두가 재차 다이빙 헤딩슛으로 연결했지만 골포스트를 크게 벗어났다. 이어 비티냐가 때린 왼발 터닝슛도 그가 넘어지며 두 손으로 잡아냈다.

그가 이렇게 전반에 추가 실점을 하지 않은 덕분에 한국 축구는 희망을 이어갈 수 있었다. 후반에도 최후의 저지선을 잘 지켜냈다. 호날두의 빗맞은 슈팅을 잡아내고 페널티 지역에서 달려드는 안드레 실바의 드리블 돌파도 넘어지며 잡았다. 후반에 중앙 수비 김영권이 부상으로 교체 아웃된 뒤에는 권경원, 손준호와 함께 정확한 패스와 롱킥으로 후방 빌드업(공격 전개)에 참여했다.

1-1로 맞선 후반 추가시간 4분, 황희찬이 최전방에서 결승골을 터뜨렸을 때 그는 가장 먼 반대편 한국 골문 앞에서 홀로 포효했다. 허공을 향해 두 차례나 통쾌한 어퍼컷 세리머니를 펼쳤다. 중

계 카메라에 슬로모션으로 잡힌 그의 뒷모습은 영화의 한 장면 같았다. 짜릿한 역전승을 거둔 한국은 같은 조의 우루과이와 나란히 1승 1무 1패를 기록했지만 다득점에서 앞서 16강에 진출했다.

경기 후 영국 매체 '90min'은 결승골을 합작한 황희찬 및 손흥민과 함께 '선방쇼'를 펼친 그에게 나란히 최고 평점 8점을 부여했다. 매체는 "특히 전반에 많은 선방을 보여줬다. 결국 최종 결과에 결정적인 역할을 했다"고 칭찬했다.

평소 차분한 그도 이날만큼은 믹스트 존에서 격앙된 모습을 보였다. "믿기지 않는다. TV에서만 보던 현장에 있었다는 사실이 너무 좋았다"며 기뻐했다. 포르투갈전을 마치고 같은 조 우루과이와 가나의 경기를 지켜본 순간도 떠올렸다.

"시간이 정말 이렇게 안 갈 수도 있구나 하고 느꼈다. 문자 중계도 보고 영상도 봤는데 1초, 10초도 길게 느껴졌다. 우루과이에 찬스가 나면 우리 경기보다 더 떨렸다. (…) 초반에 포르투갈에 먼저 점수를 내줬지만 가나와의 2차전 때도 0-1과 0-2의 차이가 정말 크다고 느꼈다. 무조건 최대한 버텨 전반을 0-1로 끝내려 했다. 그렇게 하면 기회가 오리라 생각했다. (…) 정말 마지막 경기라 생각하고 준비했다. 앞선 경기에서 팀에 도움이 되지 못한 부분이 있어서 더 열심히 준비했다. 좋은 결과가 나와 조금이나마 팀원들에게 미안한 마음을 덜게 됐다."

비록 실점했어도 선방

그는 앞서 우루과이와의 1차전에서 무실점을 기록했지만 가나전에서는 크게 실점하며 2-3 패배를 막지 못했다. 가나의 유효슈팅 3개를 모두 실점으로 허용했다.

전반 24분, 가나의 조르당 아유가 올린 크로스가 골문 앞에 떨어진 것을 모하메드 살리수가 왼발로 차 넣었다. 공이 앙드레 아유의 팔에 맞았지만 비디오 판독 끝에 득점이 인정됐다. 이어 전반 34분, 조르당 아유가 왼쪽에서 올린 크로스를 모하메드 쿠두스가 백헤딩으로 방향을 바꿔 골망을 흔들었다. 그는 10분 사이에 2골을 내줬다.

한국은 조규성의 연속 헤딩골로 2-2 동점을 만들었지만 후반 23분 통한의 결승골을 허용했다. 기디언 멘사가 왼쪽 측면에서 올린 크로스를 이냐키 윌리엄스가 헛발질해 뒤로 흘렸고 쿠두스가 왼발로 차 넣었다. 그가 넘어지며 막아보려 했지만 공은 그대로 골문을 통과했다. 한국은 3골 모두 측면에서 쉽게 크로스를 허용하면서 내줬다. 골키퍼인 그에게도 책임이 일정 부분 있지만 대체로 수비진이 상대의 크로스를 대비하지 못했다.

국가대표 골키퍼 출신 선배들은 수비할 때 수비 라인이 너무 낮아 골키퍼가 막기 어려웠다고 지적했다. 김영광은 유튜브 '리춘수'(2022.11.29.)에 출연해 "수비 라인을 조금 올려야 할 것 같다. 이러면 골키퍼가 처리하기가… 골키퍼 입장에서 라인을 낮추면 활동반경이 좁아질 수밖에 없다"고 했다. 김용대도 "낮기는 낮다. 수비

라인이 너무 낮으니까 골키퍼가 부딪칠까 봐 못 나간다"고 했다.

가나전을 마치고 믹스트 존에서 만난 그의 표정은 어두울 수밖에 없었다. 그는 "우루과이와의 1차전보다 더 아쉬웠다. 2014년과 2018년 월드컵 모두 2차전이 어려웠는데 (이번에도) 결과를 가져오지 못해 아쉽다. 가나의 공격 루트와 장점을 분석했지만 실점을 많이 해 아쉽다. 3골 모두 아쉬웠다. 모두 단순한 공격 패턴인데도 허용했다"며 거듭 아쉽다는 말을 반복했다. 특히 첫 실점 장면에 대해 "바로 주심에게 가나 선수의 손에 맞았다고 항의했지만 비디오 판독 끝에 골이라고 인정하더라. 경기가 끝난 뒤 영상으로 확인해 보니 역시 손에 맞았다"고 했다. 영국 매체 텔레그래프 역시 "핸드볼 논란이 있었는데도 골이 인정돼 논쟁의 여지가 있다"고 했다.

영국 BBC는 가나전이 끝난 뒤 김승규에게 양 팀에서 가장 낮은 평점인 5.7점을 줬다. 2골을 넣은 조규성에게 7.8점, 가나의 측면 수비수 타릭 램프티에게 최고인 8.2점을 부여했다. 그러자 일부 국내 매체와 축구 팬들은 '포르투갈과의 3차전에는 김승규 대신 조현우를 선발로 기용해야 하는 것 아니냐'고 주장했다. 조현우는 2018년 러시아 월드컵 조별리그 3경기에 모두 선발 출전했고 특히 독일전에서 선방을 펼치며 2-0 승리를 이뤄냈다.

하지만 김승규는 포르투갈과의 3차전에도 골키퍼 장갑을 끼고 나가 2-1 승리를 지켜냈다. 결과론적으로 그의 선발 출전이 맞았던 셈이 됐다.

앞서 그는 우루과이전에서 무실점 무승부에 기여하면서 벤투에게 깊은 신뢰를 얻었다. 그는 후반 18분 수비수 김민재가 미끄러져 넘어지면서 '몸값 1억 유로의 사나이' 다르윈 누녜스가 깊숙이 침투해 정면으로 맞서는 상황에 직면했는데 침착하게 온몸으로 막아냈다. 또 후방부터 정확한 패스를 주며 안정적인 선방을 펼쳤다. 우루과이의 결정적인 득점 기회마다 긴 팔을 쭉 뻗어 위기를 막아냈다.

전반 42분 우루과이의 코너킥 상황에서 디에고 고딘의 헤딩슛이 골포스트를 맞았고, 후반 44분에는 페데리코 발베르데의 중거리 슛이 골대를 강타하기도 했다. 상대 슈팅이 두 번이나 골대에 맞는 행운까지 더해져 무실점으로 경기를 마쳤다. 우루과이전 후 믹스트 존에서 만난 그는 "속으로는 '살았다'고 생각했다"며 웃었다.

이어 "(우루과이는) 이름만 대도 알 만한 선수들이다. 보이지 않다가도 득점 찬스에서 나타나 골을 넣는 선수들이다. 수비수들이 잘 막았다. 뒤에서 보니 선수들이 정말 투지가 넘치고 경합할 때는 이기려고 더 덤비는 모습이었다"며 동료들에게 공을 돌렸다. 또 "벤투 감독님의 빌드업 축구가 '되겠다'고 생각했다. 우루과이전을 계기로 세계에서도 통한다는 자신감이 생겼다. 결과를 보면 아쉬운 쪽은 우리였다"고 했다.

영국 BBC는 우루과이전에 대해 평점을 매기며 손흥민에게 최고인 7.88점을, 김승규에게 그다음 높은 7.46점을 부여했다.

결국 한국은 우루과이와 비기고, 가나에 지고, 포르투갈을 꺾으면서 16강에 진출했다. 8강을 다툴 상대는 FIFA 랭킹 1위인 브라질로, 2022년 6월 서울에서 열린 평가전에서 1-5 패배를 안겼던 팀이다.

브라질전에서도 주전 골키퍼 장갑은 변함없이 그가 꼈다. 비니시우스 주니오르와 네이마르, 하피냐, 히샤를리송 등 브라질 공격진은 화려했다. '괴물 수비수' 김민재가 버텨봤지만 브라질의 삼바 축구에 속수무책으로 당했다. 한번 리듬을 탄 브라질의 공격은 매서웠다. 브라질은 슈팅 18개, 그중에서 유효슈팅 9개를 날렸다. 페널티 지역 안에서 무려 14개 슈팅을 쐈다. 전반이 끝난 뒤 BBC 해설가는 "전반전에 8골이 나왔어야 했는데, 브라질이 득점 기회를 낭비했다"고 말했다.

한국은 1-4로 졌지만 그의 수차례 선방이 없었다면 더 큰 참패를 당할 뻔했다. 전반 추가시간, 하피냐와의 일대일 상황에서 날카로운 슈팅을 펀칭으로 쳐냈다. 후반 9분, 하피냐의 땅볼 슛도 몸을 던져 걷어냈다. 후반 17분, 역습 위기에서도 하피냐의 오른발 강슛을 막아냈다. 하피냐의 세 차례 슈팅 모두 실점으로 연결될 수 있는 상황이었다. 패색이 짙은데도 그가 끝까지 포기하지 않으면서 대패를 면할 수 있었다. 앞서 한국은 1954년 스위스 월드컵 헝가리전에서 0-9로, 1998년 프랑스 월드컵 네덜란드전에서는 0-5로 패한 바 있다.

한국은 전반 11분 정우영이 히샤를리송을 막다가 페널티킥을 내줬다. 키커로 네이마르가 나섰다. 그는 네이마르 기준에서 골대 왼쪽, 자신 기준에서는 골대 오른쪽 방향으로 몸을 날렸다. 네이마르는 그 반대쪽으로 차서 성공시켰다. 비록 실점했지만 그가 네이마르의 왼쪽을 방어한 데는 이유가 있었다. BBC에 따르면 네이마르는 최근 5차례 페널티킥에서 4번이나 왼쪽 하단을 노렸기 때문이다. 김승규가 상대 선수의 페널티킥 성향까지 꼼꼼히 파악했지만 네이마르는 역으로 찼다.

미국 매체 CBS 스포츠는 이렇게 그를 조명했다.

"한국은 골키퍼 김승규가 없었다면 1-6, 1-7 대패를 겪을 수 있었다. 5차례 선방을 보여줬고 페널티 지역 안에서 나온 결정적 위기를 몇 차례 막아냈다. 4골을 내준 건 절대 즐거운 일이 아니지만 체력이 떨어진 수비들 사이에서 용맹한 모습을 보였다. 한국은 그의 활약 덕에 창피한 점수로 패하지 않을 수 있었다. 이번 대회가 끝나면 그를 기억하는 이들이 많지 않겠지만 한국 대표팀 동료들은 그의 감탄스러운 경기력과 중요한 선방에 고마워할 게 틀림없다."

삼세판에 월드컵 넘버원 골키퍼

카타르 월드컵은 김승규 개인적으로는 세 번째 월드컵이었다. 앞서 두 차례 월드컵에서는 '백업 골키퍼'였다. 2014년 브라질 월드컵에서 주전 골키퍼는 정성룡이었는데, 당시 알제리와의 조별리그 2차전에서 2-4로 참패하자 김승규가 벨기에와의 3차전에 대신 선발 출전했다. 7개 세이브를 기록하며 선방을 펼쳤으나 팀은

0-1로 졌다. 당시 24세 어린 나이에 월드컵이라는 큰 무대에서 정신없이 뛰었다.

2018년 러시아 월드컵을 앞두고는 그가 주전 골키퍼로 유력했다. 하지만 스웨덴과의 1차전이 열리는 당일 오전에 '넘버원 골키퍼에서 밀렸다'는 소식을 들었다. 그 대신 조현우가 조별리그 3경기를 모두 뛰었다. 조현우가 독일전에서 선방을 펼치며 2-0 승리를 지켜내는 모습을 벤치에서 지켜봐야만 했다.

벤투가 2018년 8월 한국 지휘봉을 잡은 뒤로는 줄곧 그가 중용됐다. 그는 카타르 월드컵 아시아 2차 예선과 최종 예선 대부분 경기에 선발 출전했다. 말 그대로 '거미손 모드'였다. 팔이 길고 순발력이 좋아 상대의 오픈 찬스 때 어떤 슈팅이 오더라도 굴절되지 않는 한 거의 다 막았다.

특히 벤투는 골키퍼와 수비수부터 차곡차곡 공격을 전개하는 '후방 빌드업'을 구사했다. 킥 정확도와 패스, 볼 컨트롤이 좋은 그가 딱 안성맞춤이었다. 많은 한국 감독은 골키퍼가 안전하게 걷어내는 걸 선호하는데, 그는 일본에서 외국인 감독과 함께한 덕에 빌드업이 좋았다.

그는 카타르 월드컵을 앞두고 중앙일보와 가진 인터뷰에서 "2018년에 6개월 정도 J리그 비셀 고베에서 당시 후안 마누엘 리요(스페인) 감독에게 빌드업 축구를 배웠다. 처음에는 포지션을 서는 게 어려웠는데 지나고 보니 많은 도움이 된 것 같다. 펩 과르디올라 감독이 찾아가 배울 만큼 리요 감독은 '포지션 축구'의 창시

자라고 들었다"고 말했다. 현재 카타르 프로축구 알사드의 감독으로 있는 리요는 펩 과르디올라 맨시티 감독의 멘토이기도 하다.

그는 비셀 고베에서 AC 밀란 골키퍼 지다(브라질)의 스승인 알렉스 골키퍼 코치의 지도도 받았다. 더불어 안드레스 이니에스타, 다비드 비야(이상 스페인), 루카스 포돌스키(독일)와 함께 뛴 적도 있다. 이니에스타는 경기장 전체를 다 보고 있는 것처럼 시야가 좋았고 포돌스키의 슈팅은 강력했다. 세계적인 선수들과 함께 운동한 것만으로도 많은 도움이 됐다.

비시즌에는 서울의 트레이닝 센터 '고알레'를 찾아가 훈련했다. 종종 대표팀 미드필더 백승호의 슈팅을 막았다. 또 풋살(5대 5 미니게임) 필드 플레이어로 뛰며 패스 감각도 익혔다. 그의 측근은 "얘처럼 풋살을 좋아하는 선수는 처음 본다. 비시즌이나 휴가 때 저녁에 멤버를 모아 항상 풋살을 한다"고 전했다. 대표팀 중앙 수비 김영권이 "승규가 풋살을 하면 웬만한 필드 플레이어보다 낫다"고 말할 정도다.

그는 1998년 K리그 플레이오프에서 울산 현대의 골키퍼 김병지가 공격에 가담해 헤딩골을 넣는 걸 직접 관람한 뒤 골키퍼가 되겠다고 마음먹었다. 어릴 때 친구들 대부분은 공격수를 하고 싶어 했지만 그는 무조건 골키퍼를 하겠다고 했다. 스키 장갑을 끼고 너덜너덜해질 때까지 공을 막았다. 골키퍼 장갑도 아닌 스키 장갑을 끼고 훈련했던 그는 그렇게 세 번째 월드컵에 나섰다.

카타르 월드컵에서 3회 연속으로 월드컵 무대를 밟은 선수는 손흥민과 김승규, 김영권 셋뿐이었다. 벤투는 최종 명단 26명 중 골키퍼 3명에 김승규와 조현우, 송범근을 뽑았다. 대표팀 등번호는 그가 1번, 조현우가 21번, 송범근이 12번이었다. 등번호상으로도 그가 주전을 차지할 게 확실했다. 보통 월드컵에서는 조별리그 1차전 골키퍼가 쭉 주전으로 가는 경우가 많다. 벤투의 우루과이전 선택은 변함없이 그였다. 그가 카타르 이웃 나라인 무더운 사우디아라비아의 알샤밥에서 뛰고 있는 점도 가산점이 됐다. 대회 장소가 익숙한 환경이기 때문이다.

그는 알에글라 훈련장에서 조현우, 송범근과 서로를 밀고 끌며 함께 훈련했다. 하루는 코치를 한 명 끼고 넷이서 2대 2로 미니 배구 게임을 했다. 축구는 발로 하지만 골키퍼는 손으로 상대 슈팅을 막아야 하기에 펼쳐진 특별 훈련이었다. 분위기는 유쾌했고 손을 많이 쓰는 골키퍼들답게 치열한 승부가 펼쳐졌다.

'넘버 2'로 밀린 조현우도 그의 조력자 역할을 든든히 해줬다. 조현우는 포르투갈전을 마치고 김승규에게 찾아가 "형, 마음고생을 많이 했을 텐데 수고했어"라고 말했다. 반대로 4년 전 러시아 월드컵 때 그도 똑같이 도왔다. 원하는 대로 안 된다고 티를 내면 팀 분위기가 안 좋은 쪽으로 갈 수 있기 때문이다. 당시 조현우가 독일전 승리를 지켜냈을 때는 김승규가 "잘했다"며 진심으로 축하해줬다. 경쟁에서 밀린 걸 깨끗이 인정하고 더욱 노력했다. 그렇게 그는 카타르 월드컵에서 8년을 기다린 한을 풀었다.

그가 없었으면 '알라이얀의 기적'도 없었다

카타르 월드컵에서 한국 주전 포백 수비진과 골키퍼 5명은 모두 김씨였다. 왼쪽 수비 김진수, 중앙 수비 김영권과 김민재, 오른쪽 수비 김문환, 골키퍼 김승규까지 모두 김씨다. 물론 김씨는 우리나라에서 가장 많은 성씨로 1000만 명(전체 20퍼센트 이상)이 넘는다. 2015년 기준 '김, 이, 박' 성씨를 가진 인구가 44.6퍼센트나 된다.

외신들은 "한국이 수비진 전체를 KIM으로 꾸렸다. 심지어 골키퍼까지 KIM"이라며 재미있으면서도 혼란스러워했다. 영어권에서는 손흥민을 '손'으로 부르는데, 외국 해설자가 중계하면서 '킴을 피했는데, 또 다른 킴이 가로막았고, 결국 골키퍼 킴에 막혔다'고 설명해야 했다. 여기에 황씨도 황의조와 황인범, 황희찬까지 3명이나 됐다. 이탈리아 TV 채널 '라이 2'의 해설자는 한국 라인업을 "김, 김, 김, 김, 용(정우영), 황, 나(나상호), 손, 이(이재성), 황"으로 소개했다. 중국 매체 '텅쉰시원'은 우루과이전이 끝난 뒤 "5명의 금金을 내세운 한국식 전술이 수비전에서 특히 돋보였다. 황금빛 5개 금이 화려한 공격을 펼친 우루과이를 상대로 완벽에 가까운 모습을 보여줬다"고 호평했다.

심지어 스페인 신문 마르카는 한국 성씨의 기원을 분석했다. "한국은 김, 이, 박 3개 성씨가 국민의 절반 가까이 차지한다. 배경에는 뿌리 깊은 봉건적 전통이 자리하고 있다"고 상세히 설명했다. 왕족과 양반 계층의 성인 김, 이, 박을 가장 많이 쓰게 됐고 신분제가 폐지된 뒤 1909년부터 누구나 성을 갖게 됐다는 소개였다. '과거 시험을 위해 성이 필요했던 일부 사람들은 돈을 주고 가계도를 위조하거나 파산한 양반에게 사기도 했다'고 덧붙였다.

비슷하게 2018년 러시아 월드컵 당시 아이슬란드 베스트 11 선수들 이름이 모두 '손son'으로 끝나 화제가 된 적이 있다. 공격수가 핀보가손, 치과 의사 출신인 감독의 이름 역시 할그림손, 경기장에서 만난 아이슬란드 꼬마 팬의 이름도 핀손이었다. 아이슬란드는 작명법이 특이하다. 이름 뒤에 고정된 성 없이 아버지의 이름을 넣는데, 아버지의 이름 끝에 '누구의 아들'이라는 뜻인 '손'을 붙인다. 예컨대 칼이란 남자가 마그누스란 아들을 낳으면 아들 이름은 '마그누스 칼손'이 된다. 칼의 아들이라는 뜻이다. 아이슬란드 인구가 37만 명으로 서울 도봉구 인구보다 적다 보니 과거부터 동명이인이 있을 경우 할아버지와 아버지 이름을 붙여 구분했다는 설도 있다. 아이슬란드인들이 바이킹 선조의 행운이 아이에게 깃들기를 바란 데서 작명법이 유래했다는 얘기도 있다.

한국 수비진, 일명 '파이브 김'은 우루과이전을 무실점으로 막아냈다. 가나전에서 3점을 잃었지만 포르투갈의 맹공은 1점으로 틀어막았다. '5김' 중 최후의 저지선은 김승규가 지켰다.

한국은 16강전에서 브라질에 패하며 카타르 월드컵 여정을 마무리했다. 그는 대회에서 11개 세이브를 기록해 공동 10위에 올랐고 그중 8개는 페널티박스 안에서 슈팅을 막아내 이 부문 8위를 기록했다.

특히 벤투의 믿음에 보답하기 위해 온몸을 더 던졌다. 가나전에서 퇴장을 당했던 벤투는 포르투갈전에선 벤치가 아니라 관중석에서 경기를 지켜봤다. 그는 포르투갈전을 마치고 "개인적으로 감독님과 마지막이 될 수도 있는 경기였다. 감독님이 벤치에 없는 상태에서 경기를 치르는 게 싫었다. 마지막 경기는 감독님이랑 다 같이 마무리하고 싶다는 생각으로 뛰었다"고 했다.

카타르 월드컵 일정을 마친 뒤 사우디 프로리그 알샤밥에서 뛰는 김승규, 카타르 알사드에서 뛰는 정우영, 독일 프라이부르크에서 뛰는 정우영은 현지에서 벤투와 작별 인사를 나눴다. 벤투는 포르투갈 대표팀 선수 시절 자신의 등번호였던 17번이 새겨진 한국 유니폼을 미리 준비해 세 선수의 사인을 받았다. 벤투는 해당 유니폼에 한국 대표팀 선수 전원의 사인을 받아 간직하려는 것으로 보였다. 김승규는 벤투와 인사하던 도중 눈물을 터뜨리기도 했다.

골키퍼는 한 번 실수로 크게 욕먹을 수 있는 포지션이다. 그가 끝까지 포기하지 않고 꺾이지 않았기에 한국이 16강에 오를 수 있었다. 그가 없었다면 단연코 '알라이얀의 기적'도 없었을 것이다.

맺는 글: 클린스만

벤투 후임은 '금발의 폭격기'

"위르겐, 빌콤멘Willkommen."

2023년 3월 8일 인천국제공항에서 한 한국 축구 팬이 위르겐 클린스만(독일) 감독을 향해 독일어로 '환영한다'고 외쳤다. 한국 축구 대표팀을 새로 이끌게 된 클린스만은 가벼운 미소를 지으며 화답했다.

그는 영어로 "한국 대표팀을 맡게 돼 매우 자랑스럽고 영광이다. 1988년 서울 올림픽과 2002년 한일 월드컵, 그리고 아들(미국 국적의 골키퍼 조너선)이 출전한 2017년 20세 이하 월드컵 때도 한국을 찾았다. 한국과 한국인에 대한 좋은 기억을 갖고 있어서 감독 제의가 왔을 때 기뻤다"고 수락의 배경을 설명했다.

벤투의 후임은 독일의 전설적인 공격수 클린스만으로 결정됐다. 벤투가 물러난 뒤 치치 전 브라질 감독과 로베르토 모레노 전 스페인 감독 등이 하마평에 올랐다. 대한축구협회는 2023년 2월 27일 "한국의 새 감독에 클린스만을 선임했다"고 발표했다. 카타르 월드컵에서 국제축구연맹 기술연구그룹(TSG) 멤버로 함께 활동한 차두리가 클린스만과 한국 축구 사이에 연결 고리 역할을 한 것으로 알려졌다. 계약 기간은 2026년 북중미 월드컵 본선까지 3년 5개월이다. 2023년 3월 24일 콜롬비아와의 친선 경기를 통해 '클린스만호'가 첫 출항을 했다.

이름값만 놓고 보면 역대 한국 대표팀 감독들 중 최고다. 선수 시절 독일을 대표하는 공격수로 1990년 월드컵 우승과 유로 1996 우승을 이뤄냈다. 1994년 미국 월드컵 조별리그에서 그림 같은 왼발 터닝슛 등으로 2골을 몰아쳐 한국에 2-3 패배를 안겼다. 지도자로 변신한 뒤 2004년 독일 대표팀을 맡아 2006년 독일 월드컵에서 3위를 이뤄냈다. 2011년 미국 대표팀 감독으로 부임해서는 2014년 브라질 월드컵에서 16강 진출을 이끌었다.

하지만 '감독 클린스만'을 두고 각종 논란이 끊이지 않았다. 대표적으로 독일 대표팀 감독일 때 정작 세부 전술은 요하임 뢰브 코치가 짠 것으로 알려졌다. 여기에 이른바 '전술 부재' '경력 단절' 'SNS 사퇴' '재택근무' 등 논란도 있었다.

2023년 3월 9일 취임 기자회견에서 우려 섞인 질문들이 쏟아졌다. 그는 끝까지 미소를 잃지 않고 하나하나 충실히 답하며 "결국 감독은 결과로 평가받는다"고 했다.

우선 분데스리가 바이에른 뮌헨 감독 시절 제자였던 수비수 출신 필리프 람이 "클린스만 지도 아래 우리는 체력 훈련만 했고, 전술적인 지도는 거의 없었다"고 폭로한 바 있다. 이에 대해 그는 "25명 정도 선수를 지도하다 보면 공격수는 슈팅 훈련, 미드필더는 패스 훈련을 좀 더 하고 싶어 할 거고, 수비수는 전술 훈련을 좀 더 원하지 않을까"라고 했다. 정상적인 비판일 수도 있다고 쿨하게 답한 것이다.

2019년에는 헤르타 베를린을 맡은 지 두 달 만에 SNS 페이스북을 통해 돌연 사퇴를 발표해 비판을 받았었다. 그는 "인생은 매일이 배움의 연속이며, 10번 결정에서 다 옳은 결정을 할 수는 없다. SNS 사퇴 발표는 실수라고 생각하며, 다시 발생하지 않을 것"이라고 인정하고 약속도 했다. 이후 경력 단절 기간이 3년, 국가대표 기준으로 7년이나 되는 것에 대해 그는 "경영학 석사를 공부한 뒤 카타르 월드컵 FIFA TSG, BBC와 ESPN 해설가로 축구 쪽에서 발을 담그고 있었다"고 설명했다.

독일 대표팀 감독 당시 가족이 있는 미국에서 지내 '재택근무' 논란이 불거진 적도 있다. 원격 지휘를 했는지에 대해 "대표팀 감독으로서 (한국에) 상주하는 게 당연하다. 난 운 좋게 축구를 통해 이탈리아, 프랑스, 미국 등에서 지냈고 이번에는 한국에서 살 기회라 기대하고 있다"고 했다. 산전수전 다 겪은 스타플레이어답게 솔직하고 담백한 답변으로 논란을 정면 돌파했다.

그러면서 "난 대부분 한국에서 지낼 예정이지만 코치진은 유럽에서 마요르카(이강인)와 나폴리(김민재) 등 한국 선수 소속 팀의 경기를 관전할 것이다. 한 공간에 있을 필요 없이 줌(화상 회의)을 통해 5시간씩 논의할 수 있는 시대"라며 코치진을 발표했다.

미국 대표팀 감독 시절 코치로 인연을 맺었던 안드레아스 헤어초크(오스트리아)가 수석 코치, 파올로 스트링가라(이탈리아)가 코치를 맡는다. 차두리 FC 서울 유스강화실장은 2024년 1월 카타르 아시안컵까지 대표팀 테크니컬 어드바이저(기술 자문)를 겸임하며 K리그 등의 정보를 제공한다. 요즘 선수들은 디테일한 지도를 제공받지 못하면 지도자를 따라오지 않는다. 독일 대표팀 골키퍼 코치 출신인 안드레아스 쾨프케와 바이에른 뮌헨 출신인 피지컬 코치 베르너 로이타드가 포함된 것을 감안하면 코치진은 어느 정도 갖춰졌다고 평가받는다.

1-0보다 4-3 공격 축구

프리미어리그 토트넘의 선후배 사이인 클린스만과 손흥민의 만남은 영국에서도 주목하고 있다. '금발의 폭격기'라 불린 클린스만은 토트넘 유니폼을 입은 첫 시즌인 1994/95시즌에 29골을 몰아쳤다. 또 바이에른 뮌헨 등을 거쳐 1997/98시즌 후반기에 토트넘으로 임대로 돌아와서는 리그 15경기에서 9골을 터트려 1부 리그 잔류를 이끌었다. 딱 1시즌 반만 뛰고도 강렬한 임팩트를 남겨 토트넘 팬들의 사랑을 받았다.

그는 2021년 조제 모리뉴 토트넘 감독이 경질된 뒤 후임으로 거론됐지만 무산됐다. "토트넘 감독이 꿈"이라고 밝혔던 그는 한국 대표팀에서 토트넘의 스타 손흥민을 지도하게 됐다. '토트넘 공격수 출신'이라는 공통점은 둘에게 심리적 유대감을 심어줄 것으로 기대된다. 그는 "토트넘 선수 출신으로 토트넘의 모든 경기를 챙겨 보고 있다. 쏘니(손흥민 애칭)의 '빅 팬'이기도 하다"며 "카타르 월드컵 때 100퍼센트 몸 상태가 아니라서 어려움이 있었는데, 모든 선수가 그렇듯 '업 앤 다운'을 거치는 과정이라고 생각한다"고 했다.

또 그는 "난 스트라이커 출신이다 보니 1-0 승리보다 4-3 승리를 선호한다"며 자신의 축구 철학은 '공격 축구'라고 선언했다. 그러나 한국 축구는 월드컵 한 경기에서 3골 이상을 넣은 적이 없다. 1994년 미국 월드컵 독일전에서는 그에게 2골을 먹고 2-3으로 지기도 했다. 이에 대해 "1994년에 댈러스(경기 장소)에서 한국이 세 번째 골을 넣을 뻔했다. 당시 한국이 한계를 깨지 못해 독일엔 다행이었지만 이제 한계를 깰 수 있으리라 생각한다. 한국 선수들은 항상 굶주려 있다"고 말했다.

물론 전술에 대한 우려의 시선은 남아 있다. 그는 2004년 감독 생활을 시작했는데도 20년 동안 지휘한 경기 수는 186게임에 불과하다. 비록 프로팀만 지휘하기는 했지만 위르겐 클롭 리버풀 감독이 2001년부터 지금까지 1000경기 이상을 치른 것과 대조된다. 그는 미국 대표팀 감독 시절 스쿼드에 따라 융통성이 있기는 했지만 전술적 정체성이 뚜렷하지 않고 부족하다.

선임 과정에도 물음표를 남겼다. 독일 출신인 마이클 뮐러 대한축구협회 국가대표전력강화위원장이 선임 발표 직전에야 전력강

화위원들에게 일방적으로 통보한 것으로 알려졌다.

게다가 그는 취임 기자회견에서 "정몽규 대한축구협회장과 2017년부터 오래 알고 지냈고 카타르 월드컵 TSG로 활동하며 만날 기회가 있었다. 월드컵 이후 다시 접촉해 여러 차례 인터뷰하며 같이 일하기로 결정했다"고 밝혔다. 대한축구협회는 한국인 감독을 포함해 61명 후보를 추리고 외국인 지도자 5명 중 2명으로 압축한 뒤 그를 협상 대상 1순위로 삼았다고 밝혔다. 하지만 그의 설명대로라면 이미 카타르 월드컵 때부터 대한축구협회는 그와 교감을 나눈게 아닌지, 후보 선정은 사실상 '요식행위'가 아닌지 하는 생각을 지울 수 없다.

뮐러 위원장은 "(벤투 등) 전임 감독들을 카피하는 게 아니라 '강남 스타일(싸이의 노래)'처럼 한국적인 요소를 겸비한 축구가 되어야 한다"는 고개를 갸우뚱하게 만드는 발언을 했다. 카타르 월드컵 직후 대표팀 일부 주축 선수들은 우리가 주도하는 '빌드업 축구'를 이어가기를 바란다는 뜻을 나타냈다. 클린스만은 "이전 스타일에 대해 지속성을 갖고 가는 건 중요하고 거리낌이 없다. 선수들과 대화를 나눌 것"이라고 오픈 마인드임을 밝혔다.

그러면서 "2024년 카타르 아시안컵 우승이 목표다. 중장기적 목표는 한국이 2002년에 4강을 이뤘기에 2026년 월드컵도 4강으로 높이 잡겠다"고 포부를 밝혔다.

첫 출항을 한 클린스만호는 2023년 3월 24일 콜롬비아와의 친선 경기에서 2-2로 비기고 3월 28일 우루과이와의 친선 경기에서

1-2로 졌다. 2경기에서 4골을 내주면서 수비 불안을 노출했지만, 시원시원하면서도 빠르고 호쾌한 축구였다.

클린스만이 벤투가 만들어놓은 축구를 계승할지, 자기만의 완전히 새로운 축구를 구사할지는 지켜봐야 한다. '포스트 벤투' 클린스만은 2024년 1월 카타르 아시안컵에서 중간 평가를 받는다.

맺는 글: 클린스만

다시, 카타르

2023년 4월 12일 1판 1쇄 발행

지은이 국영호, 박린
펴낸이 임후성 **펴낸곳** 북콤마
디자인 sangsoo **편집** 김삼수

등록 제406-2012-000090호
주소 (413-756) 경기도 파주시 문발동 파주출판단지 534-2 201호
전화 031-955-1650 **팩스** 0505-300-2750
이메일 bookcomma@naver.com
블로그 bookcomma.tistory.com

ISBN 979-11-87572-41-1 03690

이 책에 인용된 작품 일부는 저작권자가 확인되는 대로 정식 동의 절차를 밟겠습니다.
이 책의 전부 또는 일부를 이용하려면 반드시 저작권자와 도서출판 북콤마의 동의를 얻어야 합니다.

책값은 뒤표지에 있습니다.

, BOOKCOMMA